IN DER BAHNHOFSGASTSTÄTTE

Guido Fuchs (Hg.)

IN DER
BAHNHOFS
GASTSTÄTTE

Ein literarisches Menü in zwölf Gängen

monika
fuchs

www.verlag-monikafuchs.de
www.guido-fuchs.de

Bibliografische Informationen der Deutschen Nationalbibliothek:
Die Deutsche Nationalbibliothek verzeichnet diese Publikation
in der Deutschen Nationalbibliografie;
detaillierte bibliografische Daten sind im Internet über
http://dnb.d-nb.de abrufbar.

ISBN 978-3-947066-65-0

Covergestaltung, Layout und Satz: Die Bücherfüxin | www.buecherfuexin.de
Coverabbildungen
außen: Speisekarte Gaststätten Zentralbahnhof Berlin Friedrichstraße,1938 (Archiv
Dr. Michael Populorum/DEEF) // Autorenfoto Guido Fuchs © privat
innen: Ansichtspostkarte Wartesaal Hauptbahnhof Leipzig, Verlag Karl Fickenscher, Leipzig,
um 1900 // DB-Lounge – Hamburger Hauptbahnhof © Guido Fuchs, 2017.

Printed in EU 2019

Inhaltsverzeichnis

Eine Stunde Aufenthalt

Ältere Reisende werden sich noch an Bahnhofsrestaurants oder
-gaststätten erinnern, die sie beim Umsteigen oder vor Beginn der
Fahrt aufgesucht haben, um eine Kleinigkeit zu essen oder noch
einen Kaffee zu trinken. Auf vielen Bahnhöfen gibt es sie freilich
schon etliche Zeit nicht mehr. Manche vormals wichtige Stationen
mit ihren großen Bahnhöfen und den entsprechenden Gaststätten
wurden durch neue Streckenführungen gewissermaßen abgekop-
pelt, die bessere Vertaktung des Bahnverkehrs lässt weniger Zeit
für ein Essen beim Umsteigen; die Art des Speisens beim Reisen
überhaupt hat sich verändert. Und so findet man heute an der Stelle
des früheren Restaurants vielleicht einen Schnellimbiss oder einen
Backshop oder ein ganz anderes Geschäft. Viele früher gut besuch-
te Bahnhofslokale stehen auch einfach leer, andere wiederum hat
man liebevoll restauriert. Und etliche wurden zu Kultureinrichtun-
gen umgebaut, zu Veranstaltungsräumen etwa oder Büchereien.
Das ist nicht die schlechteste Idee, haben Bücher und Bahnhofsgaststätten doch durchaus etwas miteinander zu tun, denn in letz-
teren wurde beim Warten auf den Anschlusszug auch gern gelesen.
Und schließlich kommt die Bahnhofsgaststätte auch in vielen Büchern vor. Ein Glück, denn dort lassen sie sich auch immer noch
besuchen.

Es geht im vorliegenden Buch nicht um die Geschichte der Bahnhofsrestauration (auch wenn beiläufig deren Historie anklingt),
sondern um die vielen unterschiedlichen Aspekte ihrer Wahrnehmung
und ihres Erlebens und wie sich diese in der Literatur niederschlug.
Ähnlich wie Bahnhöfe, die ein ergiebiges Thema für Literaten
sind, stellen auch die Bahnhofsgaststätten Räume dar, mit denen
sich verschiedenste Begegnungen, Erwartungen, Empfindungen
und Erlebnisse, verdichtet in einer Schwellensituation, verbinden.
Bahnhofsrestaurants und -buffets, Bahnhofswirtschaften und -lo-
kale, Bahnhofskneipen und -cafés sind meist Zwischen-Räume,

Warte-Säle, wie sie auch genannt wurden, selten bewusst ange-steuertes Ziel eines gastronomischen Erlebnisses wegen (was es freilich auch gab und gibt). Das macht sie zu Standard-Plätzen in der Literatur nicht nur im architektonischen Sinn.

Viele der in diesem Buch gesammelten Geschichten, Gedichte, Erinnerungen und kurzen Szenen spiegeln die Art des Reisens frü-herer Jahrzehnte wider, die oft mit mehr Zeit verbunden war und damit auch diese besondere Form der Bahnhofsgastronomie und ihrer Gastlichkeit erst beförderte – von Anfang an.

Dem jeweiligen Bedürfnis angepasst

»Es entspricht schon einer nachvollziehbaren Logik, jene Plätze auch gastronomisch zu nützen, die von vielen Menschen frequen-tiert werden. Eine solche Vorgangsweise, konsequent durchgezo-gen, grenzt vermutlich an Geschäftstüchtigkeit. Solch ökonomischer Weitsicht verdanken etwa Bahnhofsrestaurants ihre Berechti-gung«, schrieb Herbert E. Hacker in einem Artikel der »Wirt-schaftswoche«. Und tatsächlich: Schon bald nachdem die ersten Züge auf dem Kontinent rollten – in den 1830er Jahren –, entstan-den an den Haltestationen die ersten gastronomischen Einrichtun-gen, von vorausschauenden Gastwirten errichtet, in Österreich zu-nächst, kurz darauf auch in Deutschland und in der Schweiz.

Es gab aber nicht nur Räumlichkeiten, in denen man warten, essen und trinken konnte, Speisen und Getränke wurden an man-chen Bahnhöfen auch am Perron bereitgestellt oder sogar zu den Reisenden in den Zügen gebracht – mittels Fahrbüffets oder durch flinke Kellnerjungen ... Nicht selten aber wurde zur Mittagszeit ein Halt des Zuges zum Einnehmen der Mahlzeiten in den Räumen der Bahnhofsgaststätte eingeplant.

Entsprechend der Wagen-Klassen bei der Bahn wurden auch die Restaurationen, wie man die gastronomischen Einrichtungen zu-nächst nannte, bzw. auch die Wartesäle klassifiziert, der Zugang war nur mit dem entsprechenden Billet möglich. Auch in den War-tesälen gab es die Möglichkeit, zu essen und zu trinken, teilweise wurden die Begriffe Bahnhofsgaststätte und Wartesaal austausch-bar verwendet.

Wie in jeder anderen Form der Gastronomie gab es große Unterschiede in der Ausstattung von vornehm-gediegen bis einfach-rustikal, worin sich neben dem kulinarischen Angebot und Service auch die unterschiedliche Klassifizierung ausdrückte. Auf manchen großen Bahnhöfen hatten die Restaurants auch Plätze im Freien (Terrassen) oder auf dem Querbahnsteig, von wo aus die Speisenden den Bahnverkehr im Auge behalten konnten – auch wenn sie selbst nicht reisen wollten. Denn die Gaststätten wurden nicht nur der Bahn bzw. des Reisens wegen gern frequentiert, sondern auch ihrer Küche wegen – und überhaupt: »Noch bis in die frühen 1960er Jahre hinein waren die Bahnhofsrestaurants oder Bahnhofswirtschaften fester Bestandteil städtischen, vor allem kleinstädtischen Lebens. Man ging dort essen, und die Lokale waren Treffpunkt der Honoratioren, die dort ihre Stammtische pflegten«, erinnert sich ein Teilnehmer des Internet-Forums »drehscheibe-online«. So wurde das in der Fernsehserie »Kleinstadtbahnhof« mit Gustav Knuth und Heidi Kabel als Pächter einer Bahnhofswirtschaft auch ins Bild gesetzt; sie spielt in den 1970er Jahren in »Lüttin« – eigentlich Plön in Schleswig-Holstein, wo die Serie gedreht wurde. In dieser Bahnhofsgaststätte wird nicht nur gegessen und getrunken, hier gibt es fernsehgerecht auch die unterschiedlichsten Vorkommnisse und Verwicklungen. Fast wie im richtigen Leben.

In dem begann allerdings zu dieser Zeit, gegen Ende des letzten Jahrhunderts, in vielen Städten und Bahnhöfen ein allmählicher grundlegender Wandel der Bahnhofsgastronomie, die sich dem veränderten Reiseverhalten, neuen Bahnstrecken und auch dem kulinarischen Zeitgeist anpasste. Bahnhofsrestaurants alten Stils verschwanden zunehmend. Bahnhöfe wurden zu »Einkaufsbahnhöfen«, was sich auch auf das kulinarische Angebot bezog und eher Schnelllebigkeit statt Gemütlichkeit vermittelt. Das neueste Konzept der »Einkaufsbahnhöfe« nennt sich »Station Food«, das man u. a. auf dem Berliner Hauptbahnhof schon erleben kann, wo es auf einem »Foodcourt«, ähnlich einer modernen Markthalle mit Cafés und Restaurants, verschiedenste kulinarische Angebote der regionalen und internationalen Küche gibt.

Literarisch-kulinarische Erinnerung in zwölf » Gängen «
Doch kehren wir wieder zurück zur » guten alten « Bahnhofsgaststätte. Gerade rückblickend kann man oft nur staunen über die Vielfalt der kulinarischen Angebote, die es an manchen Stationen oder in anderen Ländern gab und die man sich heute nicht mehr vorstellen kann. In vielen Erinnerungen und Tagebüchern kann man davon lesen, wobei das Erlebnis des Reisens das des Speisens noch besonders prägte. Doch die zwölf Kapitel resp. » Gänge « dieses Buches widmen sich auch den anderen Aspekten, die mit dem Besuch der Bahnhofsgaststätte verbunden waren und sind und sich in der Literatur widerspiegeln: Begegnungen und Trennungen, Sehnsüchte und Erwartungen, kleine Begebenheiten und besondere Vorkommnisse, natürlich auch die Gäste und das Personal – und anderes mehr. Die Auswahl ist mir nicht leicht gefallen – ich hoffe, sie gefällt den Lesern. Die Schreibweise der älteren Texte wurde weitgehend beibehalten.

Selbstverständlich ist die Bahnhofsgaststätte weitaus öfter Thema in der Literatur, als es diese Sammlung zeigt. Ich habe daher in den einzelnen kurzen Einleitungen in die zwölf » Gänge « noch die eine oder andere Literaturstelle erwähnt. Die genauen bibliographischen Angaben dazu finden sich am Ende des Buches und im ausführlichen Register.

Die meisten heutigen gastronomischen Einrichtungen in den Bahnhöfen sind eher auf eilige Abfertigung eingerichtet, auch gemütliche Warteräume sind an vielen Bahnhöfen nur noch selten vorhanden. Viele der geschilderten Begegnungen und Begebenheiten, ja auch die besonderen kulinarischen Genüsse kann man sich im Schnellimbiss-Restaurant eines heutigen Hauptbahnhofes nur schwer vorstellen. So ist das Buch auch eine Art kulinarisch-literarische Reise-Erinnerung, ein nostalgischer Besuch von besonderen Gast-Stätten zu einer Zeit, als man an weiß gedeckten Tischen saß, von Kellnern im Frack bedient speiste und trank – anstatt an Stehtischen etwas aus der Hand zu futtern oder mit dem Coffee-to-go durch die Bahnhofshalle zu stürmen. Aber auch unterhaltsam und informativ im Blick auf eine vielfach verlorengegangene Bahnhofskultur.

Danksagung

Auf die Idee zu diesem Buch über Bahnhofsgaststätten kam ich vor einigen Jahren in einem Gespräch mit meinem Freund Wolfgang Kretschmer († 2017), als wir uns wieder einmal über Kulinarisches unterhielten, woran er, der theologisch gebildete Journalist und Redakteur der Bad Kissinger Saale-Zeitung, ebenso interessiert war wie an Reisen und an politischen Hintergründen auch lokaler Ereignisse. Ihm sei dieses Buch in dankbarer Erinnerung gewidmet.

Bedanken möchte ich mich außerdem bei allen, die mir beim Zustandekommen des Buches geholfen haben, bei meiner Frau zunächst für die Aufnahme in das Programm ihres Verlages, aber auch bei denjenigen, die Texte und Bildmaterial zur Verfügung gestellt haben.

Guido Fuchs
Würzburg / Hildesheim im Juli 2018

Bahnhof-Buffet Wörgl

»Jeder Bahnhof ein Wirtshaus, jeder Stationschef ein Gastwirt«

Von Bahnhöfen und ihren Gaststätten, vom Reisen und Speisen

Das letzte Mal, dass ich in einem Bahnhofsrestaurant saß, war im Jahr 2001 in Würzburg. Ich hatte frühmorgens am Bahnhof festgestellt, dass der Zug, der mich zu einem Vortrag in den Norden bringen sollte, samstags nicht fährt und ich anderthalb Stunden auf den nächstfahrenden warten musste. In der Stadt hatte nichts offen; nochmals nach Hause gehen und wieder herkommen hatte ich auch keine Lust, also setzte ich mich in die (schon offene) Bahnhofsgaststätte »Bürgerstuben«, trank einen Kaffee und las. Wie es denn damals noch so üblich war.

Dieses Restaurant gibt es ebenso wenig mehr wie zahllose andere in anderen Bahnhöfen. Im Zuge der Umbaumaßnahmen kam eine Buchhandlung an dessen Stelle, später wieder andere Geschäfte. Heute gibt es zwar einige gastronomische Betriebe dort, aber keines, das man als eine Bahnhofsgaststätte bezeichnen oder ansehen würde – Schnellrestaurants diverser Fast-Food-Ketten zumeist, wie es sie in vielen Städten ebenso gibt.

Dabei hatte es das Würzburger Bahnhofsrestaurant sogar zu literarischer Bekanntheit gebracht; der Schriftsteller *Günter Herburger* hatte 1975 ein kleines Gedicht verfasst, *Zur Verbesserung des Feuilletons* überschrieben, das mit den Worten begann:

Einfach Wolfram Siebeck verbieten,
über Essen zu schreiben und ihn
drei Tage mit Heftpflaster über dem Mund
in die Bahnhofsgaststätte von Würzburg setzen,
wo wir mitunter auch schlemmen ...

Das in der linken Vorzeige-Zeitschrift »Konkret« abgedruckte Gedicht, das auch mit anderen Kulturgrößen abrechnete, verärgerte den Gourmet-Papst und ZEIT-Restaurant-Kritiker Siebeck derart, dass er tatsächlich nach Würzburg fuhr und sich dort in den »Bürgerstuben« nach Günter Herburger erkundigte. Das bestellte »Kalbsragout fin« kritisierte er danach in Grund und Boden. Es gab daraufhin viele Leserbriefe in der ZEIT, von denen die meisten sich mit Siebecks spitzer Feder nicht anfreunden konnten. Nur ein gewisser Alexander van der Bellen aus Österreich gestand: »Mit großem Vergnügen lese ich die Artikel von Wolfram Siebeck über jene Köstlichkeiten, mit denen die deutsche Küche unseren Magen beleidigt.« Das würde er vermutlich heute so nicht mehr sagen dürfen. Aber sein Wort führt uns mitten hinein in die Geschichte des Reisens und Speisens, die wir in Österreich beginnen lassen ...

Kulinarisch in Kerschbaum

Im Jahr 1832 wurde die erste öffentliche Eisenbahn auf dem Europäischen Kontinent zwischen Budweis und Linz-Urfahr eröffnet. Aus dieser frühen Zeit gibt es auch den Bericht des Hofschauspielers und Reiseschriftstellers *Franz Carl Weidmann*, der 1837 den Lesern der »Allgemeinen Theaterzeitung und Originalblatt für Kunst, Literatur, Musik, Mode und geselliges Leben« dieses neue Beförderungsmittel beschreibt. Und auch die Gastronomie unterwegs.

In den benachbarten Dörfern erklangen eben die Mittagsglokken, als wir an der dritten Station: Kerschbaum hielten. [...] Unmittelbar nachdem wir abgestiegen waren, trafen auch die von Linz kommenden Stellwagen ein. Kerschbaum ist der Ort zum gemeinschaftlichen Mittagsmahl. Drei große, schon gedeckte Tische sind in dem Speisezimmer bereitet. Die hier zusammengetroffene Gesellschaft aller vier Wagen bestand aus 42 Personen. Die Thätigkeit und Geschäftigkeit des Gasthalters lässt sich kaum beschreiben. Es ist ein etwas dicker Mann, der komischsten Beweglichkeit und Redseligkeit. Das aufgetischte Mahl bestand aus Suppe, Rindfleisch mit zwei Saucen, Braten und Salat. Der Braten theilte sich in Hühner- und Wildbraten. Der letztere war gänzlich ungenießbar,

und verbreitete einen entsetzlichen Gestank im ganzen Zimmer.
Die übrigen Speisen waren gut zubereitet. Man bezahlte mit Ein-
schluß einer Flasche Bier 30 Kreuzer C. M. Schwarzer Caffee wird
extra bezahlt. Der Wildbraten abgerechnet, welcher auf allgemeines Verlangen sogleich hinausgeschafft ward, ward den Gerichten
weidlich zugesprochen. Der ärmere Theil der Reisegesellschaft,
ein Paar Handwerksburschen, ein böhmisches Bauernmädchen
u.s.w. hatten theils in der Nebenschenke Platz genommen, theils ihr frugales Mahl auf dem Wagen sitzend abgehalten. Hier an
der Tafel lernte ich auch den Pachter des Fuhrwerkes dieser Bahn,
Herrn Lana kennen. Die Zeit verstrich in lebhaftem Gespräche sehr
schnell, und der Ruf zur abermaligen Abfahrt erklang uns schneller
als wir dachten. Es war noch nicht ganz Ein Uhr, als wir uns wieder
in Bewegung setzten. *F. C. Weidmann, Memorabilien aus meiner Reistasche:*
Die k. k. priv. Erste Eisenbahn von Budweis nach Gemunden (1837)

Die Pferdeeisenbahn auf der Strecke Linz – Budweis.

Was für ein Schauspiel!
Wie schnell sollte sich die Pferdebahn verändern und wurden aus einfachen Haltestationen große Bahnhöfe mit entsprechenden Restaurationsbetrieben. Viele Schriftsteller
haben sich ihnen fortan gewidmet – wie etwa *Robert Walser*, ein Meister der kleinen Form, der eigentlich eher ein
Spaziergänger als ein Zugreisender war. Aber er hielt sich
gern in Lokalen oder Bahnhöfen auf, um das Leben und die
Menschen zu studieren – auch in Bahnhofslokalen.

Etwas vom Sinnreichsten und Zweckmäßigsten, was die neue
Zeit in technischer Hinsicht hervorbrachte, ist meiner Ansicht
nach der Bahnhof. Täglich, stündlich laufen Züge entweder in
ihn hinein oder aus ihm fort, Menschen jederlei Alters und Cha-
rakterschlages und von jeder Berufsart in die Ferne führend oder
nach Hause leitend. Welch ein Lebensschauspiel bietet er dar, über
den ich hier mit Vergnügen referiere, ohne ihn allzu eingehend zu
schildern, da ich nicht Fachmann bin. Ich schaue ihn eher von der
allgemeinverständlichen Seite an und hoffe hiezu berechtigt zu
sein. Schon das Bild, das der Bahnhof mit dem Kommen und Gehen von Leuten zusammensetzt, kann als denkbar angenehm bezeichnet werden, und dann sind ja speziell all die Geräusche, das
Rufen, Sprechen, Räderrollen und das Hallen der eiligen Schritte
belebend und erfreulich.

Fahrkarten werden erbeten und verabreicht, wobei das dienliche
Geld graziös klingelt. Rasch nimmt einer, bevor er verreist, im Speisesaal einen Teller Suppe oder eine Wurst zu sich, damit er sich ge-
stärkt wisse. In den geräumigen Wartezimmern harren männliche
und weibliche Wanderlustige, solche, die vor einer Vergnügungs-
fahrt stehen und solche, die ernsthafte GeschäftsZwecke kaufmän-
nische oder gewerbliche Absichten vorhaben und auf Existenzdin-
ge abzielen. Bücher liegen in einem Kiosk zur Schau und zum Kauf
aus, sei es lediglich unterhaltende, spannende oder wertvolle Lek-
türe. Man braucht nur die Hand nach etwas Bildendem auszustrek-
ken und den Preis hiefür zu entrichten. Anderswo trifft man Früchte wie Äpfel, Birnen, Kirschen und Bananen an. Plakate erzählen
dir, was es in aller Herren Länder Sehenswertes gibt, beispielswei-

se eine alte Stadt, Quais mit Hotelpalästen, einen Berggipfel, eine
imposante Kathedrale oder eine Palmenlandschaft mit Pyramiden.
Allerlei Bekannte und Unbekannte gehen an dir vorüber. Ich selbst
bin bald bekannt, bald fremd.   *Robert Walser: Der Bahnhof (II) [1932/33].*

Das Bahnhofscafé – eine Art heiliger Raum

Nicht alle Menschen sehen Bahnhöfe so positiv wie Walser.
»Ich hasse Bahnhöfe« lässt *Robert Padelek* sein literarisches
Alter Ego gleich zu Beginn seiner Novelle aussprechen. Sie
machen ihm wegen der Hektik, die in ihnen herrscht, von
Kindheit an Angst. Trotzdem kann er hier seine Studien
treiben, Menschen beobachten, die in dem von ihm ver-
abscheuten Gebäude, das er wie eine schwierige Schwester
beschreibt, doch eine Art heiligen Raum finden: das Bahnhofscafé.

So sehr ich auch dieses spezifische Gesamtsystem Schwester
Bahnhof verabscheue: Selbst hier gibt es Räume, die mich hin
und wieder ein wenig zur Ruhe kommen lassen, die es mir gestat-
ten, für ein paar Momente, die sich im besten Falle auf Stunden
ausdehnen können, wieder ich selbst zu sein und mich in meiner
eigenen Mitte zu zentrieren. Es gibt hier nicht viele Orte, die das in
mir auslösen können, aber einer davon ist dieses kleine Bahnhofs-
Café, das sich vor der großen Halle versteckt. Im hintersten Winkel, bei dem Durchgang zum hinteren Teil des Bahnhofes, also auf
der gegenüberliegenden Seite des großen Platzes, habe ich es gefunden. Offenbar war da in den Architektenplänen noch ein unnützes
Fleckchen, und weil offenbar niemand genau wusste, wozu es denn
nützlich sein könnte, hat man eine dünne Wand aufgezogen, einen
Türstock hinein gemauert und eine Glastür eingehängt. Das Wort
»Café« wurde in eine rote Blechtafel hineingedrückt, danach die
Schrift weiß nachgezogen und das so entstandene Schild über der
Türe angebracht. Es hat nicht einmal eine eigene Beleuchtung. Sie
ist auch nicht zwingend notwendig, denn in diesem Durchgang
brennen Tag und Nacht ein paar alte Neonleuchten. Eine dieser un-
seligen Lichtspenderinnen ist wohl bald am Ende ihrer Lebenszeit
angelangt. Denn sie flackert in unregelmäßigen Abständen. [...]

Ich beobachte die Menschen gerne, die hierher kommen. Denn auch wenn das Bahnhofcafé eher schmucklos ist, so ist es doch auf eine ganz besondere Art ein Schmelztiegel, ein beliebter Anziehungspunkt, der Ruhe und Gelassenheit ausstrahlt, wenn man es zulässt; und wenn es nicht ein wenig eigenartig wäre, würde ich es als eine Art heiligen Raum bezeichnen. Ich kann nicht vollständig definieren, was ich als heilig bezeichne, weil mir dieser Begriff zu sehr von den tradierten Religionen vereinnahmt ist. Vielleicht ist mir der Begriff Kraftzentrale heute näher, und wenngleich nicht weniger missverständlich als heilig, so drückt er doch mehr darüber aus, was ich an diesem Café wahrnehme oder vielmehr, was ich ihm zuschreibe und einfach hineininterpretiere. *Robert Padelek, Nachtzug. Eine Novelle (2014)*

Die Poesie der Wartesäle

Ganz anders der nächste, ungenannt gebliebene Autor: »Ich liebe Wartesäle!«, schreibt er. In einen solchen geht er auch, um sich Gedanken zu machen, etwa um den Plural des Wortes »Saal«. Die naheliegende Form »Saale«, so räsoniert er, hat man nicht verwendet, wahrscheinlich weil die Stadt Halle dort schon allzu lange liegt … Den Einwänden, die Mehrzahl von »Saal« könne gar nicht »Saale« sein, weiß er zu begegnen: Und wie ist es mit dem Aal? Wenn man statt eines Aals deren zwei oder mehrere auf dem Teller hat? Hat man dann »Äle«? Keineswegs. Man hat »Aale«. Die bekommt man vielleicht auch in einem Wartesaal. Oder in Wartesälen.

Ich liebe Wartesäle. Und weil ich in diesem Jahr nicht verreisen konnte, darum leiste ich es mir, hin und wieder Kaffee zu trinken im Wartesaal unserer Stadt. Ich weiß, daß nicht alle Wartesäle vollkommen sind. Aber wer wollte immer nur das Vollkommene lieben? Viele Wartesäle sind scheußlich, unmodern, muffig, unerfreulich, laut. Aber sie haben etwas von dem Zauber, der um das Reisen ist.

Da sitzt am Nebentisch eine Dame aus Breslau; da hinten futtert eine Familie aus Augsburg Schweinshaxen; und der Hanseat, der sich zu ihnen gesellt hat, sstolpert mit seiner vornehmen Aussprache über Sstock und Sstein. Die meisten Leute schreiben Ansichts-

karten. Das ist eine der wichtigsten Tätigkeiten der Menschen im
Wartesaal. Man kann das verstehen. Die Leute sind in einer fremden Stadt, oft genug nur für die kurze Spanne zwischen der Ankunft
des einen und der Abfahrt des nächsten Zuges. Das muß festgenagelt werden, und der Poststempel ist gewissermaßen ein amtlicher
Nagel. Wenn man seine Postkarten ausgeschrieben hat, löst man
Kreuzworträtsel. Das ist eine schöne und beruhigende Tätigkeit,
eine Tätigkeit, bei der man sich angenehm überlegen fühlt, weil
man bald merkt, daß den Kreuzworträtsel-Verfassern selten etwas
Neues einfällt. Seltsam ist nur, daß die meisten Leute die Rätsel
trotzdem nie ganz lösen. Besser als Kreuzworträtsellösen ist übrigens: welche herzustellen. Dabei merkt man bald, daß einem selbst
auch nichts Wesentliches und Neues einfällt. Aber das stört einen
ja nur beim lieben Nächsten.

Es gibt bekanntlich Wartesäle zweiter und Wartesäle dritter
Klasse. In der zweiten Klasse sind sind Tischdecken, in der dritten
nicht. Jeder hat das Recht, den Saal zu betreten, zu dem er lustig
ist. Fahrkarten oder andere Ausweise brauchen nicht vorgelegt zu
werden. [...]

Schade, daß in den Wartesälen nicht mehr die abfahrenden Züge
ausgerufen werden! Gewiß, es war praktisch ohne Bedeutung,
schon deshalb, weil man nie verstand, was der Mann schrie. Aber
es hatte etwas so anheimelnd Vergnügtes, wenn der Beamte ein-
trat, mit der Glocke rasselte, als begänne eine Schmierentheater-
Vorstellung, um heiser und stoßweise einen Salat von Ortsnamen
von sich zu geben.

Die meisten Menschen kennen von den meisten Städten nur
den Bahnhofswartesaal. Sie haben ein Reiseziel und müssen unterwegs umsteigen. Einige Städte sind geradezu berühmt geworden
dadurch, daß man in ihnen umsteigt, Hof zum Beispiel, Korbetha
oder Bebra, wer hätte noch nie in Bebra eine Tasse Kaffee oder in
Hof ein paar Würstchen genossen? Aber wer kennt Korbetha und
Bebra selbst? Man hat nichts von diesen Städten gesehen als ein
paar Hausgiebel, die zum Wartesaalfenster hineinblickten. An solche Giebel klammert sich oft das Auge des Fremden. Denn manchmal geht es ihm so, daß er (in Leipzig oder in München) denkt:

»Nun ja, die Wartesäle sind sich eben überall gleich.« Aber dann kommt ein Kellner und fragt nach dem Begehr, wobei er sächselt oder bayrisch spricht, (warum heißt es eigentlich nicht sinngemäß: »Er bayerlt«?) Da merkt man: »Ich bin verreist, ich bin in einem anderen Gau, ich bin in Sachsen, in Bayern.«

Auch im Wartesaal gibt es Stammgäste – und zwar einheimische. Die begründen ihr Kommen vor sich selbst (oder vor ihrer Gemahlin) damit, daß das Bier beim Bahnhofswirt besonders gut sei. Je kleiner der Ort, um so größer die Zahl der einheimischen Stammgäste im Wartesaal. In ganz kleinen Bahnhöfen fällt der Reisende schon beinahe auf. Diese kleinen Wartesäle haben ihre eigene Poesie. Der Bahnhof an einer Kleinbahnstrecke ist ja eigentlich gar kein Bahnhof, sondern ein Haus, vor dem der Zug hält. Und der Wartesaal ist eigentlich kein Wartesaal, sondern eine Stube in diesem Hause, in der man sich aufhalten und Flaschenbier kaufen darf. Hier bedient die Frau des Bahnhofsvorstehers persönlich. Mußt du lange warten (und bei Kleinbahnen kommts ja auf ein paar Stunden nicht an), dann erscheinen nachher auch die Kinder des Bahnhofsvorstehers; erst schüchtern, dann kiebig. Du kannst dich mit ihnen prächtig unterhalten.

Später füllt sich der Wartesaal. Die Bewohner des nahe liegenden Dorfes kommen. Die Kleinbahnhöfe befinden sich nämlich keineswegs im oder am Dorf, sondern sie liegen, anscheinend auf Grund eines alten Gesetzes, eine halbe Stunde landeinwärts. Das ist unpraktisch, und man sollte sich da ein Beispiel an den Hafenstädten nehmen, die immer direkt am Wasser liegen. Wenn die Dorfbewohner kommen, weiß man, nun wird es nicht mehr lange dauern. Und wirklich, in einer kleinen halben Stunde kommt der Zug (süddeutsch: das Zügle). Seltsamerweise steigt fast niemand ein. Die Leute, die gekommen sind, wollten nur sehen, ob jemand gekommen ist. Du mußt weiter. Der Zug ruckt an. Du winkst. Meistens winken die Leute nicht wieder, das mögen sie nicht. Es sei denn, ein freundliches Mädchen ist dabei. Aber von den freundlichen Mädchen wollen wir nicht reden.

Wartesäle. Aus: Die Brennessel (1938)

Romantik des Reisens

Zurück nach Österreich. Weniger ein Wanderer als vielmehr ein Reisender zwischen den Welten war *Joseph Roth*, nicht zuletzt seiner zahlreichen Reisereportagen wegen. Aber auch in seinen Romanen beschrieb er das Reisen mit der Bahn, und die Bahnhöfe und ihre Gaststätten sind nicht selten melancholische Orte der Sehnsucht. Er schmähte die vermeintliche Romantik des Reisens und Speisens seiner Zeit, um doch gleichzeitig sein Glücksgefühl darüber auszudrücken.

Die Freude, die einer vor einer Reise empfinden mag, ist immer geringer als der Ärger, die sie schließlich verursacht. Nichts ärgerlicher als ein riesiger Bahnhof, der aussieht wie ein Kloster und vor dessen Eingang ich immer einen Moment überlege, ob ich nicht doch lieber die Schuhe ausziehen soll, statt den Gepäckträger zu rufen. Nichts ärgerlicher als ein eisernes Geländer vor einer vergitterten Kasse. Vor mir schwebt ein Rucksack. Hinter mir stößt mich ein eiserner Stab, der durch die Ösen eines Strohkorbes gezogen ist. Ich muss mich tief bücken, um dem von aller Welt abgeschlossenen Schalterbeamten mein Fahrziel anzugeben. Er hat nur ein einziges offenes Quadrat, durch das er Geld entgegennimmt und Geräusche. Ich wundere mich immer, dass er nicht lieber mit den Händen hört ...

Vom Gepäckträger, der alle meine Koffer hat, weiß ich nichts mehr als eine Nummer. Ich muss mich auf sein Physiognomiegedächtnis verlassen. Wie, wenn er keines hätte? Wie, wenn sich ein Doppelgänger fände? Wie, wenn dem Träger was Menschliches zustieße? Mein Freund muss eine Bahnsteigkarte haben, will er mich begleiten. Wozu Bahnsteigkarten? Das Betreten der Geleise ist ja ohnehin verboten. Das Betreten des Perrons muss gebüßt werden. Ein Mann der den Bahnsteig betritt, um nicht zu fahren, bleibt doppelt zurück. Man könnte ebenso gut von allen Karten verlangen, die nur den Bahnhof betreten. [...]

Wenn man ankommt, fällt man über Koffer. Wenn man einen im Gepäckwagen hat, muss man eine Stunde warten. Alle Bahnhöfe sind verschwenderisch weit und hoch gebaut. Aber nur durch ganz schmale Pforten kann man ins Freie kommen. Alle Fahrkarten muss man abgeben. Was macht die Eisenbahndirektion mit all diesen alten Pappendeckeln?

Kein Mensch ist schlimmer dran als ein Reisender. Es ist merkwürdig, dass diese mittelalterliche, schikanöse Art des Reisens allen so romantisch vorkommt. Unsere Kleider sind zerstört. Heiße Würstchen und kaltes Bier ruinieren unsere Magen. Wir haben gerötete Augen und fette, schmutzige Hände. Und bei all dem sind wir glücklich! ... *Joseph Roth, Romantik des Reisens (1926)*

Im Bahnhof reisen

Wenn kein Mensch schlimmer dran ist als ein Reisender, warum dann überhaupt verreisen? *Carl von Ossietzky* hat eine andere Lösung gefunden: im Wartesaal des Potsdamer Bahnhofs in Berlin. Denn hier konnte er verreisen, ohne wegfahren zu müssen. Er brauchte nur die Augen zu schließen und hatte doch am Ende viel erlebt.

Es gibt einen Platz in unserm turbulenten Berlin, der ungemein sympathisch sicher umfriedete Enge mit Ausblick in unendliche Weiten vereint. Das ist der Wartesaal Erster Klasse im Potsdamer Bahnhof.

Ein nicht großer Raum mit wenigen weißlich gedeckten Tischen und verschlissenen roten Polstermöbeln aus der Zeit der Entenpest. Wenige Besucher nur, der eiserne Bestand jedes Wartesaales: die Dame mit dem Handkoffer, die immer auf die Uhr sieht und niemals abfährt, und dann der tabetische ältere Herr, der gelegentlich ans Büfett geht, – die Mamsell langt automatisch nach der Zigarrenkiste, aber er will nur eine Briefmarke. Soweit das Inventar.

Aber draußen in der Halle, da schnauben und keuchen die Lokomotiven, da kreischen die Räder, da tuten die Sirenen den Choral der namenlosen Ausdehnungen. Durch die matten Fensterscheiben siehst du eilfertige Schatten huschen. Geschrei, Abschiedsrufe, unendliches Brausen. Schließe die Augen, und zwischen Gestampf und Gelärm glätten sich die seelischen Landschaften (so sagt man, richtiger: schreibt man), die bewegten Höhenzüge, die Gipfel und Klüfte deiner Gedanken sinken, dein Gemütsleben plattet sich freundlich ab zu einer unermeßlichen Fläche. Das ist wohltuend, ist herrlich.

Das ist mehr als der Traum mit seinen ins Wache hineinspielenden Beunruhigungen. Das ist jener alles egalisierende Stumpfsinn, der höchst wahrscheinlich identisch ist mit kompletter Seligkeit.

... nachher auf der Straße empfängt dich das bewährte Tempo von Berlin, und es kommt dir weniger schrecklich vor.

Du hast eine große Reise gemacht. Du warst überall und nirgendwo. Ohne Enttäuschungen, ohne Paßkontrolle und – billig. Fünf Glas Cognac genügen. Anfänger kommen mit weniger aus.

Carl von Ossietzky, Das Tage-Buch (30. August 1924)

Jeder Bahnhof ein Wirtshaus

Peter Rosegger wiederum reiste gern, und für ihn war das Reisen mit der Bahn, vor allem der heimischen steierischen Landesbahn, eher eine Art Wanderung – und sehr viel schneller war sie ja auch nicht ... Es kommt eben darauf an, was man in der Zeit alles anfängt. Und auch mit der Zeit in den zahlreichen Bahnhofswirtschaften unterwegs.

Das ist schon ein kreuzfideles Reisen, auf den steierischen Landesbahnen! Wie plaudert es sich unterwegs bequem und gemütlich mit biederen Landleuten, die neben der Bahn einherwandeln! Einen Schock Schnaderhüpfeln habe ich mir bei solcher Gelegenheit einmal vorsingen lassen von einer frischen Almerin, die mit Futterkorb und Rechen neben dem Zuge ging, während ich bequem im Gelaß saß und die Liedlein ins Notizbuch schrieb. Für Fremde, die sich auf Volksstudien verlegen, sind solche Einrichtungen von großem Werte. Und dann erst die Wirtshäuser! Jeder Bahnhof ein Wirtshaus, jeder »Stationschef« ein Gastwirt! So oft der Zug halten mag, steht vor der Wagentür ein gedeckter Tisch, an dem sich Zugführer, Schaffner und Passagier mit aller Gemächlichkeit laben können.

Haben wir gegessen und getrunken, dann richten wir uns wieder langsam her zur Weiterfahrt bis zur nächsten Restauration. Die Fahrpreise sind auch billig, denn die Landesbahn will den Steirern sparen helfen. Und jener Westfale war ein Philister! Der behauptete nämlich, daß ein solches Sparsystem mit Wirtshauseinfassung etwas für die »Fliegenden Blätter« sei. Den Steirern dürfe man nicht noch mehr Gelegenheit zum Trinken geben, als sie ohnehin haben, am wenigsten dürfe es die Landesverwaltung selbst sein, die das Volk in seinem Hauptlaster noch bestärke! – So der Westfale, der alte Zopf!

Auf der Murtalerbahn ist's auch so, aber wir kamen glücklich nach Mauterndorf. In einer Fahrstrecke von vier Stunden fünfzehn Bahnhofrestaurationen. Die Mauterndorfer sagen, manchmal komme der Zug prächtig illuminiert an. Die Passagiere der Fahrt bestanden diesmal hauptsächlich aus italienischen Arbeitern, die an den Bahnhofbrunnen Wasser tranken, und aus Poeten, die sich mit Nektar und Ambrosia nähren – so fluchten die Wirte und meinten, es verlohne sich nicht mehr, Stationschef zu sein!   *Peter Rosegger, Auf die Seekarspitze (1915)*

Zeichnung aus der Zeitschrift Brennessel (1938)

Aussicht mit Prozenten

Da will man in den Urlaub fahren und empfindet bereits den Bahnhof dort als Idyll, in dem man am liebsten bleiben möchte. Warum nicht selbst Bahnhofsgastwirt werden? Eine Idee, die umso verlockender erscheint, je mehr sie mit Hochprozentigem befeuert wird ...

Wegfahren muss sein!«, verkündete G. apodiktisch. Ohne mich, gerade wenn es hier mal schön ist: laue Luft, mehr Platz und Ruhe und ständig neue Touristengesichter. Das ist Urlaub! »Und das Meer?« G. ist gewiefter Kasuist: »Urlaub ohne Meer geht nicht. Ihr fahrt nach Usedom, das ist eigentlich noch Berlin, die Bahn bringt euch für wenig hin, und außerdem vermietet mein Onkel dort günstige Zimmer. Mit weitem Meerblick!« Gegenwehr ist zwecklos, persönlich setzt G. mich und M. am nächsten Tag am Zoo in den Zug. »Ich habe euch noch einen Plan für die Zwischenstopps zusammengestellt. Soll sich ja lohnen, so eine Fahrt.«

Der Dom zu Prenzlau, Trappengucken in der Schorfheide, Botho Straußens Kate in der Uckermark – G. hat an alles gedacht.

Hinter Hohenschönhausen beginnen die blühenden Landschaften, menschenleer. Wunderschön. Trappen singen am Streckenrand Bocksgesänge, ein Dichter predigt im Plattenbaudom. Die Schaffnerin weckt uns. Umsteigen in Züssow: Eine unsagbare Weite – Gleise, Felder, Wälder bis zum Horizont, Hitzeflimmern, der Bahnhof ziegelrot. Ein Idyll mit Kiosk, Kaltem Hund und Bier. Für jedes Bier gibt es einen Korn aufs Haus. Die Wirtin erklärt uns, wer von den Umsteigern wohin und mit wem und warum. Hochinteressant. Bahnhofsgastronom in Züssow, von Schnaps zu Schnaps scheint mir die Perspektive verlockender. M. ist begeistert, der Wirtin mein Übernahmeangebot zu gering. Schade. Mit Mühe kriegen wir den letzten Zug zur Insel. Mückenschwärme und G.s alter Onkel empfangen uns am Bahnhof. Sein Quartier liegt auf dem Hügel – 18 Prozent Steigung?! Stolz schleppt er uns hinauf. »Dja, alles habt ihr Wessis auch nicht platt machen können. Willkommen in Zinnowitz!« *Carsten Wührmann, Pommersche Perspektive (2002)*

Wartesaal der 1. und 2. Klasse im Frankfurter Hauptbahnhof um 1890

ZWEITER GANG

» Wer hier sitzt, hat Würde «

Von prächtigen Wartesälen und mächtigen
Speisekathedralen

Die Bahnhöfe bekamen eine wichtige repräsentative Funktion
für die Stadt: Sie waren ebenso Empfangshalle wie Tor zur Welt.
Die Gebäude wurden daher weniger funktional als vielmehr re-
präsentativ gebaut – und entsprechend fiel dann auch manch-
erorts die Bahnhofs-Restauration aus. Sie gehörte sicherlich zu
den Einrichtungen, die, wie das Reisen mit der Bahn überhaupt,
zunächst von den höheren gesellschaftlichen Schichten genutzt
wurden. Oder um es mit *Heimito von Doderer* zu sagen: »Diese
Lokalitäten waren zu jener Zeit sehr gepflegt, verhältnismäßig still
und über das Bedürfnis des damaligen Verkehrs – wo noch nicht
jede Mehlspeisköchin unausgesetzt herumreiste – geräumig.«
Die Suche nach Funktionalität und die sich ändernden Formen
des Reisens sorgten auch für Veränderung vieler Bahnhofsrestaurants; neue Streckenführungen wiederum ließen manche Bahnstation, die einst einen klangvollen Namen und eine entsprechende
Gastronomie hatte, abgehängt zurück. Das Weitläufige und Geräumige der großen Restaurants verschwand in den letzten Jahrzehnten ohnehin fast überall und damit auch ein bestimmtes Lebensgefühl; die hohen Decken wurden herabgezogen, die Räumlichkeiten
verkleinert und in die Proportionen der Normalität gebracht.
Die Bahnhofsgaststätte, das Bahnhofsrestaurant – ein versunke-
nes Kulturgut, das dem Zeit-Geist zum Opfer fiel und zum Schnellimbiss verkam? Es wäre gewiss falsch und voreilig, wollte man diese
Schlussfolgerung ziehen und heutige Formen der Gastronomie im
Umfeld der Bahn nur abschätzig zur Kenntnis nehmen. Eher ließe sich von einem »gesunkenen Kulturgut« sprechen, wie es die
Kulturethnologen tun, wenn sie von Formen, Einrichtungen und
Verhaltensweisen sprechen, die allmählich von den oberen Gesell-

schaftsschichten in untere sinken und dabei auch verschiedene Gestalt annehmen und sich ändernden Bedürfnissen anpassen.

Und: Erscheinen uns die prächtigen Bahnhofsrestaurants des 19. Jahrhunderts, wie man sie heute noch am Beispiel des »Le Train Bleu« im Pariser »Gare de Lyon« bewundern kann, als beeindruckende Monumente einer früheren stilvollen Bahnhofsgastronomie, so sollte man nicht übersehen, dass damals schon manche Menschen einer verloren gegangenen Art des Reisens und Speisens nachtrauerten, wie es in einem Essay von *Ellen Key* aus dem Jahr 1905 anklingt: »In einer modernen Eisenbahnrestauration, wo überall um die überfüllten Tische ein unschöner Streit gekämpft wird, um in möglichst geringer Zeit möglichst große Ausbeute zu erringen, wird ein nicht heißhungeriger Mensch von der Sehnsucht nach den Esskorb-Mittagmählern der Postkutschenreisen ergriffen, die fröhlich an einem friedlichen Waldesabhang genossen wurden ...«

Gastlichkeit lässt sich nicht nur in großen und gepflegten Restaurants erleben, sondern auch in den einfachen Formen eines Bahnhofslokals bis hinunter zu den Imbiss-Tischen oder einem Bahnhofskiosk. Und auch in einem kleinen Schankstüberl, das zwar keine Weitläufigkeit hat, aber Heimeligkeit vermittelt, kann man mit Würde sitzen. Viele Texte in diesem Buch drücken das aus.

»Atmosphäre eines Wiener Cafés«

Eines der beliebtesten Restaurants in Wien Anfang des 20. Jahrhunderts war jenes im Südbahnhof. In diesem Gourmet-Tempel, der auch Wien-Reisenden als kulinarischer Ausgangspunkt empfohlen wurde, sitzt Leutnant Melzer in *Heimito von Doderers* Roman *Die Strudlhofstiege* mehrere Stunden und wartet auf den Nachtzug, der ihn in den Süden bringen soll. Doderer selbst war über Jahrzehnte Südbahn-Pendler und setzte mit dieser Szene der damaligen Bahnhofsrestauration ein literarisches Denkmal.

Solchermaßen angetan verließ er nach dem Essen das Schneider'sche Restaurant, um ins Bahnhofscafé hinüberzugehen.

Diese Lokalitäten waren zu jener Zeit sehr gepflegt, verhältnismäßig still und über das Bedürfnis des damaligen Verkehrs – wo noch nicht jede Mehlspeisköchin unausgesetzt herumreiste – geräumig. Man möchte sagen, es lag in ihnen nachklingend die ganze repräsentative Bedeutung der eröffneten Semmeringbahn, mochte das auch schon ein halbes Jahrhundert her sein. Um die dunklen Marmorsäulen schwebte die traditionelle Atmosphäre eines Wiener Cafés, Mokkaduft und Zigarettenrauch, jene absolute Reinheit von jedem Essensgeruch oder fettigem Odeur, denn hier nahm man, außer Kaffee in den sechs verschicdenen Formen der Bereitung und des Services, höchstens ein Schinkenbrot zu sich oder Eier. Es gab immer genügend leere Tische und jedermann, der sich niederlassen wollte, suchte den größtmöglichen Abstand von den bereits besetzten, worin allein schon die zurückgezogene und gewissermaßen meditative Haltung eines Wiener Caféhausgastes sich ausdrückt.

»Haben der Herr Leutnant schon bestellt?« fragte der Ober, wenngleich sehr wohl wissend, daß Melzer eben eingetreten war; aber die Vermeidung einer Geradezu-Ansprache gehörte hier zu den zeremoniösen Voraussetzungen des Metiers.

Heimito von Doderer, Die Strudlhofstiege oder Melzer und die Tiefe der Jahre (1951)

»Ein Juwel, ein Kleinod«

Unzeitgemäß erscheint der Schriftsteller *Joseph von Westphalen*, wenn er, wie er selbst schreibt, im »Faxzeitalter« einer ehemaligen Bekannten bei der Durchreise in Nürnberg ein Telegramm schickt und sie dann auch noch an einem aus der Mode gekommenen Ort treffen will: »Sitze nachher von 18 bis 21 Uhr im alten Nürnberger Bahnhofsrestaurant und rechne vorsichtig mit Ihrem Auftauchen.« Doch auch ohne ihr Kommen lohnt sich der Besuch.

Aufenthalte in Nürnberg liebe ich seit Jahren wegen des Bahnhofsrestaurants. Keine Ahnung, von wann der Bahnhof ist. Müßte doch im Krieg völlig zerbombt worden sein? Nazistadt und Eisenbahnknotenpunkt. Konnten die Alliierten doch nicht unzerstört lassen! Oder hatten die Bomber das Restaurant nicht getroffen? Egal alles heute. Ein hoher weiter Raum, vielleicht in den 50er Jahren renovierter Jugendstil, etwas in der Art, aber ich will auf diese Aussagen nicht festgenagelt werden. Jedenfalls ein Paradies der Übergangsreisenden, ein Fluidum, wie es weder in den Bahnhofsrestaurants im blöden Bonbon-München, noch in Stuttgart, Zürich, Wien, Ulm, Frankfurt, Würzburg, Hamburg, Bremen, auch nicht in Köln und Hannover zu finden ist – und schon gar nicht in Braunschweig. Endlich Platz, Platz, Platz und Weite in dieser verdammt vollgestopften Welt. Eine Oase der Geräumigkeit. Eigentlich kein Restaurant, sondern eine Art bewirteter Wartesaal. Nie voll besetzt, an jedem dritten Tisch ein Rentner, an jedem fünften zwei Vertreter – und ab und zu ein Liebespaar, weit weg, meist lautlos in erregter Unterhaltung. In der Luft der Geruch echter dünner Brühe – die Hotelküche in Davos könnte zu Thomas Manns Zeiten so angenehm unaufdringlich geduftet haben. Kurz, ein Juwel, ein Kleinod, eine Zuflucht, nein, kein Juwel, kein Kleinod, eine Selbstverständlichkeit, eine Seltenheit, eine Heimstätte, ein Ort wahrer Größe. Der Rauch der Zigaretten steigt zur hohen Decke, von der ich beim besten Willen nicht sagen kann, wie sie beschaffen ist. Mit Ornamenten verziert? Flach oder Gewölbe? Ich weiß es nicht. Wenn einem wohl ist, schaut man offenbar nicht nach oben. Wer hier sitzt, hat Würde.

Joseph von Westphalen, Nach Nürnberg oder Rettung im Restaurant (1996)

Die Monarchie im Wartesaal

Einige Jahre zuvor, 1897, wartet ein ebenfalls noch junger und fescher Offizier im Wartesaal des Wiener Südbahnhofes für Erste- und Zweiteklassereisende auf den Schnellzug aus Triest, mit dem seine Mutter anreist. Es ist ein denkwürdiger Tag für Wien, an dem ein Großer auf Staatsbesuch kommt – und ein anderer Großer stillen Abschied nimmt.

In dem Wartesaale für Erste- und Zweiteklassereisende des Wiener Südbahnhofes langweilt sich ein junger Offizier. Der Schnellzug aus Triest trifft mit einer Stunde Verspätung in der Halle des Bahnhofes ein. Der hohe und überaus geräumige Wartesaal bietet den Passagieren die runden Sitzsofas an, es hängen goldumrahmte Spiegel an den Wänden, das Gemälde des Herrscherpaares ziert die Stirnseite des luxuriös ausgestatteten Raumes.

Ein Duft von Kaffee, von gewürzten Speisen dringt von irgendwo in den Saal, der Orient flimmert über die Sonnenstäubchen,
auf den Kronleuchtern und den Spiegelputten. Der Offizier blickt
auf die Uhr. Die Zeit, allen ungeduldig Wartenden gram, hinkt, will
nicht eilen, bleibt wie auf einem Flecke hocken. Die Morgenzeitung
liegt auf einem der Marmortische. Es wird heute, mit flüchtigen
Augen liest es der Wartende, ein berühmter Komponist zu Grabe
getragen: Johannes Brahms wird im Zentralfriedhofe in ein von der
Stadt Wien gewidmetes Grab gebettet. Dem Leser fallen andere
Neuigkeiten in die Augen. In Galizien bereitet man die Kaiserma-
növer vor, in Triest ist man einer Geheimorganisation der Irredenta
auf die Spur gekommen.

Der Offizier blickt wieder auf die Uhr. Nun, in einer halben
Stunde, fährt der Triester Schnellzug in die Halle. Er erhebt sich,
nimmt ein in ein Rosaseidenpapier gehülltes Nelkenbouquet in die
Hand, blickt in den Spiegel, er prüft die von einem der ersten Wiener Schneider angefertigte Uniform, die Taille blitzt wie model-
liert, das Käppi sitzt auf dem schwarzen, üppigen Haar: der österreichische Offizier, das Musterbild der Modejournale!

Es erheben sich plötzlich die wenigen Reisenden, die der Wartesaal heute beherbergt, es werden nun die hohen Flügeltüren eilig geöffnet, etwas Ungewöhnliches scheint im Gange zu sein. Die
Nachricht, dem Offizier schon bekannt, fliegt von Mund zu Mund,
daß ein Hofzug eben in die Halle eingefahren ist, Hofbeamte empfangen den zu Besuch des Allerhöchsten Kaiserhauses eingetroffe-
nen Schah von Persien.   *Richard Billinger, Ein Strauß Rosen (1954)*

»Göttin der vergangenen Zeit«

Nach Jacques Austerlitz, einem fiktiven in Prag geborenen Kunsthistoriker, der als Kind nach England kam, ist der Roman *Austerlitz* von *W. G. Sebald* benannt. 1967 begegnet der Ich-Erzähler diesem kauzigen Wissenschaftler erstmals im Antwerpener Zentralbahnhof. Sie kommen ins Gespräch, in dem Austerlitz seinem Gegenüber auf beiläufige Art und Weise die kunsthistorische Bedeutung des Bahnhofes, seines großartigen Wartesaals (*Salle des pas perdus*) und Restaurants erschließt.

In der zweiten Hälfte der sechziger Jahre bin ich, teilweise zu Studienzwecken, teilweise aus anderen, mir selber nicht recht erfindlichen Gründen, von England aus wiederholt nach Belgien gefahren, manchmal bloß für ein, zwei Tage, manchmal für mehrere Wochen. Auf einer dieser belgischen Exkursionen, die mich immer, wie es mir schien, sehr weit in die Fremde führten, kam ich auch, an einem strahlenden Frühsommertag, in die mir bis dahin nur dem Namen nach bekannte Stadt Antwerpen. Gleich bei der Ankunft, als der Zug über das zu beiden Seiten mit sonderbaren Spitztürmchen bestückte Viadukt langsam in die dunkle Bahnhofshalle hineinrollte, war ich ergriffen worden von einem Gefühl des Unwohlseins, das sich dann während der gesamten damals von mir in Belgien zugebrachten Zeit nicht mehr legte. [...]

Eine der in der *Salle des pas perdus* wartenden Personen war Austerlitz, ein damals, im siebenundsechziger Jahr, beinahe jugendlich wirkender Mann mit blondem, seltsam gewelltem Haar, wie ich es sonst nur gesehen habe an dem deutschen Helden Siegfried in Langs Nibelungenfilm. Nicht anders als bei all unseren späteren Begegnungen trug Austerlitz damals in Antwerpen schwere Wanderstiefel, eine Art Arbeitshose aus verschossenem blauem Kattun, sowie ein maßgeschneidertes, aber längst aus der Mode gekommenes Anzugsjackett, und er unterschied sich auch, abgesehen von diesem Äußeren, von den übrigen Reisenden dadurch, daß er als einziger nicht teilnahmslos vor sich hin starrte, sondern beschäftigt war mit dem Anfertigen von Aufzeichnungen und Skizzen, die offenbar in einem Bezug standen zu dem prunkvollen, meines Erachtens eher für einen Staatsakt als zum Warten auf die nächste Zugverbindung nach Paris oder Ostende gedachten Saal, in welchem wir beide saßen, denn wenn er nicht gerade etwas niederschrieb, war sein Augenmerk oft lang auf die Fensterflucht, die kannelierten Pilaster oder andere Teile und Einzelheiten der Raumkonstruktion gerichtet. Einmal holte Austerlitz aus seinem Rucksack einen Photoapparat heraus, eine alte Ensign mit ausfahrbarem Balg, und machte mehrere Aufnahmen von den inzwischen ganz verdunkelten Spiegeln, die ich jedoch unter den vielen Hunderten mir von ihm bald nach unserer Wiederbegegnung im Winter 1996 überantworteten und größtenteils unsortierten Bildern bisher noch nicht habe auffinden können. Als ich schließlich an Austerlitz herangetreten bin mit einer auf sein offenkundiges Interesse an dem Wartesaal sich beziehenden Frage, ist er auf sie, in keiner Weise verwundert über meine Direktheit, sogleich ohne das geringste Zögern eingegangen, wie ich ja oft seither erfahren habe, daß Alleinreisende in der Regel dankbar sind, wenn sie, nach manchmal tagelang nicht unterbrochenem Schweigen, eine Ansprache finden. Verschiedentlich hat es sich bei solchen Gelegenheiten sogar gezeigt, daß sie dann bereit sind, sich einem fremden Menschen rückhaltlos zu öffnen. So allerdings ist es bei Austerlitz, der mir auch in der Folge kaum etwas von seiner Herkunft und seinem Lebensweg anvertraute, damals in der *Salle des pas perdus* nicht gewesen.

Unsere Antwerpener Konversationen, wie er sie später bisweilen genannt hat, drehten sich, seinem erstaunlichen Fachwissen entsprechend, in erster Linie um baugeschichtliche Dinge, auch schon an jenem Abend, an dem wir miteinander bis gegen Mitternacht in der dem Wartesaal auf der anderen Seite der großen Kuppelhalle genau gegenübergelegenen Restauration gesessen sind. Die wenigen Gäste, die sich zu später Stunde dort aufhielten, verliefen sich nach und nach, bis wir in dem Buffetraum, der dem Wartesaal in seiner ganzen Anlage wie ein Spiegelbild glich, allein waren mit einem einsamen Fernet-Trinker und mit der Buffetdame, die mit übereinandergeschlagenen Beinen auf einem Barhocker hinter dem Ausschank thronte und sich mit vollkommener Hingebung und Konzentration die Fingernägel feilte. Von dieser Dame, deren wasserstoffblondes Haar zu einem vogelnestartigen Gebilde aufgetürmt war, behauptete Austerlitz beiläufig, sie sei die Göttin der vergangenen Zeit. Tatsächlich befand sich an der Wand hinter ihr, unter dem Löwenwappen des Belgischen Königreichs, als Hauptstück des Buffetsaals eine mächtige Uhr, an deren einst vergoldetem, jetzt aber von Eisenbahnruß und Tabaksqualm eingeschwärztem Zifferblatt der zirka sechs Fuß messende Zeiger in seiner Runde ging. Während der beim Reden eintretenden Pausen merkten wir beide, wie unendlich lang es dauerte, bis wieder eine Minute verstrichen war, und wie schrecklich uns jedesmal, trotzdem wir es doch erwarteten, das Vorrücken dieses, einem Richtschwert gleichenden Zeigers schien, wenn er das nächste Sechzigstel einer Stunde von der Zukunft abtrennte mit einem derart bedrohlichen Nachzittern, daß einem beinahe das Herz aussetzte dabei. – Gegen Ausgang des 19. Jahrhunderts, so hatte Austerlitz auf meine Fragen nach der Entstehungsgeschichte des Antwerpener Bahnhofs begonnen, als Belgien, dieses auf der Weltkarte kaum zu erkennende graugelbe Fleckchen, mit seinen kolonialen Unternehmungen sich auf dem afrikanischen Kontinent ausbreitete, als an den Kapitalmärkten und Rohstoffbörsen von Brüssel die schwindelerregendsten Geschäfte gemacht wurden und die belgischen Bürger, von grenzenlosem Optimismus beflügelt, glaubten, ihr so lange unter der Fremdherrschaft erniedrigtes, zerteiltes und in sich uneiniges

Blick ins Innere des Zentralbahnhofs Antwerpen:
Salle des Pas Perdus und Treppenaufgang (1910).

Land stehe nun im Begriff, als eine neue Wirtschaftsgroßmacht
sich zu erheben, in jener jetzt weit schon zurückliegenden und
doch unser Leben bis heute bestimmenden Zeit, war es der persön-
liche Wunsch des Königs Leopold, unter dessen Patronat sich der
anscheinend unaufhaltsame Fortschritt vollzog, die nun auf einmal
im Überfluß zur Verfügung stehenden Gelder an die Errichtung öf-
fentlicher Bauwerke zu wenden, die seinem aufstrebenden Staat ein
weltweites Renommee verschaffen sollten. Eines der solchermaßen
von höchster Instanz in die Wege geleiteten Projekte war der von
Louis Delacenserie entworfene, im Sommer 1905 nach zehnjähri-
ger Planungs- und Bauzeit in Anwesenheit des Monarchen in Betrieb genommene Zentralbahnhof der flämischen Metropole, in
dem wir jetzt sitzen, sagte Austerlitz. *W. G. Sebald, Austerlitz (2001)*

In Deutschland gibt es kaum solche Speisesäle

Viele Beschreibungen von Eisenbahnen, Bahnhöfen und
ihren Restaurationen verdanken wir Reisenden, vor allem
denen, die berufsmäßig als Entdecker, Forscher und Journalisten reisen. So auch Robert von Schlagintweit. Obwohl
er mit seinem Bruder in verschiedenen Ländern unterwegs
war, scheinen es ihm die nordamerikanischen Eisenbahnen
besonders angetan zu haben, denn über sie und ihre Einrichtungen hat er mehrere Bücher verfasst.

Längs an den Pacifischen Bahnen sind nunmehr in geeigneten Zwi-
schenräumen Speisestationen erbaut (Eating-houses, Refresh-
ment-rooms, wie sie auf der Canada-Pacificbahn genannt werden).
In diesen Speisestationen finden wir sehr schöne, hohe, luftige Speisesäle, die abends geradezu glänzend erleuchtet werden. Die Möbel
sind elegant, das Geschirr geschmackvoll, ja einige Säle sind sogar
mit wertvollen und interessanten naturhistorischen Gegenständen
mancherlei Art geschmückt, wie riesigen Hörnern und Geweihen,
greisen Fellen, reichen Silber- und Golderzen und verschiedenen
Mineralien, oder an den Wänden hängen greise, vortrefflich gelungene Photographien hervorragender Landschaften. Gar manche
Gasthöfe ersten Ranges in mittlern deutschen Städten haben kaum
so schöne Speisesäle, wie sie gegenwärtig mit wenigen Ausnah-

men längs den Pacifischen Bahnen anzutreffen sind. Dreimal des Tages wird ein Aufenthalt von 20, meistenteils 25 bis 30 Minuten gemacht, während dessen den Reisenden die Möglichkeit geboten ist, Mahlzeiten zu sich zu nehmen. Infolge der hierbei getroffenen äußerst praktischen Vorkehrungen genügt dieser scheinbar flüchtige Aufenthalt vollkommen, auch den stärksten Hunger zu befriedigen; während dieser kurzen Zeit habe ich stets weit gemütlicher essen können, als oft während eines Aufenthaltes von drei Viertelstunden auf deutschen Bahnhöfen.

Sowie der Zug in den eine Speisestation enthaltenden Bahnhof einfährt, wird uns das zur Einnahme der Mahlzeit bestimmte Local auf eine äußerst einfache Weise kundgegeben; ein Mann, der vor dem Eingange steht, läutet entweder aus Leibeskräften eine große Glocke oder macht mit einem Tamtam ein nicht zu überhörendes Getöse.

Die zuerst in den Speiseeaal Eintretenden nehmen, was in Amerika geradezu als selbstverständlich gilt, ihre Plätze nicht an den vordersten, sondern an den von der Eingangsthüre entferntesten Tischen; diese sind nicht nur mit einem äußerst saubern Tuche gedeckt, sondern auch reichlich mit Speisen aller Art besetzt. Da finden wir Fische, Koteletten, Beefsteaks, Geflügel, Wildpret, mehrere Braten, verschiedene Sorten von Brot und Gemüse, sowie Mehlspeisen; im Sommer wird sogar frisches Obst gereicht. Freilich weiß gar mancher Reisende oft nicht genau, was er denn eigentlich mit so gutem Appetite verzehrt, da er in seinem bisherigen Leben wohl niemals Antilopen-, Wildenten- oder Wildgänsebraten oder Büffelzungen gekostet hat, und ihm keine Speisekarte über diese für ihn so seltenen Fleischsorten die nötige Aufklärung gibt.

Mit Milch gefüllte Kannen, Zucker- und Butterdosen, sowie Pickles, verschiedene pikante Saucen und Senftöpfe und große mit Eiswasser gefüllte Flaschen sind ebenfalls vorhanden. Jedem Gast wird nach Wunsch während des Speisens Thee oder Kaffee gereicht. Auch Eisthee ist fast überall zu haben, wie nicht minder icecream (Gefrornes).

Spirituose Getränke irgend einer Art werden während des Essens nicht verabfolgt. Wer nach der Mahlzeit etwas trinken will, findet an manchen, aber keineswegs an allen Speisestationen oder richtiger gesagt in ihrer unmittelbaren Umgebung eine Trinkstube (bar), wo er ein Glas Bier oder Wein oder einen Schluck Whiskey bekommen kann.

Ein jeder, der sich in den Speisesaal begeben und an einem dort befindlichen Tische niedergelassen hat, zahlt, er mag viel oder wenig gegessen oder eine oder mehrere Tassen Kaffee oder Thee getrunken haben, dasselbe, und zwar für jede Mahlzeit, gleichviel, ob Frühstück, Mittag- oder Abendessen, einen Dollar = 4 Mark 25 Pf.; es gibt nur sehr wenige Speisestationen längs den Pacifischen Bahnen, wo man eine Mahlzeit für 75 Cents bekommen kann. Daß ein Frühstück ebensoviel kostet wie ein Mittagessen, ist durchaus in der Ordnung, da das erstere oft ebenso reichhaltig und mindestens ebenso gut ist, wie das letztere.

Robert von Schlagintweit, Die Pacifischen Eisenbahnen in Nordamerika (1886)

Geschmackvoll, kunstvoll, außergewöhnlich

Der amerikanische Forschungsreisende George Kennan wiederum war in Asien, Sibirien und dem Südosten Russlands unterwegs. Wie viele andere Reisende zu seiner Zeit und später staunte er über den Luxus mancher Bahnhofsrestaurants dort. Dieser mochte ihm umso mehr aufgefallen sein, als das eigentliche Ziel seiner Forschungsreise die Strafgefangenenlager und Bergwerke waren ...

Wir waren nicht wenig erstaunt, in dieser wilden Bergregion an der östlichen Grenze des europäischen Rußland eine so gut gebaute, vortrefflich, ja geradezu luxuriös ausgestattete Eisenbahn zu finden. Die Stationsgebäude zwischen Perm und Jekaterinenburg waren die besten, die wir in Rußland gesehen hatten. Der Unterbau war außerordentlich dauerhaft, die Wagen konnten mit denen der besten Linien in Rußland den Vergleich aushalten; alles, was zur Eisenbahn gehörte, war in der vollkommensten Ordnung. Die Umgebung der Stationsgebäude war vortrefflich angelegt, und der Nachbarschaft des ganzen Schienenstranges war offenbar außergewöhnliche Pflege zu teil geworden; selbst die Meilensteine, die 3–4 Fuß Durchmesser hatten, trugen die Angabe der Entfernung in Werst in zierlichem, buntem Mosaik.

Die Station Nischni Tagil, an der asiatischen Seite des Ural, wo wir eine halbe Stunde Halt machten, um zu Mittag zu speisen, hätte jeder Eisenbahnlinie ersten Ranges Ehre gemacht. Das massive Gebäude, an dessen 100 Fuß langer Fronte sich ein 20 Fuß breiter, gedeckter Perron hinzog, war in braunen Schattierungen geschmackvoll gemalt und hatte ein Dach von rotem Eisenblech. Es war von einem großen, künstlerisch angelegten Park umgeben, mit sammetartigem Rasen und Beeten blühender Blumen, deren Wohlgeruch die Luft erfüllte; während das Geplätscher eines Springbrunnens an das Ohr des Wanderers drang, der sich im Schatten der Silberbirken erging.

Der Fußboden des Speisezimmers war von eingelegtem Eichenholz, die Wände bis in die halbe Höhe getäfelt, das übrige mit eichenholzfarbener Ledertapete bedeckt, die Decke mit Stuck verziert. Die in der Mitte des Zimmers befindliche lange Tafel war mit schneeigem Linnen gedeckt und trug geschmackvolles Porzellan, einen wundervollen Tafelaufsatz, krystallene Armleuchter, und zur Verzierung Pflanzen und Blumen, sogar ein Aquarium. Außer den reichgeschnitzten Stühlen, welche den Tisch umgaben, befanden sich noch eine kostbare Uhr und ein bronzierter Ofen in dem Zimmer.

Die Kellner waren in tadellosem Gesellschaftsanzuge, die Köche von Kopf bis zu Fuß in weißes Leinen gekleidet mit viereckigen, weißen Mützen. Ich kann ohne Übertreibung behaupten, daß dies das geschmackvollste und behaglichste öffentliche Speisezimmer war, das ich je in irgend einem Teile der Welt betreten hatte, und als ich mir das schmackhaft bereitete und schön servierte Mittagessen von vier Gängen in diesem Raume munden ließ, erschien es mir unbegreiflich, daß wir uns in dem bisher unbekannten Bergwerkdistrikt Nischni Tagil auf der asiatischen Seite des Ural befanden.

George Kennan, Sibirien! (1890)

»In diesen heilgen Hallen ...«

Werner Nieblich ließ in seinem Roman *Stadt am Strom* nicht nur das alte Dresden mit seinen beiden großen Bahnhöfen – Neustädter Bahnhof und Hauptbahnhof – nochmals in aller Pracht auferstehen, als gelernter Musikkritiker und -schriftsteller konnte er auch das musikalische Leben der Stadt schildern – nicht zuletzt im Bahnhofsrestaurant.

Maria, siehst du dort an der gläsernen Stirnwand, die bis zur Hälfte die große Halle einschließt, die zwei übereinanderstehenden Lichter? Wenn die über dem jeweiligen Bahnsteig aufleuchten, ist es das Zeichen, daß der Zug in Dresden-Neustadt abgefahren ist. In wenigen Minuten wird er hier einfahren.«

Da kam er schon, der Hamburger D-Zug. Die riesige Lokomotive, die Räder größer als sie, das Gewirr von Stangen, Hebeln und blitzendem Metall, eigentlich hat auch die Technik ihre romantische Seite, dachte Maria. »Vielleicht sitzen gar Amerikaner drin?« fragte Maria noch schnell ihren Vater. »Ganz bestimmt sind in dem Zug eine Menge Amerikaner. Paß nur auf – wenn du Zeit dazu hast – da hörst du genug Englisch.« In die Wagen spähend, schritten sie den Zug entlang. Am fünften sah Dr. Kersting Günther Klaasen. Sie winkten sich zu. Günther stieg aus, begrüßte Dr. Kersting, und dieser stellte ihm seine Tochter vor. Sie fragte ihn, um ein Gespräch zu beginnen, ob er eine gute Fahrt gehabt hätte und was man eben nicht alles auf Bahnhöfen sagt. Dann schritten sie den Bahnsteig entlang, gingen durch die Sperre. Günther Klaasen drehte sich noch einmal um, staunte über die Größe des Hauptbahnhofs mit seinen drei Hallen. Langsam liefen sie durch einen breiten Mittelgang nach der Kuppelhalle. Hier stutzte Günther Klaasen, blieb stehen und verwundert fragte er, woher die erstklassige Musik käme?

Dr. Kersting lachte und erklärte ihm, in einem prachtvollen Saal der Hauptbahnhofgaststätten sei täglich Konzert. Günther Klaasen lauschte weiter. Das Orchester spielte gerade Melodien aus der Zauberflöte. Verwundert schüttelte er leicht den Kopf. In einem Bahnhof Mozart-Musik und in dieser Qualität? Das habe ich nicht für möglich gehalten. Das paßt aber genau zu dem hell angestrahlten Stadtbild, das ich vorhin sah. – Höflich fragte er: »Darf ich mal einen Blick hineinwerfen?« »Gern, Herr Klaasen. Ich warte hier. Maria, du begleitest doch Herrn Klaasen?« Beide schritten durch den riesengroßen Speisesaal der Gaststätten, von dort aus stiegen sie eine breite, mit dicken Teppichen belegte Treppe zum Saal Meißen empor. Elegante Möbel, gediegene Kronleuchter, ebensolche Teppiche, bezaubernd schöne Meißner Porzellanwandbilder sah Günther Klaasen. Kellner im Frack und makellos weißen Hemden. Einen warmklingenden Blüthnerflügel und beste Instrumente der zahlreichen Solisten hörte er. – Schweigend verließen sie den Raum, gingen wieder zu Dr. Kersting und schritten zur Kuppelhalle.

Werner Nieblich, Stadt am Strom (1966)

»Speisesaal deluxe«

Live-Musik gab es auch im Hauptbahnhof Leipzig. *Kurt Thümmler* erinnert sich nicht nur gern an das Mitropa-Restaurant des Bahnhofs in Karl-Marx-Stadt (Chemnitz), sondern auch an die Speisesäle in Leipzig, an das gepflegte Ambiente und die Unterhaltungsmusik – vorwiegend von Älteren genossen (oder: älteren Genossen?).

Bei Karl-Marx-Stadt musste ich an frühere Jahre denken, in denen wir häufig Urlaub in Niederschlag (Erzgebirge) gemacht hatten. Es war fast eine Weltreise bis dahinauf, mit dem Zug bis Oberwiesenthal, ein Abenteuer. Für uns als ehemalige DDR-Bürger war das eine ganz normale Angelegenheit. Aber eines war im Bahnhof Karl-Marx-Stadt unübertrefflich, nämlich die Gastronomie und dabei vor allem der Service. Heute würde das keiner glauben, der es nicht selbst erlebt hat. Wenn ich mit meiner Familie ins Erzgebirge unterwegs war, stand im Bahnhof Karl-Marx-Stadt die Mittagspause an. Selbstverständlich begaben wir uns hierfür in den Speisesaal. Heute würde man dazu Fünf-Sterne-Restaurant sagen, bloß mit dem Unterschied, dass es nicht nur um das Essen, also König Koch, ging. Das Ambiente war im alten Stil erhalten, was dem vom Krieg verschont gebliebenen Bahnhofsgebäude zu danken war. Alle Tische waren weiß gedeckt, auch die Kellner verrichteten ihren Dienst ausnahmslos in tadellosen schwarzen Anzügen, das war selbstverständlich. Auch war der Umgangston des Bedienungspersonals in Karl-Marx-Stadt wesentlich freundlicher als beispielsweise in Leipzig. Der südliche Sachse ist ein ganz anderer Menschenschlag als der nördliche. Natürlich waren im Speisesaal des Bahnhofes auch Damen als Serviererinnen beschäftigt. Damals versuchte man noch nicht, alle männlichen Berufsbezeichnungen zu verweiblichen. Serviererin klingt doch auch viel freundlicher als Kellnerin. Sobald wir den Raum betraten, bemühte sich sofort ein freundlicher Kellner um uns. Meist war der Speisesaal gut besucht, für eine Familie mit Kind wurde jedoch fast immer ein Tisch gefunden, an dem noch drei Sitzplätze frei waren. Wenn sie verteilt waren, wurden die anderen Gäste um ein Umsetzen gebeten. Auch das ging meist problemlos über die Bühne. Als wir das erste Mal auf dieser Reise waren, war unser Sohn etwa vier oder fünf Jahre alt, also noch zu klein, um auf einem normalen Stuhl am Tisch sitzen zu können. Sofort brachte der Kellner einen kindgerechten Stuhl mit verschiedenen Sitzpolstern, sodass unser Sohn mit uns in der richtigen Höhe am Tisch sitzen konnte. Über diesen Service haben wir uns damals sehr gefreut. Auch in den folgenden Jahren wurde uns dieser immer wieder gewährt. Wenn ich an Heute denke, könnte ich wehmütig werden. Ich war Jahre nicht in Chemnitz und mit dem Zug schon gar nicht. Wie in Leipzig wird es auch in Chemnitz den Speisesaal in dieser Form nicht mehr geben. Für die Zukunft habe ich mir eine Zugfahrt nach Chemnitz auf jeden Fall vorgenommen.

Die Speise- und Wartesäle im Leipziger Hauptbahnhof waren in ihrer Dimension noch wesentlich größer als die in Chemnitz. Was war das für eine Atmosphäre, wenn man einen der Wartesäle betrat, von denen es zwei gab, West und Ost. Zwischen diesen beiden befand sich der Speisesaal deluxe, würde man heute sagen. Dieser war absolute Luxusklasse, jedoch für jedermann bezahlbar. Ich vergaß, zu erwähnen, dass es vor der Wende in diesem auch noch Unterhaltungsmusik gab. Die Musiker waren stilecht wie der ganze Saal. Sie stammten wahrscheinlich auch aus der alten Zeit, nicht nur vom Alter her, sondern auch vom Äußeren. Von der Musik ganz zu schweigen. Das war pure Nostalgie, welche vornehmlich von älteren Herrschaften genossen wurde.

Kurt Thümmler, Meine Zeit als Dampflokomotivführer (2014)

»Das Lebensgefühl geht verloren!«

74 Jahre zählt Mathilda Behrens in *Hugo Dittberners* Roman
Die gebratenen Tauben, da muss sie ihrem Äußeren bisweilen etwas nachhelfen, was sie aber gern und farbenfroh tut,
weil sie im Inneren jung geblieben ist. Anders der Bahnhof
von Kreiensen, den sie so liebt und in dessen Schalterhalle und Restaurant sie sich gern aufhält. Dessen Fassade ist
auch nach vielen Jahrzehnten noch ansehnlich, nur das Innere hat sein Lebensgefühl verloren. Schade.

Schon von dem großzügigen Vorplatz des Bahnhofs aus, der zwischen den Bahngleisen der beiden Linien aufragt, sieht man
die Braunschweigischen Löwen aus Sandstein und, je näher man
kommt desto deutlicher, die Majolikafriese, die dem mächtigen
Gebäude mit seinen hohen Bogenfenstern, Fresken und Zinnen
seinen herrschaftlichen Charakter geben. Damals, in der Wilhelminischen Zeit, baute man zuvorderst einen Fürsten-Salon, in dem
sich während des Winters 1888/89 Bismarck und der Zar trafen.
Das blieb freilich die einzige standesgemäße Nutzung des Fürsten-Salons, und 1969-73, während der großen Renovierungsarbeiten,
entstand daraus die neue Schalterhalle. So absonderlich es klingt
– Mathilda Behrens liebte, seit sie einmal die Geschichte der Schalterhalle erfahren hatte, an dem Kreienser Bahnhof dies besonders,
daß sie in einem ehemaligen Fürsten-Salon ihre Fahrkarten lösen
konnte. Das hatte Stil. Schon bevor sie über die historische Dimension des Bahnhofs informiert worden war, hatte sie die großzügige
Anlage, dies in der Sonne leuchtende Gelb des Gebäudes, die schallenden Lautsprecheransagen im Tal und die hastenden Reisenden
geliebt, wie man nur einen Ort lieben kann. Doch nun war es noch
ganz etwas anderes.

Jeder Zug, der in den Kreienser Bahnhof rollte, hielt und wegrollte, in irgendeine Richtung, war eine Hoffnung. Mathilda sagte
das gern bei Gelegenheit, und sie übersah die skeptischen, gutmütigen Gesichter, weil es ihr nicht einfiel, sie könnte übertreiben. Eigentlich brauchte sie den Kreienser Bahnhof gar nicht zu betreten.
Sie besaß einen älteren VW, mit dem sie schon zu Lebzeiten ihres
Mannes in die umliegenden Städte einkaufen gefahren war und der
auch jetzt noch knatternd seinen Dienst tat. Sie benutzte ihn je-

doch nur zu den prosaischen Zwecken des Alltags. Zu ihrem monatlichen Jourfixe fuhr sie mit dem Zug. Das heißt: sie ließ sich von einem Taxi abholen und zu dem Kreienser Bahnhof fahren; und wenn sie abends in Kreiensen aus dem Zug stieg, wartete bereits ihr Taxi, um sie nach Hause zu bringen. Diese monatliche Reise versäumte sie nie; und wenn es nach ihr allein gegangen wäre, hätte die Reise öfter stattgefunden. Warum sie nicht mit dem Auto fuhr? Neugierigen im Dorf erklärte sie: weil sie auf ihren Likör nachmittags nicht verzichten wollte. Mit dieser Erklärung war man heutzutage zufrieden.

Da sie regelmäßig und so rechtzeitig kam, daß sie die Anwesenheit auf dem Bahnhof genießen konnte, war sie allen Bahnhofsbediensteten bekannt und wurde mit Nicken und Lächeln begrüßt.

Fast war es so, als wäre sie eine Persönlichkeit. Die herablassende Note des Lächelns nahm sie nicht wahr, weil sie ihren Anlaß nicht erkannte. Es war aber so, daß Mathilda Behrens sich in äußerst schrillen Farben kleidete und, trotz ihrer 74 Jahre, schminkte. Sie erschien in der Schalterhalle, eine alles durchtränkende Parfümwolke um sich, in einer Kostümcreation aus Gelb und Violett, die Lippen dunkelrot geschminkt, Lidschatten auf der schrumpeligen Haut um die hellblauen Augen und Rouge auf den erschlafften Wangen, und sie schritt, 1,74 Meter groß und würdig, auf den Schalter zu. Wartete vor ihr ein anderer Kunde, so bat sie ihn, ihre Violine zu halten, während sie die Karte löste. Irgendein Wortfindiger hatte sie, ihr schreiendes Aussehen und die stets mitgeführte Violine verschmelzend, die Virtuosin getauft; und so nannte man sie hinter ihrem Rücken. Von vorne hatte sich eingebürgert: Gnädige Frau – nachdem sie einen Beamten einmal darauf aufmerksam gemacht hatte, daß dies die gebührende Anrede für sie sei. Mit jenem Nicken und Lächeln.

Sobald sie die Karte gelöst hatte, promenierte Mathilda auf dem *Perron*, bis weit nach vorn zu dem Stellhaus, um sich zu zeigen, wie sie auf dem Kreienser Bahnhof, die wohlverpackte Geige in der Hand, einherging.

Bei Regen trank sie in der riesigen Bahnhofsgaststätte eine Tasse Kaffee, überwölbt von der Bahnhofsdecke und den Lauten, die sich oben in der Höhe fingen und wieder herabdrangen. Das Weitläufige und Geräumige tat ihr wohl. Und als 1979/80 die Gaststätte umgebaut wurde, die Decke herabgezogen, der Raum verkleinert und in die Proportionen der Normalität gebracht wurde, trauerte sie und beschwerte sich beim Stationsvorsteher über die herrschende Geschmacklosigkeit.

Die Heizkosten, hieß es, und nach außen blieb ja alles erhalten. »Aber das Lebensgefühl«, sagte sie, »Das Lebensgefühl geht verloren!« Das Lebensgefühl konnte nicht mehr finanziert werden. Der Stationsvorsteher lächelte nachsichtig. Vor hundert Jahren hatte es noch zwei Stationsvorsteher gegeben: einen hannoverschen und einen braunschweigischen. Während der Umbauarbeiten wurde ein Ersatzwarteraum zur Verfügung gestellt, in dem die Leute eng beieinander saßen, rauchten und die Bild-Zeitung lasen. Das war nicht der Ort für Mathilda. Sie wandte sich deshalb an diesem regnerischen Sommertag zu einem italienischen Eiscafe am Ende der Bahnhofstraße, um die Geige vor der Feuchtigkeit in Sicherheit zu bringen.   *Hugo Dittberner, Die gebratenen Tauben (1981)*

Das Bahnhofsrestaurant geht verloren

Am Ende geht nicht nur das Lebensgefühl verloren, sondern die Bahnhofgaststätte selbst. Die Gäste werden weniger, schließlich erscheint der Raum als unzeitgemäß und muss einer anderen Einrichtung weichen, die schnelleren Umschlag und höheren Gewinn verspricht. Und wo bleiben Würde und Geborgenheit?

Sie haben es abgerissen. Ein aus der Mode gekommenes Restaurant mit riesigem Speisesaal. Die Täfelung aus dunklem Holz. Altes Wirtshausmobiliar. Die Durchreisenden bevorzugten den offenen Saal mit Blick auf die Bahnhofsuhr. Wer nicht verreisen wollte, zog sich in die Nischen zurück. Man hatte Zeit oder vergaß sie hier.

Die Zeit ist um, meinten sie. Und eröffneten eine gläserne Theke für den Durchgangsverkehr. Keine Falte, in die du dich bergen kannst. Du sollst dich nicht aufhalten. Iß, zahle und verschwinde hier.   *Raymond Dittrich, Bahnhofsrestaurant (2011)*

Karl Rabus, Bahnhofwartesaal (Simplicissimus 1928)

DRITTER GANG

»*Ich möchte Jedermann warnen* ...«

Vom früheren Abenteuer des Reisens
und Speisens in fremden Ländern

»Urians Reise um die Welt« heißt ein Gedicht von *Matthias Claudius*, aus dem die bekannte Zeile stammt: »Wenn jemand eine Reise tut, so kann er was verzählen.« Auch hinsichtlich des Essens und Trinkens. Ungeachtet der vielen (oftmals mit Erstaunen zur Kenntnis genommenen) gepflegten Bahnhofsrestaurants auch in anderen Ländern befürchtete man früher unter kulinarischen Aspekten im Ausland Schlimmes beim Reisen. Und das Ausland begann für einen Reisenden aus Bayern eigentlich schon in Franken ...

Da wurde dann um des Berichtes willen sicher manche Situation als noch merkwürdiger und gefährlicher geschildert, als sie es vielleicht in Wirklichkeit war. Unbekannte, ungewohnte, ja womöglich ungenießbare Speisen, seltene und seltsame Getränke, hungernde Passagiere, übervolle Wartesäle, – mancher biss wohl lieber in die Fußmatte seines Abteils, als sich einer fremden gastronomischen Einrichtung auszusetzen.

»In dem Bahnhofsrestaurant bekam ich zum Abendbrot einen gewiss schon vor längerer Zeit erwürgten Vogel, der immerhin einer von den korinthischen Kranichen des Ibykus gewesen sein kann. Aber dazu einen guten Wein, der den wohlklingenden Namen ›Parnass-Wein‹ führte, und dessen Lieferanten sich ›Solon & Co.‹ nannten. Und es war schön, dass wieder die Weisheit so nahe beim Wein war«, erinnert sich *Theodor Wolff*. Vielleicht war es also angeraten, sich nur dem Trinken und der verklärenden Erinnerung hinzugeben, wie es *Werner Bergengruen* seinen Letzten Rittmeister erzählen lässt: »Beim Essen lag das Stationsverzeichnis der Transsibirischen Bahn auf dem Tisch. Einer verlas es feierlich, und bei jeder Station, von der ein aus Messer und Gabel gebildetes Kreuz anzeigte, dass sie ein Bahnhofsbüfett hatte, wurde zur Erinnerung ein Schnaps getrunken. Nur wenige kraftvolle Männer, so heißt es, sind an diesen Abenden bis nach Chabarowsk oder Nikolsk-Ussuriisk gelangt.« Kopf-Reisen also anstelle wirklicher Fahrten ... In *Ernst Jüngers* Erzählung *Afrikanische Spiele*, die seine frühen Erlebnisse bei der Fremdenlegion widerspiegelt, ist es der ihm noch unbekannte Absinth in einer französischen Bahnhofsgaststätte, der eine verwirrende Wirkung hinterlässt ...

Zurück nach Russland: Hier wie auch in Griechenland musste man am Bahnhof und in seiner Gastronomie auch mit religiös-kirchlichem Einfluss rechnen – man reise also beispielsweise besser in der Oster- als während der Fastenzeit dorthin. In manchen anderen Ländern konnte es einem wiederum passieren, dass man sich angesichts der Fülle dargebotener Speisen überforderte! Und was in Asien oder Südamerika als Bahnhofsgaststätte offeriert wurde, konnte einem nachgerade den Appetit rauben. Doch wenn man wieder glücklich in Bayern war, stellte man fest, dass es womöglich hier nicht sehr viel anders ist als im Ausland ...

Im Folgenden ein kleines Mosaik von einstmaligen Reise- und Speiseeindrücken aus verschiedenen Ländern. Allerdings seien nicht nur frühere Reisende gewarnt, sondern auch heutige Leser: Manche Berichte entsprechen noch nicht der inzwischen gewohnten *political correctness* ...

Franken

Eine Reise von München nach Leipzig auf den königlichen Staatsbahnen sollte nicht allein für eine sehr bequeme, sondern auch, nachdem die Nachtzüge eingerichtet sind, für eine sehr schnelle gehalten werden. In vierundzwanzig Stunden wird diese Route jetzt allerdings zurückgelegt, und das ist ein Riesenschritt gegen früher, wo man dreimal so viel Zeit gebrauchte und froh war, wenn das Ziel der Reise mit gesunden Gliedern erreicht wurde. War aber in der guten alten Zeit die Reise an und für sich oft sehr lästig, so fand der Reisende in den bayer. Postwirthshäusern alten Schlags doch einen einfach-soliden Comfort, treffliches Bier, leckere Forellen, schmackhaften Braten etc. Ueberdieß wurden diese lieblichen

Dinge für sehr mäßige Preise von munteren artigen Kellnerinnen dargereicht, wenn nicht gar der Herr Wirth oder die Frau Wirthin selbst die Hand anlegten ...

Der Reisende wünschte in München ein Billet bis Leipzig zu erhalten, und war erstaunt, nur bis Hof eine Karte erhalten zu können. Es wurde also ein Billet bis Hof gelöst, und nicht lange darauf hieß es vorwärts. Das Wetter war herrlich, die Gesellschaft auserlesen, die Stimmung die beste. So ging denn Alles bis Nürnberg vortrefflich, und man fand häufig Veranlassung, den neuen sehr bequemen Wägen der zweiten Classe den wohlverdienten Beifall zu zollen. In Nürnberg bei eintretender Dämmerung ein gutes Glas Bier zu finden war gewiß ein billiger Wunsch. Das vom Kellnerjungen der Bahnhofsrestauration gebotene Getränk war aber der Art, daß es nicht genossen werden konnte. Man dachte an die gute alte »Himmelsleiter« und freute sich auf Bamberg, die letzte fast drei Viertelstunden dem Reisenden gönnende Station vor der eigentlichen Nachtfahrt. Etwa 9 ¼ Uhr kam man in Bamberg an und eilte schnellen Schrittes in die Bahnhofrestauration. Diese war zum Verwundern nur spärlich erleuchtet und im Halbdunkel hantierte hinter einem mit altem Zuckerwerk besetzten Tisch der Herr Bahnhofrestaurationsinhaber oder Pächter. »Es geht jetzt auf die Nacht und somit wünsche ich eine warme Suppe«, war meine Anrede. »Warme Suppe gibt's nicht«, lautete die Antwort. »So bringen Sie Cotelettes oder Beefsteak.« »Warme Cotelettes oder Beefsteak gibt's nicht.« »Wie, nichts Warmes vor der Nachtfahrt?« rief ich ärgerlich, und ärgerlich erwiderte der Mann: »Wollen der Herr die Cotelettes und die Supp bezahlen, die übrig bleibt, wenn ich Dergleichen machen lasse?« »Was aber gibt's denn?« »Schinken!« »Nun denn, Schinken und ein Glas Grog.« Und der Herr Bahnhofrestaurateur schnitt mit grimmigem Gesicht den Schinken und nach einer Weile stand denn auch ein Glas sogenannten Grogs vor mir. Um 10 Uhr wurde zur Abfahrt geläutet und man fand die Thüren der Coupés zweiter Classe geöffnet. »Herr Conducteur, sind für die Nachtfahrt keine so bequemen Coupés vorhanden, wie von München bis Bamberg?« »Nein, andere sind nicht da, steigen's ein.« Der Mann antwortete das entschieden genug. Man ging langsam die Wagenreihe entlang, und siehe da – lauter alte bekannte Wagen von dazumal, wo die Architektur der Bahnhofscoupés noch in erster Kindheit lag. Es wurde eingestiegen und Dieß und Jenes darüber gesagt und gedacht, daß man den Fremden bei Tag auf bequeme Polster bettet und ihn Nachts auf unbeschreiblich unbequeme Bänke verdammt.

Indeß die Nacht verging, und um 5 Uhr des andern Morgens etwa kam man nach Hof. Es war ein schöner, klarer, kalter Morgen und nach den geschilderten Vorgängen wäre eine gute Tasse Kaffee eine Wohlthat gewesen. In einer elenden Barracke, »Wartsaal für die erste und zweite Classe« genannt, wurde jedoch von zwei ungewaschenen Jungen eine Brühe aufgetischt, deren chemische Untersuchung wunderbare Ergebnisse geliefert haben würde. In der heitersten Stimmung eilten wir, die Karte nach Leipzig zu lösen. Es war aber nicht daran zu denken, ein Billet so leicht zu erhalten. Ein Haufen Auswanderer lagerte vor dem überaus winzigen Schalter; ich stand eine volle Viertelstunde und hatte noch keinen Zoll Terrain erobert. Das war mir zu arg, und ich eilte zum Bahnhofsinspector mit der Erklärung, ich müsse fort mit dem nächsten Zug, er möge mir ein Billet verschaffen. So bekam ich denn endlich durch eine Seitenthür eine Karte, die ich in München hatte erwarten dürfen. Auf der sächsischen Bahn boten die Restaurationen wirklich Restaurirendes. *Von München nach Leipzig (1852)*

Italien

Die Fahrt von Livorno nach Rom durch die Maremmen* bietet einige hübsche Aussichtspunkte aufs Meer und die Inseln Elba u. Capraia, sonst aber nichts weiter als Paßklettereien und das Gegentheil von Cómfort. Auf der Station Orbetello war die Geschichte am tollsten. Dort hielt der Zug ½ Stunde um die Essenszeit. Es waren zu viel Passagiere, der Wirth der schmutzigen und engen Eisenbahnrestauration verlor den Kopf, die hungrigen und durstigen Reisenden bekamen nichts, stürmten schließlich Küche und Keller und raubten, was sie habhaft werden konnten. Dazu das bunte Kauderwälsch aller möglichen Nationen. Ich eroberte für mich und eine englische Dame etwas schwarzen Caffee, womit ich kümmerlich mein Dasein bis Rom fristen mußte. Ich möchte Jedermann warnen mit der Maremmenbahn nach Rom zu gehen.

*entspricht der antiken Via Aurelia

Richard Freiherr von Krafft-Ebing, Eine Studienreise durch Südeuropa (1869/70)

Frankreich

Nach dreistündiger Schnellzugsfahrt von Genf über Bellegarde-Culoz (nicht über Bellegarde-la Cluse, welche Strecke zwar näher ist, aber nur Sekundärbetrieb hat), stand ich abends 9 Uhr am Bahnhof-Buffet des Knotenpunktes Ambérieu mitten unter rothosigen Soldaten und mitten unter jovialen Ausflüglern aus Lyon mit ihren weißen Mützen und mit ihrem lebhaften Franzosenblut.

Hei, wie da die raschen Zungen schnurrten und schwirrten, wie da die Gläser klangen und schäumten vom feurigen Beaujolais oder Burgunderwein! Da trank ich just auch – kein Wasser. Der Deutsche mag den Franzmann nicht, aber seine Weine trinkt er gern.

»Tokaierwein, Burgunderwein,

Wer weiß, wie das geschah?«

so hatte ich in meinen Studentenjahren oft gesungen; aber es »geschah« damals dem Burgunderwein nie etwas von mir. Nun konnte so etwas geschehen – im weinreichen Burgunderlande, wo die beste Halbe nur 6–8 Sous kostet. Die Sousstücke, à 5 Centimes – 4 Pfennig, sind ungeheure Kupfermünzen, deren man in Frankreich immer eine halbe Tasche voll herumschleifen muß; für den Geldbeutel sind sie zu groß. Nach ¾ stündigem Aufenthalt fuhr ich per Expreß vou Ambérieu weiter über Bourg nach Mâcon an der Saone, der berühmten Weinhandelsstadt Burgunds (25000 Einwohner).

Anton Hummel, Bis Algier und Lourdes. Eine Reise durch Frankreich, Ravensburg 1899.

Spanien

Wir gingen die wenigen Schritte zum Bahnhofe. In Deutschland fände man ein bequem und gut eingerichtetes Wartezimmer, einen passabeln Restaurant, einige Zeitungen, vielleicht ein Dorf in der Nähe, oder gar ein Städtchen. In Castillejo war nichts als das Leere. Ein Zimmer sah gerade so aus, wie das Andere. Die Zimmer erster und zweiter Classe glichen großen Ställen; Zimmer dritter Classe gab's gar nicht. [...] Von irgend einer Wanddecoration war in den Wartezimmern erster und zweiter Classe keine Rede,.Nackte Wände und nackte Fußboden von Stein, ohne Teppich, sogar ohne Strohmatte. Und das Meublement? Ich weiß nicht, ob man zwei hölzerne Stühle und eine mit schwarzem Leder überzogene schmale Bank ein Meublement nennt? Ein anderes Meublement gab es nicht. Ich habe überhaupt selten auf spanischen Bahnhöfen ein anderes Meublement gefunden. In beiden Zimmern befand sich übrigens ein großer Kamin, und in diesen Kaminen brannte wirklich ein hellloderndes Feuer. Gewöhnlich ist das auf den spanischen Bahnhöfen auch nicht der Fall.

Nun gab es außer der Stube für den Stationschef noch einen dritten Raum; diesen Raum bildete der Flur des Stationsgebäudes, der Flur war Speisesaal, Buffet, Lagerplatz für Waaren, Aufenthalt für Passagiere dritter Classe und für sämmtliche dem Bahnhofspersonal dienstbare Thiere.

Wir hatten seit sieben Uhr Morgens, wo wir aus Madrid abgefahren waren, eigentlich nicht mehr gegessen. [...] Dem Schicksal des Hungerns ist der Reisende in Spanien häufig ausgesetzt, wenn auch nicht dem Schicksal des Verhungerns. Die Fonda's in kleinen Städten und Dörfern sind herzlich schlecht; gewöhnlich gibt es nichts. Auf den Bahnhöfen gibt es gewöhnlich auch nichts. Für die Reisenden, welche mit dem Schnellzuge reisen, wird auf zwei Stationen während des Tages ein Dejeuner und Diner bereit gehalten. Qualität sehr mäßig, Preise sehr hoch. Außerdem wird den Reisenden den ganzen Tag über nichts angeboten, als frisches Wasser, gewöhnlicher Wein und Weißbrod. Die Restaurants auf deutschen Bahnhöfen sucht man in ganz Spanien vergebens. Ich habe in der Walachei und in Afrika häufig trockenes Brod gegessen, um

meinen Hunger zu stillen; aber als ich auf einer spanischen Haupt-
bahn, von Irun nach Madrid, in den Pyrenäen verzweiflungsvoll zu
diesem Mittel griff, da rief ich aus: »Ich bin doch nicht unter den
Türken, unter den Arabern oder unter den Walachen!«

Unter diesen Betrachtungen machten unsere Augen eine Razzia
auf dem Buffet. Aber die Razzia war wenig trostbringend. Fleisch
und Wurst waren von höchst zweifelhafter Qualität; sonst nichts
als Eier, Brod und Früchte. Ich erhob meine Blicke höher zu einer
Etagère, die das Buffet krönte. Da entdeckte ich eine Büchse mit
Sardinen und eine Flasche mit Oel. Mit Hilfe der Sprachkennt-
nisse meines Begleiters wurden beide Flaschen heruntergereicht,
geöffnet und vorsichtig ihr Inhalt mittelst eines Holzlöffelchens
versucht. Das Oel war nicht ranzig, die Sardinen waren sogar recht
gut. Mein spanischer Reisegefährte rief: „Voilà, nous sommes sau-
vés, Monsieur!«

Jetzt bestellte er Abendessen. Erste Schüssel: Sardinen. Zweite
Schüssel: Eine Omelette. Dritte Schüssel: Dessert, bestehend aus
Rosinen, Mandeln, Feigen, Orangen und Käse. Dazu rothen Wein,
zwei Flaschen.

Nach einer Viertelstunde saßen wir hinter einem der kleinen
runden Tische, der sogar weiß gedeckt wurde, mitten zwischen
drei Gendarmen, einem halben Dutzend Bauern, in Anzügen von
Ziegenfellen, malerisch den Oberkörper in die buntfarbige Manta
gehüllt, einigen Strolchen höchst zweifelhaften Aussehens und dem
Thierpersonal des ganzen Bahnhofes, um unser Souper oder eigentlich Diner zu beginnen. Gerade wollte ich zulangen, da erstarrte ich
vor dem Anblicke einer schrecklichen Scene. Mein Begleiter wandte sich an die sämmtlichen Beisitzer der anderen Tische, zuerst an
die Gendarmen, dann an die Bauern, endlich an die Strolche und
lud alle diese »Sennores« in den höflichsten Formen ein, an unserem Diner Theil zu nehmen.

Gabel und Messer sanken mir aus der Hand. »Mais vous êtes
fou, Monsieur!« Das waren die einzigen Worte, die ich hervor-
bringen konnte. Der schreckliche Moment ging glücklich vorüber.
Gendarmen, Bauern und Strolche schlugen in den höflichsten Formen unsere Einladung aus.

Mein Begleiter lächelte. »Hätte ich das nicht gewußt,« sagte er, »so hätte ich sie nicht eingeladen. Aber das ist so Mode in Spanien.« Unser Diner ging ruhig und ohne Störung vorüber. Wir standen auf. Jedenfalls waren wir vor dem Verhungern gerettet.

Gustav Rasch, Vom spanischen Revolutionsschauplatze (1869)

Griechenland

So ausgerüstet, fuhr ich anderen Morgens, den 21. März, früh 7 Uhr, mit der Peloponnesbahn nach Eleusis, wo ich um 8 Uhr eintraf. Mein dortiger Gastfreund war der Bahnhofswirt, Herr Skordin, und ich wandte mich daher sofort der Bahnhofsrestauration zu. Diese entsprach nun freilich nach europäischen Begriffen höchstens dem Geschmack und den Bedürfnissen der Reisenden vierter Klasse. Insbesondere fiel mir, entsprechend dem zur Zeit in der griechischen Kirche geltenden strengen Fastengebot, eine große Schüssel mit gekochten Seemuscheln jeder Gattung und Gestalt, einschalige und zweischalige, in die Augen. Offenbar wurde hier alles, was im Meere kreucht, als Fastenspeise fruktifiziert. Herr Skordin selbst war leider verreist.

August Döring, Eine Frühlingsreise in Griechenland (1903)

Bosnien

Über die große eiserne Savebrücke fährt der Zug der ungarischen Staatsbahn um Mitternacht in den Bahnhof von Bosnisch-Brod ein. [...]

Den ersten Begriff vom fremden orientalischen Leben empfängt der Reisende in der Bahnhofs-Restauration, wo er gewöhnlich eine Stunde Wartezeit hat. Da sitzen schon die einzelnen Typen der Bevölkerung: Der hochgewachsene, breitschulterige mohammedanische Grundbesitzer in sackartigen breiten Hosen, die an den Unterschenkeln eng geschlossen sind, der türkischen farbigen Jacke (Pojas) um den Leib, um den Fez das Turbantuch gewunden. Neben ihm sieht man den orthodoxen Kaufmann, der sich in der Kleidung, soweit er nicht schon gänzlich europäisirt ist, ähnlich, nur in dunklen Farben trägt, dann den Spaniolen, die verschiedenen Vertreter des Bauernstandes, bei denen man an der Kleidung fast stets die Konfession erkennen kann, und dazwischen die Uniformen des österreichischen Militärs und der Civilbeamten. Vereinzelt tauchen auch in den Wartesälen türkische Frauen auf, tiefverschleiert mit Feredschi und Jaschmak, in plumpen, gelben Stiefeln, einer Kleidung, die alle etwa vorhandenen Reize peinlich verhüllt.

Essen und Trinken ist jedoch schon ganz abendländisch und die erste Stunde auf bosnischem Boden ist noch Niemandem langweilig geworden.

Heinrich Renner, Durch Bosnien und Hercegovina kreuz und quer (1896)

Russland

Es riecht wieder nach Juchten und alten Säcken, nach Pferden, nach lange getragenen Kleidern, – man weiß nicht, woher auf einmal. Auf dem Steinboden des Bahnhofswartesaales lagern die Bauern mit struppigen Bärten, den Stecken neben sich, und blonde Frauen in faltigen bunten Röcken, aus denen die Schaftstiefel ragen. Dem Büfett gegenüber, wo der gelbe Messingbauch des Samowars blinkt und ein paar Männer Trinkgläser voll wasserhellen Schnapses hinunterstürzen, um sich dann die Backen mit Brot und Fisch und Zwiebeln vollzustopfen, glimmt der Altar mit klaren Kerzen und goldstrahlenden Heiligenbildern durch die taghelle rauchige Halle. Zurückgezogener hängt das kleine Heiligenbild im Wartesaal zweiter Klasse hoch oben in der Ecke und schaut mit sentimentaler Traurigkeit und mohrenbraun wie alle russischen Heiligen aus dem goldenen Ausschnitt seines Rahmens in den Saal hinunter, wo an den weiß gedeckten, mit einer Barriere von Gläsern und Papierblumen besetzten Tischen die Reisenden in Schleiern und Mänteln einander gegenübersitzen und Kohlsuppe mit saurer Sahne mischen oder im Teeglas die Zitronenscheibe umherrühren und flüssige Hitze schlürfen, bis ein wohltätiger Schweiß ausbricht ... Ja, hier hinter Wirballen beginnt ein Leben im großen Stil. Die Züge fahren langsamer, breit, schwerfällig, mit stoßenden schreienden Achsen. Die Lokomotiven brüllen zweistimmig; Stationsglocken schlagen an, ehern wie die Saiten einer riesigen Gitarre. Die Wagen, von Schnee und Staub umhüllt, beschmutzt von den

Mahlzeitresten, die die Passagiere zum Fenster hinausschütten, verwittern wie Ozeandampfer auf ihren tagelangen Fahrten. Burschen in schwarzer moskowitischer Mütze schleppen dann mit kräftigen Fäusten die Siebensachen aus dem Zug heraus. Sie gleichen Kürassieren, die sich zum Spaß statt des Küraß grauweiße Schürzen vorgebunden haben und ihre Blechmarke auf der Brust tragen wie ein allgemeines Ehrenzeichen. *Alfons Paquet, Li oder im neuen Osten (1913)*

Johann Nepomuk Schonberg, russische Freiwillige am Bahnhof,
Paschkanyi, Moldawien (Ausschnitt – 1876)

Polen und Galizien

Krakau!
Die Italiener geben jeder Stadt einen klingenden Beinamen, Genova la superba, Firenze la bella, und so weiter. Wäre diese Sitte auch in Halb-Asien gebräuchlich, dann könnte das heilige Krakau nicht anders heißen als »Cracovia la stincatoria« [...] An heißen Sommertagen duftet es aus der Stadt bis in den Bahnhof hinein, in den übrigen Jahreszeiten bestreitet der Bahnhof seinen Odeur aus Eigenem. Jene würdige Dame, welche im Wiener Nordbahnhofe in der Nähe Rothschild's ihren Sitz hat, hat in Krakau keine Collegin ...

In der Restauration sieht es wesentlich anders aus, als in Europa. Wohl tragen die Kellner noch Fräcke, sogar recht ehrwürdige und durch ihr Alter Respect einflößende Fräcke; aber wahrlich, es wäre besser, sie trügen keine. Denn ein Frack läßt sehr viel von der sonstigen Bekleidung und besonders von der Wäsche sehen ... Es ist vielleicht ein frommer Wunsch, aber er ringt sich mir ungestüm aus der Brust empor: »O, möchten die Krakauer Kellner doch lieber in dichtgeschlossenen Überröcken servieren!«

Für reisende Geographen werden die Tischtücher von Interesse sein; sie finden darauf alle erdenklichen Grenzen in verschiedenen Saucen ausgeführt. Wen etwa der Abgang des Zuges an eingehenden Studien hindert, der mag sich trösten: er wird nach drei Monaten, wenn er wieder hier sitzt, dasselbe Tischtuch mit denselben Saucen wiederfinden! [...]

Wer in der Krakauer Bahnhofrestauration dicht an der Tür sitzt, hört draußen ein verworrenes Lärmen, Toben und Jammern, wie es etwa Dante vernahm, als er sich der Hölle näherte. »Ausgang« steht über dieser Türe geschrieben, aber passender wäre jenes: »Lasciate ogni speranza ...« Weh dir, harmloser Reisender, der du in die Vorhalle dieses Bahnhofs trittst! Urplötzlich umgiebt dich ein Knäuel streitender, schmeichelnder, brüllender, flüsternder, stoßender, zerrender Gestalten, Juden in Kaftan und Schmachtlöcklein so fürchterlich schmutzig, dass du kaum begreifst, warum sie nicht aneinander kleben bleiben, sobald sie zusammenstoßen. [...]

Erst im Morgengrauen weckt uns der Ruf: »Lemberg!« Ein fahler, grauer Herbstmorgen lugt in die hohen, von Schmutz erblindeten Bahnhof-Fenster. Vielleicht ist dies das einzig passende Licht für diese trostlosen Räume. Ich habe selten irgendwo einen so verwahrlosten Raum gefunden, wie die Restauration zu Lemberg. Und diese verschlafenen Kellner, die in ganz unsäglichen Toiletten verdrießlich einherschlurfen! Und diese Tassen, aus denen man den Kaffee trinken muß! Man kämpft wahrhaftig mit sich selbst, bis endlich das Bedürfnis siegt, etwas Warmes in den Leib zu bekommen.

Die Leute um uns scheinen freilich nichts von solchen Skrupeln zu empfinden. Es ist immer ein lebhafter Verkehr in dieser Station, und wenn hier zu Mittag gespeist wird, so ist das Gewühl vollends groß. Da drängen die Menschen durcheinander, wie bei einer Rekrutierung oder einem Jahrmarkt oder vielleicht am richtigsten: wie bei einem Fastnachtsballe. Himmel, was für Menschen kann man da sehen, und wie speisen sie zu Mittag! In der Restauration drinnen, da sitzen an den wackligen Tischen, die gleichfalls, wie in Krakau, mit Landkartentüchern bedeckt sind, die vornehmen Reisenden und werden von schmutzigen Schlingeln mit ölgetränkten Haaren bedient.

Da sitzen Bojaren aus der Moldau mit schwarzen verschmitzten Gesichtern, schweren Goldringen und Uhrbehängen und mit ungewaschenen Händen. Da sitzen feine, glatte, elegant gekleidete Herren, die drei Brote nehmen und eines ansagen und dann vielleicht einen Gulden Trinkgeld geben. Da sind herrliche, dunkeläugige Frauen in schweren Seidenkleidern und schmutzigen Unterröcken. Dazwischen civilisirte Reisende aus Deutschland und England, emancipirte polnische Juden, die gern jüdische Polen sein möchten und in der Speisekarte vor allem nach dem Schweinebraten suchen; langbärtige ruthenische Popen in fettglänzenden Kaftanen, elegante Husarenoffiziere, abgeblühte Kokotten, die nach Bukarest und Jassy gehen, um dort »ihr Glück zu machen«. Und sie alle essen à la carte aus der französischen Hexenküche des jüdischen Restaurants und zahlen ein Heidengeld dafür.

Karl Emil Franzos, Aus Halb-Asien. Culturbilder aus Galizien,
der Bukowina, Südrussland und Rumänien (1889)

Schweden

Man steigt in einer kleinen schwedischen Stadt aus und wartet auf dem Bahnhof bis der Anschlußzug kommt. Zum Zeitvertreib geht man in die Bahnhofsrestauration. Man verlangt zum ersten Frühstück Tee und wird von der Kellnerin zu einem Frühstückstisch geleitet, auf welchem nebst Butter und Sahne sechs Aufsätze stehen, bis hoch hinauf mit dem besten Kuchen und Hausgebäck beladen. Ist es Vormittag und zweite Frühstückszeit, so wartet der berühmte, von den Deutschen noch nicht ganz ausgerottete Smörgostisch auf den Eintretenden. Da stehen in Schüsseln: Fische, frisch gebackene, oder in Oel, in Essig, frische Tomaten, zerlegtes

Huhn, Eierspeisen, Pilze, gebratener Speck, drei Käsesorten, Schinken, Würste, ein warmer Fleisch-Gang. Dies alles à discretion ...

In den Städten, die Sommers über von Deutschen überzogen werden, hat man den Smörgostisch für die Ferienmonate verstekken müssen. Auf die Diskretion des reisenden Deutschen kann man sich nicht so unbedingt wie auf die des ansässigen Schweden verlassen. Uebrigens muß zur Entschuldigung der Deutschen zugestanden werden, daß der schwedische Smörgostisch im Anfang zum Überfressen einladet. Erst, wenn sich die erste Leidenschaft gelegt hat, kommt man zu diesen Genüssen in maßvollere Beziehungen. Immerhin: Versuche man es, solche Eßtische in Görlitz oder in Wien oder in München aufzustellen, bauend auf die Mäßigung und den Takt des Einzelnen ... *Stefan Großmann, Schwedisches Schicksal (1914)*

England

Gewöhnlich hält der Zug fünf oder zehn Minuten, damit man Erfrischungen zu sich nehmen kann. Dann gibt es, vor allem wenn die Züge vollbesetzt sind, einen gleichzeitigen Andrang der Passagiere in den Erfrischungsraum, und die Theke wird belagert von hungrigen und durstigen Leuten, die ihre Wünsche nach Sandwiches, Brötchen, Gebäck, Wein, Brandy, Bier äußern. Aber da es gewöhnlich zwei- bis dreihundert Personen sind, die Erfrischungen verlangen, und nur etwa ein dutzend Hände, um die Wünsche zu erfüllen, ist es nachvollziehbar, wie schwer es ist, die Speisen auszugeben, und dass es viele Enttäuschungen gibt. Der Reisende muss sich darüber klar sein, dass er nur den kurzen Zeitraum von fünf oder zehn Minuten hat, die Theke zu erreichen, Erfrischungen zu bestellen, zu zahlen und möglicherweise das Rückgeld zu bekommen, zu essen und zu trinken und dann in den Waggon zurückzukehren. Es ist wohl klar, dass man seinen ganzen Einfallsreichtum braucht und seine Energie bündeln muss, um dieses Ziel zu erreichen. Wie auch sonst ist hier ein gewisses Maß an Takt nötig, sich eines glücklichen Endes zu versichern.

Wenn sich der Zug dem Halt nähert, merken Sie sich gut die Stelle, wo die Worte »Refreshment-Room« angeschrieben sind, so

Richard Doyle, A Railway Station
showing the travellers refreshing themselves (1849)

dass Sie, sobald der Zug stoppt, dorthin gehen können, ohne Zeit mit Suchen zu vertun. Steuern Sie direkt jenen Teil der Theke an, wo jemand von den Bedienungen steht, und wenn Sie dann, wie es so schön heißt, »deren Augenmerk erlangt haben«, nennen Sie Ihre Wünsche. Seien Sie dabei schnell und präzise. Wenn Sie einen Teller mit Suppe wünschen, sagen Sie nicht »einen Teller mit«, sondern sagen Sie nur »Suppe«. Genauso ist es mit einer »Tasse Tee« – geben Sie sich mit letzten Wort zufrieden; statt »eine Flasche Bier« nur »Bier« etc. Sprechen Sie laut und deutlich, halten Sie den genauen Geldbetrag bereit, wenn Sie ihn kennen, ansonsten nur kleine Münzen.

Vorsicht bei heißen Getränken: Sie sind – ob aus Unachtsamkeit oder bewusst – so heiß, dass es einer Person fast unmöglich ist, sie, zumal bei der Kürze der Zeit, zu schlucken, es sei denn, man hätte eine eiserne Kehle ...

Achten Sie darauf, den »Refreshment-Room« entweder unmittelbar nach dem Halt des Zuges aufzusuchen oder bevor er wieder losfährt, denn in der Zwischenzeit ist die Theke buchstäblich von Gästen belagert, so dass eine Person, die dahinter steht und seine Wünsche kundtun möchte, durch das Stimmengewirr und dem

Geklapper der Teller, Tassen und Schüsseln kaum eine Chance hat durchzudringen.

Von daher möchten wir dem Bahnreisenden raten, seine eigenen Erfrischungen mitzubringen: ein paar Schinken- und Fleischsandwiches zusammen mit etwas kühlem Wein, Brandy oder Wasser werden diesen Zweck erfüllen. Es hat zudem den Vorteil, dass man seine Erfrischungen zu sich nehmen kann, wann man möchte, und nicht, wann es von der Eisenbahngesellschaft vorgeschrieben ist ...

The Railway Traveller's Handy Book of Hints, Suggestions, and Advice (1862)

Amerika

Übrigens darf man nicht zu empfindliche Ohren haben, wenn man in Amerika reist. Fortwährend wird man von lästigen Geräuschen verfolgt. So in Utica, wo selbst wir einige Minuten zum Lunch Aufenthalt hatten; ich sehe – und höre – o Graus, einen Riesenneger, der auf ein Tamtam schlägt. Offenbar sollte er Lieder darauf spielen, denn er schlug bald stark, bald mit erstaunlicher Schnelligkeit, bald mit maßvoller Zurückhaltung darauf herum. Er legte in sein Spiel, ich will nicht sagen Abstufungen, aber einen bestimmten Willen hinein. Ich vergaß zu lunchen, um diesen Musikanten, der mich beträchtlich störte, anzuhören. Während seines letzten Stückes – denn für ihn sollte es zweifelsohne ein Stück sein – war ich ganz Auge und Ohr. Er begann mit einem Fortissimo, daß man taub werden konnte, denn er war kräftig, dieser Neger, und er hatte keine lahme Hand. Nach diesem glanzvollen Anfang ging seine Musik vom Decrescendo zum Piano über, wurde dann pianissimo, um schließlich ganz zu – verstummen. Im selben Moment fuhr der Zug an, ich hatte kaum noch Zeit, einen Fuß auf das Trittbrett zu setzen, und schon ging es mit Volldampf voran.

Wir kommen in Albany an, wo man zum Diner hält. Vor dem Restaurant von Albany entdecke ich einen anderen großen Neger, fast ebenso wie der erste, und auch dieser spielt in gleicher Weise das Tamtam, – also verwendet man es überall, dachte ich. In diesem Lande liebt man ja Tamtam ungeheuer. – »Ein hungriger Magen ist taub«, sagt ein Sprichwort bei uns. Ich bin untröstlich, mich zu dieser alten Volkswahrheit in Widerspruch setzen zu müssen, denn trotz meines Riesenappetites verfolgte mich die Musik meines Negers während der ganzen Mahlzeit. Er spielte genau wie sein Kollege in Utica. Sein Stück bestand aus der gleichen Folge von forte, piano und pianissimo. Betroffen von dieser merkwürdigen Übereinstimmung wollte ich eben nachfragen, ob die Neger wirklich ihre Tamtamsoli für Musik hielten, und ob das von ihnen Gespielte etwa ihr Nationalgesang wäre, als einer meiner Freunde mir zuvorkam.

»Der Neger stört Sie?« sagte er zu mir. »Machen Sie sich darauf gefaßt, ein gleiches auf allen Stationen dieser Linie zu erleben!« »Handelt es sich hier etwa um eine zarte Aufmerksamkeit der Gesellschaft?«

»Nein, die Restaurateure beschäftigen sie. Diese Neger müssen die ganze Zeit über die im Restaurant befindlichen Reisenden warnen. Solange das Tamtam sehr kräftig klingt, könnt ihr ruhig dableiben; sobald das Geräusch an Stärke abnimmt, ist das ein Zeichen dafür, daß man sich beeilen muß. Wenn das Schlaginstrument nahe am Verklingen ist, wissen die Reisenden, daß sie in den Wagen stürzen müssen, da auch er, wie Ludwig XIV., nicht wartet, und was noch peinlicher ist, keine besondere Einladung ergehen läßt.« –

Schlimm genug für diejenigen, die den Zug verpassen! Ich weiß nicht recht, ob ich diese amerikanische Methode der Praxis des Bahnhofsrestaurateurs von Morcenx, zwischen Bordeaux und Biarritz, vorziehen soll. In Ermangelung eines Negers brüllte dort nämlich der Buffetier selbst mit Stentorstimme: »Sie haben noch fünf Minuten Zeit! – Noch vier Minuten! – Noch drei Minuten!« Im Grunde genommen ähneln beide Systeme einander. Der einzige Unterschied besteht darin, daß der eine euch durch sein Geschrei im Lokal fast betäubt, während der andere einen durch seine Musik in die Flucht schlägt. *Offenbach in Amerika. Reisenotizen eines Musikers (1877)*

Kolumbien

Vierzehn Tage nach Klein Sifs Geburt saßen wir im Zuge, auf dem Weg zur Bananenplantage, um die Expedition zu organisieren. [...]

Lange hält der Zug an jedem der kleinen Bahnhofsschuppen. Ein etwas größerer Schuppen repräsentiert Ciénega, eine Stadt, noch unscheinbarer als Santa Marta, aber größer an Einwohnerzahl. Und dann – Bananen, überall Bananen. Eine brennende Tropensonne über den feuchtwarmen Bananenwäldern – Felder kann man kaum sagen! Denn die Bananenpflanze ist zwar in Krautgewächs, aber sie erreicht eine Höhe von vier bis fünf Metern. Der Zug hält in Rio Frio. Der französische Superintendent M. Penin und sein flämischer Assistent M. op de Bosch, empfangen uns. Ein paar Augenblicke betrachten wir das »Eisenbahnrestaurant«: unter einem gewaltigen Baum ein offenes Feuer, auf dem ein gesprenkeltes altes Negerweib Kaffee kocht und getrocknetes Fleisch brät. Dazu ißt man Maisbrote und geröstete Bananen. Vorläufig ist das für uns neu und interessant!

Gustaf Bolinder, Die Indianer der tropischen Schneegebirge (1925)

Brasilien

Von den an Zahl noch immerhin beachtenswerthen Ureinwohnern des Landes sollten wir auf unserer heutigen Eisenbahnfahrt nach São Paulo nur wenige zu Gesicht bekommen. Der Indianer ist an den von uns zurückgelegten grossen Bahnstrecken der Provinzen São Paulo und Minas Geraes nahezu verschwunden. Es war auch nicht das Begegnen von Autochthonen, welches uns bewog, die fast dreizehnstündige Fahrt zu unternehmen, es war der Wunsch, den Charakter der südlicheren Campos Brasiliens kennen zu lernen.

Die erste Strecke des Weges, nämlich die von Rio über die Serra do Mar nach Barra do Pirahy im Parahybathal, war uns durch den Ausflug nach Ouro-Preto schon bekannt. Von Barra do Pirahy ab geht die Bahn flussabwärts nach Minas Geraes, flussaufwärts nach São Paulo. Eine entsetzliche Bahnhofsrestauration stellte hier heute, wie das erste Mal, grosse Zumuthungen an unsere noch nicht brasilianisch gebildeten Mägen. Unter allen Speisen konnte nur das geröstete Mandiocamehl unsere vollste Anerkennung erringen.

Therese von Bayern, Meine Reise in den brasilianischen Tropen (1897)

China

Einstweilen ist der Bahnhof von Peking nicht viel mehr als das Ende des Geleises. In einem länglichen Holzschuppen mit Wellblech-Dach ist ein kleines Wartezimmer (von dem früher bereits die Rede war) für vornehme Leute reservirt. Auch der Billetschalter ist dort untergebracht. Im Uebrigen ist die einzige Bahnhofslokalität der Perron. Das Restaurant befindet sich außerhalb oder vielmehr unterhalb des erhöhten Bahnsteigs. Theehäuser sind errichtet aus Matten, die zwischen Pflöcken ausgespannt sind. Sie stehen in Gassen beieinander und bilden ein wahres Zeltlager, eine kleine Nomadenstadt, der ein Zaun ihre Grenzen zieht. Daneben liegt eine Art weiter Hofraum, in den man unmittelbar vom Perron hinuntersteigt. Das ist der Droschkenhalteplatz.

Paul Goldmann, Ein Sommer in China (1900)

Indien

Nachmittags hielt der Zug in der stattlichen Bahnhofshalle von Dehli. Der Bequemlichkeit wegen nahm ich Wohnung in dem mit dem Bahnhofe verbundenen Gasthofe. Dieses, wie auch die Restauration werden von einem Deutschen, Namens Kellner, der den größten Teil der refreshment rooms der Nordwestbahn gepachtet hat, geleitet und zwar hier in Delhi in ganz musterhafter Weise. Die Engländer betrachten die dortige Bahnhofsrestauration wie eine Oase in der Wüste, und nicht mit Unrecht, denn die Verpflegung auf anderen Stationen ist herzlich schlecht. Auf einer derselben, ich habe den Namen vergessen, wollte ich die fast ungenießbaren Bissen mit einem Glase Wein hinunterspülen und ersuchte den Wirt um seine Weinkarte. Derselbe brachte eine Papptafel, auf der Sodawater, Lemonade, Gingerade, Tonic water und sonstige teetoaller-Genüsse verzeichnet waren, wahrlich eine richtige Weinkarte, d. h. eine Karte zum Weinen, aber nicht für Weine. Als ich den Wirt fragte, ob er denn keine Spirituosen führe, erklärte er kalt lächelnd: »Never a gentleman aks here for anything like that.« Angenehme Gegend.

Otto E. Ehlers, An indischen Fürstenhöfen (1894)

Bayern

Mittags nach Hohenschäftlarn. In der Bahnhofsrestauration abgestiegen. Man braucht nicht nach Griechenland zu fahren, um schmierige Hotels, zudringliche Leute, atmende Sofas und unheimliche Betten zu finden. –

Ich war ganz deprimiert vor Degoût. Diese letzten drei Stationen, diese inbegriffen, überhaupt in einer ganz andern Welt, die ich bis jetzt eigentlich noch nie kennengelernt habe. Es scheinen die typischen Sommerfrischen des schiefgetretenen, lahmen, buckligen, verkümmerten Kleinbürgertums zu sein, lauter mißratene Gestalten, die man einstampfen sollte, statt sie wieder aufzufrischen. Pfui Teufel. Es ist, wie man manchmal an Festtagen so viele schiefe abscheuliche Gesichter sieht, die nur dann einmal aus ihren feuchten Kellern hervorkriechen.

Franziska Gräfin zu Reventlow, Tagebücher (10. Juli 1901)

Speisekarte Gaststätten Zentralbahnhof Berlin Friedrichstraße,
Wirtschaftsbetrieb im Wartesaal 3. Klasse vom 10. Dezember 1938.

Pendler, Penner und Pennäler

Von Reisenden und vielen anderen
Gästen des Bahnhofslokals

Die Bahnhofsgaststätte ist und war – wie der Bahnhof als ganzer – Treffpunkt der unterschiedlichsten Menschen. Vor allem in Großstadtbahnhöfen ist es eine bunte Mischung, ein farbiger Ausschnitt der Welt, in dem es an interessanten Gestalten nicht mangelt: »vom vornehmen Geschäftsreisenden bis zu diversen ›Deix'schen Faktoten‹ und ›Biertipplern‹ reicht die Palette, aber auch ›normale Reisende‹ finden sich dort ein«, befindet *Michael Populorum*. Das Bahnhofslokal – ein Spiegelbild der Stadt und seiner Bewohner und Gäste: »Hier war München noch die Hauptstadt der Tandler und Viehhändler, der Maghrebiner und Hopfenperlen. Stiernackige Allgäuer beobachteten über den Rand des Memminger Boten die Taschendiebe aus Mazedonien, die mit den schwerbusigen Servierfräulein intime Verhältnisse vortäuschten ... «, schreibt *Jörg Fauser* in seinem Roman *Der Schneemann*.

Pendler, Händler und Tandler, aber auch Penner und Pensionisten, Pennäler – und manchmal sogar deren Lehrer. Die einen vertreiben sich hier kurz die Zeit vor oder nach der Arbeit oder der Schule, die anderen finden ausgerechnet hier die Atmosphäre, um abschalten oder sich konzentrieren zu können – wie in einer Erzählung von *Unda Hörner*, in der ein Lehrer die trubelige Atmosphäre eines Berliner Bahnhofsrestaurants sucht, um Aufsätze zu korrigieren ...

Oft sind es Reisende mit Zwischenstopp – aber manchmal auch solche, die nicht reisen, sondern nur ein Billet haben, wie es früher nötig war, um sich aufhalten zu dürfen; sie finden hier eine zeitweilige Bleibe, wenn sonst nichts mehr geht, wo man sich zumindest aufwärmen kann. Und ein Bier und einen Kurzen dazu. Der Wartesaal, ein Asyl für Obdachlose und für alle, die nicht wissen, wo sie hingehören – an Weihnachten zumal. Dann versammelt sich hier gewissermaßen eine Alternativ-Gesellschaft.

Vom »Charme einer Bahnhofsgaststätte« spricht man gern auch – und gemeint ist damit bekanntlich genau das Gegenteil: ungemütlich das Ambiente, unsauber der Raum, unruhig die Atmosphäre, unwirsch die Bedienungen, womöglich sogar noch ungenießbar das Essen ... Das drückt auch auf das Gemüt; *Hans-Ulrich Treichel* überfiel inmitten der Menschen in einem Bahnhofsbüffet, »wie so oft ... das Gefühl, ein wurzellos umherirrender, völlig vereinsamter Mensch zu sein«.

Andererseits kann eine Bahnhofsgaststätte auch Menschen anziehen, weil sie – ähnlich einem heutigen Airport-Hotel – verkehrsgünstig liegt. In *Gottfried Kellers* Roman *Martin Salander* beginnt hier sogar eine Hochzeit: »Im Saale der Bahnhofswirtschaft wird die Morgensuppe genossen, mitten im Verkehr des reisenden Publikums, ein Bild des rastlosen Lebens.«

Und schließlich hält sich manche(r) auch gern hier auf, um diese Bilder des rastlosen Lebens in sich aufzunehmen, wie *Ernst Penzoldt* schrieb: »Es gibt Leute, die sich eine Vergnügen daraus machen, auf den Bahnhof zu gehen, um ein wenig zuzugucken. Der Bahnhof ist für sie ein Art Schaubühne des Reiseverkehrs.«

Touristen und Reisende

Bleiben wir zunächst noch in Bayern. *Ludwig Steub* vermittelte in seinen Büchern die Sitten und Gebräuche im Alpenraum. Ihnen verdanken wir auch den Begriff der »Sommerfrische«. Die vielen Sommerfrischler sorgten jedoch dafür, dass manche Bahnhofsrestauration aus ihren Nähten platzte, wenn ein »Menschengewühl wie auf dem Boulevard von Sebastopol« einfällt. Der Bayer an sich nimmt's gelassen.

In dem Bahnhofe zu Rosenheim findet man ein Beispiel, wie schwer uns bescheidenen Altbayern der Glaube fällt, daß aus uns und unseren Schöpfungen etwas Großes werden könne. Dort legte nämlich der Baumeister die Erfrischungshalle nicht geräumiger an als die Herrenstüblein, die er etwa zu Neubeuern oder zu Reit im Winkel gesehen hatte. Wenn nun aber jetzt in diesen schönen Ta-

Wilhelm Busch, Die Mittagstafel in der Rosenheimer Bahnhofsrestauration

gen die Züge von München, von Wien, von Innsbruck zusammentreffen, die Touristen von den Säulen des Herkules, von den britannischen Inseln, von den rhipäischen Gebirgen, von Kolchis, vom
Nil und vom Ätna, so stürzen sich – gelinde gesagt – fünfzig bis
sechzig Personen an den kleinen schmalen Schenktisch und verlangen zu trinken. Innerhalb steht aber nur eine dicke Samariterin, die
sich nicht zu helfen weiß. Mittlerweile fangen die Reisenden, welche sechs, sieben Mann hoch übereinander drängen, zu kreischen
und zu schelten an. Die Glücklichen in der vordersten Reihe, welche ihr Bleiglas und ihre Wurstsuppe errungen haben, beschütten,
indem sie sich wieder herauswinden, die übrigen, die noch warten.
Die Ungeduld und der Lärm werden immer größer. Die Madame,
oder wie wir sie nennen wollen, verliert die Fassung.

»Jetzt schrein s' wieder alle z'samm, jetzt versteht man gar nichts
mehr!« ruft sie in solchen schweren Augenblicken und legt die
Hände in den Schoß.

Derweilen wird wieder zum Zug gerufen und die Mehrzahl zieht
schimpfend, aber ungelabt von dannen.

»Das ist eine ungeschickte Einrichtung«, sagte kopfschüttelnd
ein Sachse, der neben mir stand.

Leicht zufrieden, wie wir sind, plädierte ich für mein Vaterland, bezog mich auf die Schwäche der menschlichen Natur und die Unerreichbarkeit des Ideals, worauf aber jener: »He, mein Bester, das Ideal ist schon erreicht – kommen Sie nur auf unsern Bahnhof zu Riesa – dort ist eine lange Tafel mit hinreichenden Leuten aufgestellt, und wenn hundert zu trinken begehren, sind sie in drei Minuten bedient!«

Ich fühlte mich belehrt, wußte aber doch nicht recht, wie man in das kurze Zimmer jene lange Tafel stellen sollte.

Ludwig Steub, Wanderungen im bayerischen Gebirge (1862)

Pendler

Sehen und gesehen werden: Nicht unbedingt ein Impuls für den Besuch einer Bahnhofsgaststätte. Doch lassen sich hier durchaus Beobachtungen anstellen – wer von hier fährt und wie wieder kommt. Dabei bleibt nicht aus, dass man selbst beobachtet wird, denn wer nur sitzt und nicht fährt, fällt auch irgendwann auf.

Seit Jahren schon beobachtete Heinrich die Pendler. Genauer, seit dem Tod seiner ägyptischen Tempelkatze. Manche Pendler kamen zu Fuß mit ihren Aktentaschen zum Bahnhof, andere stellten ihr Auto auf dem großen Parkplatz jenseits der Gleise ab.

Heinrich verbrachte den ganzen Tag in der Bahnhofsgaststätte, wo das Bier preisgünstig war und es viel zu sehen gab. Meist umklammerte er mit seinen großen Händen ein Halbliterglas, um dessen Inhalt anzuwärmen, damit er sich schneller trinken ließ. Die Toiletten lagen hier direkt neben dem Gastraum, was seinen Bedürfnissen entgegenkam. Die Pendler kamen jeden Abend wieder zurück. Müde waren sie dann alle, aber wie viele von ihnen hatten in der Stadt Erfolg gehabt? Die meisten mußten ja irgend etwas verkaufen. Erzielten sie einen hohen Preis, dann ging ihr Erfolg zu Lasten des Käufers, und unter den Käufern waren ebenfalls Pendler. Es konnten also nicht alle Pendler erfolgreich sein. Daß sie ihre zum Teil sehr wertvollen Autos hier stehen ließen, hatte sicher damit zu tun, daß sie das Risiko des Stadtaufenthaltes begrenzen wollten. Einige der Rückkehrer gaben sich durch aufgeknöpfte Hemdenkrägen und gelockerte Krawatten ganz offen als Verlierer zu erkennen. Unter den übrigen mochte es ja ein paar Erfolgreiche geben. Aber was war schon der Maßstab für Erfolg? Sie konnten noch soviel verkaufen – nie würde ein Stern nach ihnen benannt werden.

Auch Heinrich selbst wurde übrigens beobachtet, zum Beispiel von dem Pendler Anton. Anton war Astronom und stand ein Jahr vor dem Eintritt in die Altersteilzeit. Vor kurzem war er in den Internationalen Ausschuß für die Benennung von Himmelskörpern (IABH) berufen worden. Er beneidete Heinrich, weil der tagsüber Bier trinken konnte und offensichtlich keine Ehefrau hatte, zu der er abends zurückkehren mußte. Anton plante seit langem, an einem lauen Sommerabend zum Bahnhof zurückzukommen, um mit Heinrich einige Biere zu trinken. Er würde sich zwar mit ihm draußen an einen der Terrassentische setzen, aber kein einziges Mal zum klaren Sternenhimmel aufschauen. Erst beim letzten Glas, oder wenn sie auf dem Pissoir mit dem Kopf gegen die Wand gelehnt nebeneinander stehen würden, würde er Heinrich seinen Beruf verraten. *Rupprecht Mayer, Heinrichs Stern (2004)*

Händler, Metzger, Schmuser

Im mittelfränkischen Schopfloch lebten einst zahlreiche Juden. Da sie am Samstag auf dem Viehmarkt keine Geschäfte machen durften (Sabbatruhe), trafen sie sich in der Bahnhofsgaststätte zum Kartenspielen und – um Geschäfte zu machen. Dabei kam es zu eigentümlichen Unterhaltungen.

Die Bahnhofstraße hieß bis zum Bau der Bahnstrecke und des Bahnhofes in Schopfloch, beides erfolgte um 1870, Judengasse. In dieser wohnten die meisten Juden in Schopfloch. Die Umbenennung der Straße hatte aber nichts damit zu tun, dass man etwas gegen die Juden gehabt hätte, sondern die Bedeutung der Anbindung des Ortes an die Bahn gab den Anlass zu der Änderung des Straßennamens. Damit brachte man zum Ausdruck, dass man an die »große weite Welt« angeschlossen war. Die Änderung des Straßennamens wurde auch vom Bezirksamt und vom Rabbinat genehmigt.

Gegenüber dem Bahnhof befand sich die »Bahnhofsrestaurati-on«, Inhaber Friedrich Dauberschmidt. Die Bahnhofswirtschaft war Treffpunkt der Juden am Sabbat, sie feierten dort diesen Tag beim Kartenspiel.

Die ansässigen Juden waren größtenteils Viehhändler oder betrieben Handelschaft mit Stoffen. (Von der Landwirtschaft alleine durften sie sich nicht ernähren. Somit waren sie auf einen weiteren Erwerb angewiesen.) Die Muttersprache der Juden war deutsch. Wenn man sie nicht verstehen sollte, sprachen sie eine Mischung aus hebräisch und jiddisch. Diese Händler- und Geheimsprache heißt Lachoudisch. Der Name kommt von loschen und hakodesch. Loschen bedeutet Sprache (Zunge) und hakodesch heißt heilig. Tatsächlich kommt diese Sprache, wenn auch verballhornt, zum Teil aus der heiligen Schrift.

Die Viehmärkte fanden meist am Samstag statt, also am Sabbat. An diesem Tag durften die Juden nicht arbeiten, also nicht handeln und ebenso nicht mit Geld umgehen.

Sie bedienten sich der Schmuser. Uns bekannt durch das Verdienen von Schmusgeld bei der Vermittlung eines Geschäftes. So war es auch hier. Die Juden sprachen in ihrer hebräischen und jiddischen Sprache und weihten die Schmuser in diese ein. So konnten sie sich verständigen, ohne dass Außenstehende etwas verstehen konnten.

Die Schmuser, vorwiegend Metzger, die ja etwas vom Vieh verstanden, fuhren in die benachbarten Reichsstädte Dinkelsbühl und Feuchtwangen zum Viehmarkt und handelten für die Juden. Diese warteten, während sie Sabbat feierten und sich, wie bereits erwähnt, die Zeit mit Kartenspiel vertrieben, im Wirtshaus am Bahnhof. Nach dem Handel fuhren die Schmuser wieder zurück und teilten den Juden mit, was sie in ihrem Auftrag gehandelt hatten.

Das hörte sich dann so an:

»Anie hob aufm Markt für dich g'hannicht. Bore und kaserem worn bsoll. Aber die schore, die worn jackres. So hob i g'hannicht: bejs kasserem und echode bore. Die kasserem für olf schuck und jusgimmel pschiedem es littre und die bore für olf schuck und kaff-bejs pschiedem es littre.« [1]

Sagt der Jude darauf: »So eine mezie, du bist ein joufner schmuser. Du bekommst dafür hej schuck fürn g'hannichten rosch und
einen Vesper und echode Maß schäecher.« [2]

Der Jude weiter zu den am Nachbartisch sitzenden Bauern, die
das Gespräch mit angehört hatten:

»Hej, kafriechem, eine mezie [3], da müsst ihr sofort kaufen. So
billig war das Vieh ja seit langem nicht mehr. Das Schwein zu einer
Mark und fünfunddreißig Pfennig und die Kuh um eine Mark und
zweiundvierzig Pfennig.«

Die Bauern haben eingeschlagen und überteuert gekauft, weil sie
die Händler- und Geheimsprache nicht verstanden hatten.

Aber auch manche Schopflocher, vornehmlich die Pendler, die
sich vom Sonntagabend bis zum Samstagnachmittag an ihren Ar-
beitsstätten in Nürnberg und Stuttgart befanden und sich vor der
Abfahrt bzw. nach ihrer Ankunft im Bahnhofswirtshaus trafen, haben mit der Zeit die Geheimsprache gekannt und sich dieser bedient. [...] So konnten folgende Gespräche stattfinden:

»Schejchets, du wirst es net glauben, etz is mei ische scho widder
moberes. Dann hebbe mir scho hej kouhne. Do hob i dann nimmer
so viel masammunen, dass ich jeden Abend schäecher und soreff
schasgene konn.« [4]

Der andere: »Ach, schejchets, wos senn scho hej kouhne, mei
ische is etz es jus'te Mol baddisch. Desweng holch ich doch a no mit
ins juschbes. Ich malouch halt am Sunntoch in der Nachberschaft,
oder bei der maschbueche, wenn an am bajes wos zu mauern is, do
helf ich mit für a paar schuck.« [5]

So in etwa hat es sich der Überlieferung nach in der Bahnhofsgaststätte in Schopfloch zugetragen. Es war bestimmt sehr oft für
die Gäste, die der Lachoudischen Sprache nicht mächtig waren,
amüsant zuzuhören, wie sich die Schopflocher untereinander bzw.
mit den Juden in der Händler- und Geheimsprache Lachoudisch
unterhalten haben.

[1] Ich habe auf dem Markt für dich gehandelt. Kuh und Schwein waren billig.
Aber die Ochsen, die waren teuer. So habe ich gehandelt: Zwei Schweine und
eine Kuh. Die Schweine für eine Mark und dreizehn Pfennig das Pfund und
die Kuh für eine Mark und zweiundzwanzig Pfennig das Pfund.

[2] So eine Gelegenheit, du bist ein guter Schmuser. Du bekommst dafür fünf Mark für jeden gehandelten Kopf (pro Stück Vieh) und ein Vesper und eine Maß Bier.

[3] Hej, Bauern, eine Gelegenheit, ...

[4] Freund, du wirst es nicht glauben, jetzt ist meine Frau schon wieder schwanger. Dann haben wir schon fünf Kinder. Da habe ich dann nicht mehr so viel Geld, dass ich jeden Abend Bier und Schnaps trinken kann.

[5] Ach Freund, was sind schon fünf Kinder, meine Frau ist das zehnte Mal schwanger. Deswegen gehe ich doch auch noch mit ins Wirtshaus. Ich arbeite halt am Sonntag in der Nachbarschaft, oder bei der Verwandtschaft, wenn an einem Haus was zu mauern ist, da helfe ich mit für ein paar Mark.

Hans-Rainer Hofmann, Lachoudisch –
Händler- und Geheimsprache in der Bahnhofswirtschaft (2006)

Gäste wie bei einer ländlichen Kirchweih

Ein beeindruckender Raum ist die Bahnhofswirtschaft, die Herr Andreas in *Hermann Brochs* Roman *Die Schuldlosen* aufsucht. Ein Spiegel der Gesellschaft, die sich in ihm versammelt, »museale Reminiszenz einer schönern, hierarchisch gefestigteren Epoche, ein Inbegriff der guten alten Zeit«: In den 1920er bis 1930er Jahren, da dieser Roman spielt, gärt es aber bereits unter der scheinbar ruhigen Oberfläche.

Auf der Straße überlegte er, wohin sich wenden. Die Bahnhofwirtschaft war unter den verfügbaren Gaststätten die phantasieloseste, aber die nächstgelegene, hatte nebenbei auch den Vorzug gediegen kräftiger Kost, und A., zu seiner eigenen Beschämung, in einem Anflug kulinarischer Phantasielosigkeit, überquerte den Fahrdamm, um durch die Parkanlage des Bahnhofplatzes zu jenem Speiselokal zu gelangen. [...]

Er blickte auf die Uhr, welche das Herannahen der achten Stunde anzeigte, und hungrigen Magens – die Brötchen zum Tee waren nicht ausreichend gewesen – schritt er der Bahnhofswirtschaft zu.

Der Hauptsaal der Wirtschaft war ein riesiger, übermäßig hoher Raum, der durch Holztäfelung und Tiergeweihschmuck, sowie durch die Einbeziehung des sparrendurchquerten Daches offenbar den Eindruck einer germanischen Königshalle erwecken wollte, und er war von beträchtlichem Lärm erfüllt, wahrlich nicht einem der Seele, ja nicht einmal dem der Technik – die bloß mit dem Ausrufen der Züge sozusagen sekundär hereinreichte –, wohl aber einem der Massenabfütterung. Gewiß, es gab daneben noch einen stilleren »Speisesaal I. Klasse« mit weißgedeckten Tischen, doch den städtischen Schiebern war es da nicht fein genug, und den Bauern, neben jenen das einzig zahlungskräftige Publikum, war es da zu fein; solcherart war der Speisesaal eine museale Reminiszenz einer schönern, hierarchisch gefestigteren Epoche geworden, ein Inbegriff der guten alten Zeit, ohne daß darum deren Wiederkehr von irgendjemandem (außer von den abgedankten, verarmten Volksschichten der Aristokratie und des Mittelstandes) wirklich erwünscht oder gar angestrebt wurde.

Nicht minder sinnfällig hingegen tat sich die neue Zeit an der germanischen Königshalle kund, die eigentlich erst jetzt ihrer Baubestimmung gerecht zu werden schien, da sie zum Ort einer geradezu konstanten bäuerlichen Prasserei geworden war, nicht zuletzt infolge eines vorzüglichen Sauerbratens mit Kartoffeln und Gurken, seit jeher schon der Bahnhofwirtschaft Ruhm, um so mehr als sie hiezu ein ausgezeichnet gekellertes, starkbräuiges Dunkelbier ausschenkte. Von dieser plebejischen Festlichkeit und Kulinarität war auch A. angelockt: Ellbogen an Ellbogen saß er da mit den rauhsprachigen Ökonomen am hartbohligen, braunglänzenden Tisch, dessen Platte, sooft ein Gast aufstand, feucht überwischt wurde, saß da wie ein städtischer Besucher ländlicher Kirchweih, freilich einer eher nüchternen Kirchweih, denn so sehr auch bei einer richtigen Kirchweih sich die Wirtshausgespräche vornehmlich um Lieferungen und Preise drehen, es fehlte hier die Außerordentlichkeit des Feiertages und der bunt-fröhliche Buden-Klimbim, kurzum der Zauber des Außerordentlichen. Aber es fehlte nicht minder die Nachbarschaft der Kirche, die Nachbarschaft der Ställe mit dem Vieh, die Nachbarschaft der Scheuern und der aufgestapelten Frucht, die Nachbarschaft des nächsten Werktages und seiner Arbeit; hier galt das alles nichts, vielmehr war es mitsamt seiner Ländlichkeit in ein unvorstellbar fernes Irgendwo gerückt, und statt dessen war einzig und allein eine düster-rustikale Börsenstimmung geblieben: allenthalben wurden Käufe und Verkäufe getätigt, und jeden Augenblick

wurde eine zum Bersten volle, banknoten-gespickte Brieftasche
gezückt, mit deren kaum gezähltem Inhalt etwas Nicht-Existentes
gezahlt wurde.   *Hermann Broch, Die Schuldlosen (1954)*

Reservisten

Xaver Zürn aus *Martin Walsers* Roman *Seelenarbeit* ist Fah-
rer des Direktors der Gleitze-Werke. Zusammen mit anderen Herren chauffiert er ihn häufig zu Terminen in verschiedene Städte. Einmal fährt er sie nach Gießen und macht
in der Bahnhofswirtschaft Pause, wo ihn die Begeisterung
über das Treiben dort überkommt.

Xaver landete in dem kirchen- oder burgartigen oder kirchen-
burgartigen Bahnhof, setzte sich in die Wirtschaft und sah
den Burschen zu, die an diesem Tag vom Militär entlassen worden waren. Sie versuchten, noch möglichst viel zusammen zu saufen und zu singen, bevor sie mit verschiedenen Zügen für immer
auseinanderfahren mußten. Auf ihren Strohhüten trugen sie die
Bundesfarben und wackelnden Firlefanz: Plastikimitationen von
Tannenbäumchen, Erika, Gemüse. Sie hatten Stöcke mit grellen
Ringelmustern; statt Knäufe dreirohrige trompetenartige Hupen.
Sie brüllten: *Denn heute da gehört uns Deutschland, morgen die ganze Welt.* Wenn einer sie beschwichtigen wollte, riefen sie: Wir sind
doch hier nicht in der DDR, oder!

Neben Xaver am Tisch saß ein älterer Mann, der nicht ein einziges Mal in die Richtung schaute, aus der der Lärm kam. Dem Ober
hatte der, ohne aufzuschauen, geantwortet: Sinalco un e Brötsche.
Der Ober, ungeduldig: Was fir e Brötsche, Schinke oder ... Schinke,
hatte der Mann gesagt. In bewundernswerter Ruhe hatte er dem
Ober den ungeduldigen Satz ohne jede Hast abgeschnitten. Erst
als er das Sinalco und das Brötchen vor sich hatte und mit seiner
Linken abwechselnd nach dem Glas und nach dem Brötchen griff,
bemerkte Xaver, daß dem der rechte Arm schon von der Schulter
ab fehlte. Xaver griff instinktiv mit seiner rechten Hand nach seinem linken Ringfinger. Der Ring fehlte. Er trug seit Jahren keinen
Ehering mehr. Als er damals Kreislaufschwierigkeiten gehabt hatte,
hatte ihn alles gestört auf der linken Seite. Der Ring, die Armband-

uhr. Er hatte sich eine Taschenuhr gekauft. Den Ring hatte er, auch
als die Schwierigkeiten vorbei waren, nicht mehr angelegt. Jetzt
vermißte er ihn plötzlich. Zum ersten Mal eigentlich.

Die Entlassenen sangen *Oh Susanna, oh Susanna, wie ist das Leben doch so schön.* Jeder von denen wollte der Lauteste sein. Jeder
wollte ununterbrochen reden, singen, saufen. Jeder ein Konrad
Ehrle. Wenn einer das Glas am Munde hatte, gestikulierte er noch
weiter. Plötzlich griff einer einen anderen am Arm, wollte ihn hin-
ausziehen – draußen fuhr schon der Zug ein – , aber der Gezogene
wollte nicht, durfte nicht gehen, ohne einen Dritten mitzunehmen,
der aber fühlte sich für einen Vierten verantwortlich, der sich noch
am Hals eines Fünften verabschieden mußte, dessen Zug das noch
nicht war. Es war ein Wunder, daß sie, nachdem sie einander sin-
gend hinausgezogen hatten, ihren Zug doch noch erreichten. Die
Zurückgebliebenen versuchten, ihre offenbar für immer geschie-
denen Kameraden durch Steigerung des Gesangs und des Gestiku-
lierens zu ersetzen. Dann mußten sie auch plötzlich hinaus. Dann
war es totenstill in dem kirchenhohen Raum. Bis endlich einer, der
allein an einem Tisch saß, aufstand und sein Bierglas durch die
Luft bewegte, als dirigiere er ein unüberschaubar großes Orchester.
Nachdem das Orchester das Vorspiel beendet hatte, setzte er, ohne
mit dem Dirigieren aufzuhören, selber mit dem Gesang ein. *Ich trage, wo ich gehe, stets eine Uhr bei mir.* Xaver spürte, wie sich in seinen
Augen Wasser staute und heraus wollte. Er mußte schlucken und
schlucken. Das war eines seiner Lieblingslieder. Plötzlich haute der
das Glas hart auf den Tisch und sang nicht mehr weiter. Er murmelte noch etwas Mahlendes, Zermalmendes. Dann ließ er sich auf
seinen Stuhl fallen und rührte sich nicht mehr und schwieg.

Xaver fühlte sich wohl. Alles nahm genau den Verlauf, der ihm
entsprach. Genau so mußte es zugehen. Er war ziemlich sicher, daß
in dieser Bahnhofwirtschaft immer etwas passieren würde, was ihm
gefallen würde. Er rief den Ober und sagte übermütig: Sinalco un e
Brötsche. Der Ober ungeduldig: Was fir e Brötsche, Schinke oder ...
Schinke, sagte Xaver ein bißchen zu hastig. Der alte Einarmige gab
durch nichts zu verstehen, ob er wahrgenommen hatte, was Xaver
gesagt hatte. Das gefiel Xaver. Er streckte die Arme möglichst weit

über den Tisch hin und schob seinen Hintern nach hinten, bis er den Widerstand der Stuhllehne spürte. Eine tolle Stadt, dieses Gießen, Heilandzack. Dann zog er plötzlich beide Hände so schnell als möglich zurück und verbarg sie unter dem Tisch. So eine Geschmacklosigkeit, seine beiden Hände so über einen Tisch zu räkeln, an dem er mit einem Einarmigen saß. Er zahlte und ging und legte sich in das klamme Bett in der Pension.

Martin Walser, Seelenarbeit (1979)

Allerlei Gesindel

Von ihrem Großvater Robert Seemann erhält Eva nach dem Fall der Berliner Mauer Einblicke in die spannende Familiengeschichte. Ihre Urgroßmutter Hermine war mit sechzehn Jahren 1908 von ihren Eltern aus Ostpreußen nach Berlin zum Arbeiten geschickt worden; die erste Nacht erlebte sie auf dem Bahnhof, voller Unsicherheit und Angst vor den sich dort herumtreibenden Menschen. – *Klaus Kordon* schrieb diese Geschichte in Form eines Briefes von Eva in ihre Urgroßmutter.

7. September 1908! Das war genau eine Woche nach deinem Eintreffen in Berlin. Gleich an deinem ersten freien Abend hast du diesen Brief geschrieben und darin deine Ankunft in Berlin, die Nacht auf dem Bahnhof und den Morgen danach so ausführlich geschildert, als wolltest du jeden einzelnen Schritt festhalten – für deinen Wilek und vielleicht auch für dich selbst, aber ganz bestimmt nicht für mich, deine Ururenkelin, die nun, runde hundert Jahre später, auf deinen Spuren reiste.

Dein Zug hatte mehrere Stunden Verspätung und so trafst du erst eine halbe Stunde vor Mitternacht in Berlin ein. Da hast du nicht mehr gewagt, noch bei deiner künftigen Herrschaft zu klingeln, jenen fremden Leuten, deren Namen deine Eltern gegen eine teure Gebühr von der Berliner Stellenvermittlung erfahren hatten. Außerdem hättest du dich gar nicht durch die nächtliche Stadt gewagt. Warst oft genug gewarnt worden: Berlin – das ist nichts als Verbrechen und Schmutz ... Besonders die Gegend um den Schlesischen Bahnhof war berüchtigt; Verbrecherkneipen, lichtscheues Gesindel, Dirnen, Lustmörder, Kinderschänder sollte es da geben.

Unsicher und allein gelassen standest du in der Schalterhalle herum, in der es nach Kohlenstaub und kaltem Zigarettenqualm roch, bis dir die vielen Männerblicke, die dich abschätzig von allen Seiten trafen, Angst machten. Du hast einen Wartesaal gesucht, und da du 4. Klasse gereist bist, hätte es auch der Wartesaal der 4. Klasse sein müssen. Ein Blick hinein jedoch ließ dich zurückschrecken. Da lagen Menschen wie Lumpenbündel auf dem Fußboden, es stank nach schalem Bier, schlechtem Tabak und Urin und an einer Kneipentheke standen junge Burschen mit tief in die Stirn gezogenen Ballonmützen und schräg in den Mundwinkeln hängenden Zigaretten; die sahen dich an, prosteten dir zu und grinsten frech. Was blieb dir da anderes übrig, als zum ersten Mal in deinem Leben Kühnheit zu beweisen? Hast dich einfach in den Wartesaal 3. Klasse gesetzt, immer in der Furcht, von einer Kontrolle erwischt und mit Schimpf und Schande wieder hinausbefördert zu werden.

Auch in diesem Wartesaal stand der Tabaksqualm senkrecht unter den nur schwach runzelnden Lampen, auch hier wurde nur allerbilligstes Kraut geraucht. So wurde es eine sehr, sehr lange Nacht zwischen all diesen Reisenden mit ihren Traglasten, Koffern, Beuteln und Rucksäcken, die dich entweder nicht zur Kenntnis nahmen oder stundenlang anblickten, als fragten sie sich, wozu du wohl gut sein mochtest. Wie anstrengend muss es gewesen sein, von den Gaffern wegzuschauen und immer nur die anzukucken, die schnarchend schliefen oder düster vor sich hin stierten! Sicher kamen die meisten genau wie du von weit her; alle in der Hoffnung, in der Reichshauptstadt Arbeit und Brot zu finden.

An der Theke dieses Wartesaals gab es nicht nur Bier, sondern auch Kaffee, Limonade und Löffelerbsen. Du hast dennoch nichts bestellt. Die ganze Nacht lang. Wolltest die zwei Mark sparen, die deine Eltern dir zum Abschied schenkten: alles für deinen Wilek und dich, alles für eure gemeinsame Zukunft. Und zu all der Düsternis um dich herum und der ständigen Angst vor der Kontrolle auch noch die Furcht vor Dieben. Auf Bahnhöfen, so wusstest du von Kindheit an, wird gestohlen. So hast du jede zweite Minute nach dem Geldbeutel und den zwei Mark getastet und dein Köfferchen hieltest du mit beiden Armen fest umklammert ... [...]

Gegen Morgen wurden in der Küche Breslauer Würste gekocht. Hast es ganz deutlich gerochen. Da überkam dich nagender Hunger. Bist trotzdem nicht aufgestanden, hast dir keine von den Würsten gekauft, sondern nur stur zu der Uhr hochgeschaut, die über der Theke hing: Jeder Groschen gehörte gespart. Für die bessere Zukunft!

Dann aber geschah es doch noch: eine Polizeistreife betrat den Wartesaal! Zu Stein erstarrt hast du dagesessen, obwohl du doch eigentlich aufstehen und fortlaufen wolltest. »Polizeikontrolle!«, riefen die Polizisten. »Sitzen bleiben, Fahrkarten und Ausweise bereithalten!«

Alle gehorchten, nur ein graues Weib nicht, das, in Lumpen gekleidet und mit zertretenen, an den Nähten schon aufgeplatzten Stiefeln an den Füßen, auf der Bank vor dem schmutzig verschmierten Fenster saß, hinter dem für dich der Morgen heraufgrauen sollte, du aber nur den gelblich-blauen Schimmer einer Gaslaterne erkennen konntest. Sie war dir aufgefallen, weil auch sie dich so lauernd und fordernd angestarrt hatte. Nun sprang sie wie von der Tarantel gestochen auf und stürzte Stühle umreißend durch den ganzen Saal hinter die Theke und in die Küche. Aber auch dort standen Polizisten, die führten die obszön schimpfende Frau sofort ab, während die anderen beiden Polizisten weiter ihre Runde machten, von jedem Einzelnen die Papiere überprüften und einer auch vor dir stehen blieb.

Du bekamst kaum noch Luft vor Beklemmung; du wusstest ja, dass deine Fahrkarte dich als Reisende 4. Klasse verriet. Der Beamte – mit Kaiser-Wilhelm-Schnäuzer und gekrauster Stirn – musterte dich streng. Erst hast du nur den Kopf gesenkt und bist rot geworden, dann hast du leise vor dich hin geflüstert, dass dein Zug Verspätung hatte, du auf dem Weg in deine erste Stelle seist und dich vor dem Wartesaal 4. Klasse so gefürchtet hättest.

Von wo du kommst, wollte der Beamte wissen.

»Neustadt«, hast du nur geflüstert.

Da fragte er: »Neustadt in Oberschlesien?« Und als du nicktest, nannte er einen Ort ganz in der Nähe und sagte, dass er dort aufgewachsen sei. Und ohne ein weiteres Wort reichte er dir Ausweis

und Fahrkarte zurück und ging weiter. Was warst du da glücklich!
Wenn das kein gutes Omen war! Vielleicht würde ja doch noch alles gut werden. *Klaus Kordon, Hundert Jahre und ein Sommer (1999)*

Bauern, Beamte und »Reisende«

Schon 1932 lieferte *Josef Maria Frank* mit seinem Roman
Volk im Fieber eine selten klare Schau auf das, was Deutschland unter den Nationalsozialisten erwarten würde. Sein
Protagonist, Dr. Rainer, auf der Fahrt in das Provinzstädt-
chen östlich von Berlin, das Schauplatz der Geschichte ist,
bekommt bereits in der Bahnhofsgaststätte auf dem Umsteigebahnhof einen Vorgeschmack dessen, was ihn erwartet. Kein gutes Omen.

Hier mußte er umsteigen, aus dem D-Zug in die Lokalbahn.
Vergnügt pfiff er vor sich hin, zog seine Uhr und lächelte
leicht. Wie in Neugier. Dieses erwartungsvolle Lächeln blieb auch
noch, als er sich nun erhob, die Abteiltür öffnete, den Mantel über
den Arm warf und mit fast übermütigem Schwung die beiden Koffer aus dem Gepäcknetz riß.

Die Wartesäle waren trostlos, die Tischtücher schmutzig, die
Wände grau. An den gedeckten Tischen im Wartesaal erster und
zweiter Klasse saßen Gutsbesitzer, »gehobene« Beamte und ar-
rivierte Geschäftsreisende. Auf dem Jugendstilbüfett träumten
ein trüb angelaufener Sektkühler, verstaubte Likörflaschen, zwei
merkwürdig gliederverkrampfte Tänzerinnen aus grünlackiertem
Gußeisen. Vorn dampfte der Kaffeeapparat, und seitlich hob sich
aus der Theke eine Glasvitrine mit Nickelrahmen im Burgenstil,
mit Türmchen und Treppengiebeln. Darin lagen Schokoladetafeln,
Zigarrenkisten, Zigarettenschachteln, Reise-Kognakflaschen und
Pappteller mit Obst. Der Wartesaal dritter Klasse war nicht viel anders, nur ohne Türmchen, Gußeisentänzerinnen, Tischtücher und
ohne die Preßglasvasen mit den giftig roten künstlichen Tulpen.
Statt Gutsbesitzer, Honoratioren und Beamten saßen Bauern da
und schnitten bedächtig mit Taschenmessern ihre Brote in kleine
Vierecke, dazu tranken sie Bier oder Schnaps und stierten wie hyp-
notisiert auf die kleinen Reisenden, die ihre Abschlüsse verglichen,

renommierten, von mannstollen Kellnerinnen prahlten, schlechte Zigaretten rauchten und wie Halbgötter auf Teilzahlung saßen und sich bestaunen ließen.

Er entschloß sich, sofort den Lokalzug aufzusuchen.

Josef Maria Frank, Volk im Fieber (1932)

Unter Schülern

Netzkarte war *Sten Nadolnys* erster Roman. Mit einer solchen unternimmt der 30-jährige Studienreferendar Ole Reuter eine einmonatige Bahnreise durch die BRD. Unter anderem kommt er auch durch Kreiensen, einst eine berühmte Bahnstation, und nach Göttingen, wo er studiert hat.

Jetzt sitze ich im Zug nach Göttingen, Abfahrt 5 h 25. Bis Kreiensen wird der Zug rappelvoll, lauter Arbeiter und Schüler – alle gut ausgeschlafen. In Kreiensen steigen alle aus, dann beginnt sich der Zug von Station zu Station wieder zu füllen für Göttingen.

Ab Northeim sitzt mir eine Schülerin mit ruhigen, schönen Augen gegenüber. Ich versuche gar nicht erst, sie anzulächeln, denn ich sehe wahrscheinlich kalkig und stoppelig aus, ein Schreck nicht nur für Kinder. Wo kann ich jetzt bloß drei Stunden schlafen? In diesem Zustand halte ich die Abenteuer, die ich mir vorgenommen habe, schon physisch nicht durch. [...]

In Göttingen angekommen, schiebe ich mich durch das Schülergewimmel bis zur Bahnhofsgaststätte und frühstücke. Dort sitze ich aber schon wieder zwischen Schülern – es sind die, die zu spät kommen wollen, man merkt es irgendwie. Ist vielleicht die schöne Schülerin aus dem Zug darunter, schwänzt sie vielleicht meinetwegen, damit ich nun endlich das Wort an sie richte? Nein, sie schwänzt nicht, auch nicht mit mir. *Sten Nadolny, Netzkarte (1981)*

Passagiere, die nicht reisen

Menschen, die unterwegs sind in ihrem Leben, aber nicht
mit der Bahn: Es sind Passagiere, die nicht reisen und die
nie wirklich ankommen. Aber auch sie halten sich gern an
Bahnhöfen auf, bevorzugt im Wartesaal: Er ist das eigentliche Ziel einer Fahrkarte IV. Klasse. – *Joseph Roth* hat sie in
seiner Berliner Zeit beobachtet.

Groß, gelb, schmutzig schwimmt die Laterne im Korridor.
Man sieht die Kette nicht, an der sie hängen dürfte, weil eine
schwefelfarbene Wolke aus Kohlendunst, Schweiß, Staub – vielge-
fräßiges Ungeheuer – rastlos Dunkles verschluckt und nur Leuch-
tendes erkennen läßt. Aus dichter Nebelwatteverpackung glimmen
elektrische Birnen wie geschwollene Glühwürmchen auf.

Der Wartesaal IV. Klasse pustet feuchte Wärme aus, wenn die
Tür aufgeht.

Er macht sich Luft wie jemand, der in Gefahr war zu ersticken.

Im rötlichen Düster schwanken formlos verschwommen Mensch
und Gegenstand. Der Rauch beißt dem Büfettschrank, den Bänken,
den Koffern die Kanten ab. Er amputiert dem Kellner die Rock-
schöße, verschluckt die Nasen der Passagiere. Mischt einen Brei aus
Kleidung, Holz, Körper, Lichtschimmer.

Die Frau am Büfett ist eingeschlafen. Unbewacht blinken Flaschen und Gläser, wölben Zigarren ihre Bäuche in rotgoldenen
Livreewesten, verkümmern Heringe auf klebrigem Porzellan, ver-
schrumpeln Würste sichtlich im Dunst. Man sieht das Vorwärts-
kriechen einer großen Verwesung.

Einmal war der Wartesaal ein Gefäß mit ewig wechselndem Inhalt. Er sog einen Strom Passagiere ein und spie ihn wieder auf die
Bahnsteige aus. Er roch süßlich nach Steinkohle und Lederkoffer,
nach Abenteuern. Er roch nach Welt. Heute ist er Asyl für Obdachlose. Er riecht nur mehr nach Straße, er ist nicht mehr Ouvertüre
der Welt, sondern Intermezzo der Stadt.

Um Mitternacht füllt er sich mit Menschen, die von Beruf hei-
matlos sind: Zigarrenrestesucher und Straßenmädchen und so.
Paule Pieker aus der Lebensquelle traf ich an und Anneliese, das
Matrosenmädchen aus Hamburg, das eine Tätowierung auf der

rechten Brust hat: FW, zwei runde, blaue, sorgfältig kalligraphierte Buchstaben, die bedeuten Fritz Wutt. Nach allem, was man so von Fritz Wutt hört, muß er ein Teufelskerl gewesen sein, ein Hamburger Hafenlöwe, der ein Boot mit den Zähnen flottmachen konnte und mit den Augen die Weiber. Anneliese ist blonden Gemüts und sehr fromm. Sie war Pietistin in Hamburg, und sie trägt immer noch im Handtäschchen ein gottergebenes Liederbüchlein, und das dritte Lied kann sie auswendig singen: »Herr Christ, dem ich mich ganz ergeben.« Und sie meint sicher Fritz Wutt, den Hafenlöwen, dessen Namen sie auf der Brust trägt.

Oh, die Polizei! Manchmal kommt ein Bahnpolizist mit einer weißen Armbinde und fragt, ob die Herrschaften »wirklich reisen«. Man reist nicht wirklich: Man löst nur eine Fahrkarte vierter Klasse bis zur nächsten Station, um im Wartesaal sitzen zu können.

Liebespärchen kommen, Grauschädel entrüsten sich sittlich, der Wartesaal sei kein Tiergarten; er ist aber doch einer, Tiergartenfortsetzung im Winter. In den Winkeln, sorgsam verhüllt von einem Oberbett aus Dämmerflaum, flüstern sie Zwiesprache der Liebe. Kutscher trotten herein, blaugekittelt. Sie haben etwas Pferdehaftes, sie können, glaube ich, wenn sie wollen, jeden Augenblick wiehern. Sie schneuzen sich, es klingt wie Pferdeniesen, und sie wecken den Kellner: Einen Kümmel! Sie werfen trinkend Kopf mit Zylinder rasch hintenüber, schütteln sich, zahlen, wollen noch ein wenig in der Wärme bleiben, sie hamstern Wärme und gehen hinaus, wenn sie genug haben.

Anneliese, blonden Gemüts, summt dünn und gläsern: Herr Christ, dem ich mich ganz ergeben. Ein junger Mensch zählt die aufgelesenen Zigaretten.

Ein dreifach gegabelter Heringsschwanz starrt von einem Büfetteller in die Höhe, um aus Zeitvertreib den Plafond aufzuspielen.

Joseph Roth, WARTESAAL IV. KLASSE. Die Passagiere, die nicht reisen (1920)

Bilder von der Deutsch-Russischen Grenze:
Wartesaal IV. Klasse in einem Grenzbahnhof, 1887/88 (Ausschnitt)

Obdachsuchende Asylisten

Auch *Alfred Polgar*, in Wien geborener Schriftsteller, Über-
setzer und Journalist, lebte etliche Jahre in Berlin. Und wie
Roth lernte er die nächtlichen Asylsuchenden in den Bahnhöfen kennen. Er machte daraus keine journalistischen
Skizze, sondern eher eine Art Schulaufgabe ...

E in Mann in Berlin, der weder Obdach noch Geld hatte, sah
sich, als es Nacht wurde, genötigt, einen Entschluß zu fassen.
Auf der Straße bleiben, ambulant, im Winter, das wäre über seine
Kräfte gegangen. Freunde, die ihm Unterkunft gegeben hätten, besaß er nicht. Betteln oder Stehlen könnte mit dem Gesetz in Kon-
flikt bringen. [...]

Wo findet man ... nächtlicherweile, mit Umgehung der Polizei
und ohne Freunde, ohne Geld, ein Dach überm Kopf? Für den
Großstädter kommen da verschiedene Örtlichkeiten in Betracht:
1. Die in den Straßen aufgestellten Telephonhäuschen (Fernsprech-
stellen). Sie schaffen wohl durch ihre trauliche Enge eine Art von
Stübchen-Illusion, sind aber unbequem, und man kann jeden
Augenblick gestört werden. 2. Die öffentlichen Bedürfnisanstal-

ten bzw. jene ihrer Abteilungen, die der männlichen Bevölkerung umsonst zur Verfügung stehen. Auch hier ist, besonders im Karneval, auf halbwegs gesicherte Schlafruhe nicht zu rechnen. 3. Die Warteräume in den Bahnhöfen. Es ist klar, daß diese Lokalitäten als Nachtquartier weitaus den Vorzug verdienen vor den früher genannten.

Schüchtern von Natur aus und in seinen Ansprüchen so mäßig, wie Leben und Not sie gemacht halten, wählte er keineswegs einen der pompösen Bahnhöfe, wo zu großartig langer Fahrt gestartet wird, und die erfüllt sind von Welt und Ferne, also nicht etwa den Anhalter Bahnhof oder den in der Friedrichstraße, sondern einen schlichten, bescheidenen Bahnhof, den Potsdamer, von dem es knapp bis Erkner geht. Im Warteraum dritter Klasse legte sich der Asylist auf eine Bank und erwartete den Schlummer. Jedoch bevor dieser kam, kam ein Bahnbediensteter und wies den zweifelhaften Fahrgast – der in der Tat nicht als Fahrgast, sondern als das strikte Gegenteil eines solchen angesehen werden mußte, insofern er ja nicht nur nicht, um wegzufahren, sondern geradezu, um dazubleiben, den Warteraum aufgesucht hatte –, wies also das fragwürdige Menschenkind aus dem Bahnhof, nicht für es gebaut. Der Einwand des Fortgewiesenen, er hätte durchaus keine andere Bleibe, traf ins Leere, rief aber einen Schupo herbei, der in das friedliche Gespräch etwas Amtshandlung einmengte. So kam der Vagabund doch zu einem Nachtquartier. Auf der Polizeistation. Nicht umsonst! Denn hinterdrein wurde er von einem ordentlichen Gericht mit acht Tagen Arrest bestraft. Begangen durch den Versuch, im Bahnhofswartesaal zu nächtigen.

Das ist ein Lesebuch-Stück aus unseren Tagen. Es sollte in den niederen Schulen durchgenommen, sein Inhalt von den Kindern in der Form a) der direkten, b) der indirekten Rede wiedergegeben, und an ihm der Scharfsinn der Knaben erprobt werden durch Fragen wie: »Was hätte jener Mensch, um zu einem Nachtquartier zu kommen, tun sollen?« oder: »Welche sittliche Nutzanwendung ist aus der vorgetragenen Erzählung zu ziehen?« oder: »Welchen Einfluß auf die Charakterbildung des Mannes dürfte jenes Erlebnis gehabt haben?« Auch an Themen für den deutschen Aufsatz – mit

Verwendung klassischer Zitate – wäre die Erzählung nicht uner-
giebig. Es kämen da in Betracht etwa: »Heil'ge Ordnung, segens-
reiche« (Friedrich von Schiller), ferner: »Am Abend schätzt man
erst das Haus« (Joh. Wolfgang von Goethe). Und besonders, für
die reifere Jugend, das Thema: »Verurteilung eines Obdachlosen
wegen Hausfriedensbruchs, weil er im Bahnhofswartesaal nächtigen wollte«, oder: »Urteil, du flohst zum blöden Vieh!« (Shake-
speare).   *Alfred Polgar, Nicht für es gebaut (1930)*

Weihnachtsgäste

Eine ganz eigene Klientel findet sich am Heiligabend ein.
Die Bahnhofsgaststätte als Refugium der Vereinsamten und
derer, die gegen Weihnachten sind. Und trotzdem kommt
ein bisschen Weihnachtsstimmung auf – wegen der Gabenteller, die auf den Tischen stehen, oder der Biere, die ausgegeben werden. Beobachtet hat sie der Journalist *Ben Witter*.

Am Heiligen Abend setzen sich auch Rentner mit Schlips in den
Wartesaal 2. Klasse. Und sie geben ein Bier aus, wenn sie sich
einbilden, daß ihnen jemand zuhören will, oder wenn sie zuhören
und ihre Meinung sagen dürfen oder wenn da einige sitzen, die sich
nicht um sie kümmern, aber vielleicht doch mal was sagen könnten. Die Rentner und die anderen da warten, meistens nicht auf den
nächsten Zug.

Und die Bahnpolizisten draußen überlegen, wann sie wieder hin-
eingehen sollen, um sich die Fahrkarten vorzeigen zu lassen. Ein
älterer Bahnpolizist geht dann wieder rein, wegen seiner grauen
Haare. Bei der Gelegenheit wirken sie wenigstens mal. Bis zwölf
bleibt es ziemlich ruhig, und nach zwölf lassen sich zwei Bahnpolizisten die Fahrkarten zeigen. Wer keine Fahrkarte hat, kommt
wieder, setzt sich aber nicht erst hin. Der Wartesaal 1. Klasse ist am
Heiligen Abend geschlossen.

In den Lokalen, die am Heiligen Abend offen haben, tun die
Stammgäste immer so, als ob der Wirt nur mit ihnen feiern will.
Sollen doch die anderen anfangen. Das dauert bis zwölf. Dann fangen die anderen an. Das dauert länger. Und die anderen sollen dann
für die Stammgäste manchmal auch noch zahlen.

In einem Lokal, wo nur Männer verkehren, stehen Gabenteller auf den Tischen, und wer sich hinsetzt, dem gehört auch der Teller. Aber es kommen höchstens drei oder vier Gäste, obgleich der Wirt immer meint, diesmal werden es mehr. Wer nicht schwul ist, kriegt auch seinen Teller, und Weihnachtslieder möchten sie alle singen, aber fangen sie endlich damit an, ist doch immer einer dagegen und rennt zur Toilette.

Und da bilden sich doch welche ein, daß die Puffs geöffnet sind. Sie wollen sich eine aussuchen, mit der sie feiern können, nicht unter Zeitdruck, und gemütlich, und auch nicht zu teuer. Aber die Puffs sind dicht und nichts ist schlimmer, sagen die im Puff, als Männer am Heiligen Abend im Puff, die hören mit ihren Familiengeschichten nicht wieder auf.

Wenn eine Frau dann in ein Lokal kommt, wollen die Männer gleich alles von ihr wissen. Und einer tut dann immer so, als wisse er das längst, und bildet sich ein, die würde mit ihm nachher weiterfeiern, er brauche nur zu nicken. Und ist sie dann betrunken und hält sich fest, will man sie treten, und einer tritt auch zu.

In Trupps kommen sie jetzt auch, diejenigen, die eine Cola bestellen und vielleicht noch eine, und die dann dasitzen und sich nur mit Blicken verständigen, und mit Kniestößen, und die gegen Weihnachten sind, und von dem Wirt dann angekotzt werden, wegen der Cola.

Den Polizeiwachen wird oft Kuchen spendiert und Schnaps. Und Grauhaarige sitzen da, weil sie keine kleinen Kinder mehr zu Hause haben, und sie erzählen von früher. Und die Besatzungen der Funkstreifenwagen fahren spazieren und hören Radio und essen Kuchen. Aber sie werden beobachtet. Immer sitzen Leute am Fenster, die nicht schlafen können oder dastehen und darauf warten, daß irgend etwas passiert, ausgerechnet vor ihren Fenstern.

Ben Witter, Weihnachten 2. Klasse (1976)

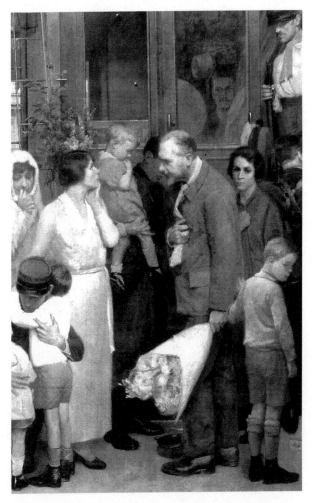

Albert Herter, Die Abfahrt der Frontsoldaten, August 1914
(1926 – Ausschnitt)

FÜNFTER GANG

Die Welt ist klein

Von heiteren Begegnungen, denkwürdigen Treffen
und traurigen Abschieden

Von einer besonderen Begegnung sang 1932 der Schauspieler *Eric Helgar* in einem Lied: »Jeder Mensch sucht sein Leben lang nach dem einen Ideal. / Eines Tages erblickst du es dann in einem Wartesaal. / Schnell kaufst du ihr einen Blumenstrauß, / da geht sie schon auf den Bahnsteig hinaus – / du stehst an der Sperre mit den Blumen in der Hand / und winkst einer Frau, dir ganz unbekannt ...« Es scheint, als ob es keinen Ort gibt, der besser geeignet wäre, die Intensität, aber auch Flüchtigkeit von Begegnungen zu lokalisieren als ein Bahnhof mit seinen Warteräumen und Gaststätten. Zwar sind sie nicht häufiger als in anderen gastronomischen Einrichtungen, aber sie stehen unter besonderen Vorzeichen, die von den Fahrplänen gesetzt werden: Abfahrt und Ankunft. »Ich sehnte mich nach einer Flasche Wein im Bahnhofsrestaurant, nach Schweigen und Dasitzen und dieser wunderbaren Melancholie, die sich nur einstellt beim Anblick ein- und ausfahrender Züge, ankommender und abfahrender Menschen.« *(Roswitha Quadflieg)*
Der Bahnhof hat sich bereits wenige Jahre nach seiner Eröffnung als Raum sozialer Beziehungen durchgesetzt, als Ort, an dem man miteinander in Kontakt kommen kann, wo es ruhige Nischen gibt und dennoch Öffentlichkeit besteht. Es wundert nicht, dass das auch wieder in Österreich schon sehr früh im Theater thematisiert wurde. *Eisenbahnheiraten oder Wien, Neustadt, Brünn* heißt der Titel einer Posse von *Johann Nestroy* aus dem Jahr 1844, in dem als Schauplatz des 3. Aktes das »Passagierzimmer im Bahnhof Brünn« dient. Andererseits führten die Kontaktmöglichkeiten auch dazu, dem Umfeld des Bahnhofes und seinen Einrichtungen einen anrüchigen Anstrich zu geben.

»Bahnhöfe sind Orte des Übergangs. Pendler kommen und gehen, Reisende werden verabschiedet, Ausflügler pausieren lesend im Wartesaal – oder im Bahnhofbuffet. Zur Fortbewegung gehören das Innehalten, das Beobachten, Plaudern und Leute-Kennenlernen; ein Bahnhofscafé ist der ideale Ort dafür«, schreibt *Katja Baigger*.

Zahllose frohe wie bange Begegnungen erleben die Bahnhöfe und ihre Gaststätten auf diese Weise, aber auch Abschiede und Trennungen – manchmal auch für immer. Es gibt unverhoffte Wiedersehen im Bahnhofsrestaurant, die umso freudiger ausfallen, je länger die letzte Begegnung zurück liegt. Wie in *Petra Morsbachs Opernroman*, in dem sich gegen Ende die ehemalige Inspizientin des Neustädter Stadttheaters Babs und Helmut, ein ehemaliger Neustädter Chorsänger und jetzt Kellner im Bahnhofslokal, ebendort zu nachtschlafener Zeit zufällig treffen: Die Welt ist klein. Und es gibt auch unerwünschte und peinliche, weil das letzte Zusammentreffen gerade eben erst war und ein da gesprochenes Wort unausgesprochen über der Begegnung schwebt. In *Heinrich Bölls* Roman *Billard um halb zehn* treffen sich Vater und Sohn zum Gespräch in einen Bahnhofslokal, das mit seinem kulinarischen Angebot in der Kühlvitrine – »krustige Frikadellen, kalte Koteletts und russische Eier« – eine gewisse Trostlosigkeit ausstrahlt und die Fremdheit beider Beziehung zueinander spiegelt.

»Wen man nicht treffen will, den trifft man im Wartesaal«, lässt *Siegfried Lenz* im Roman *Exerzierplatz* den Chef sinnierend zu seinem Gehilfen Bruno sagen. Und wen man treffen will, ohnehin.

Die hübsche Kellnerin

Glück hat, wer in die Fremde reist, um Sehenswürdigkeiten zu schauen, und gleich im Bahnhofsrestaurant etwas besonders Schönes zu sehen bekommt ... Eigentlich wollte der Student *Ferdynand Hoesick* über die Pfingsttage nach Paris fahren, ließ sich aber dann von seinem Kollegen Zóltowski zur Teilnahme an einer Reise in die Schweiz überreden. Eine Fahrt mit manchem Konfliktstoff: Zóltowski war praktizierender Katholik, Hoesiek ein freigeistiger, ja sogar ungläubiger Protestant, der gern jeder Schürze nachsah ...

Wir kamen in *Airolo* während eines Platzregens an und mußten dort mehr als zwei Stunden verbringen. Ich sah im
Bahnhofsrestaurant eine schöne Italienerin, die die Gäste bediente,
und beschloß, die Station nicht zu verlassen, sondern hier die Zeit
bei einer Flasche Wein im Gespräch mit der schwarzbraugen Kellnerin zu verbringen. Zóltowski wollte davon nichts hören und zog,
ohne Rücksicht auf den Platzregen, los, um die Stadt zu besichtigen
und bei Gelegenheit in einer Kirche zu beten. Ich dachte nicht daran, ihn zu begleiten, sondern ließ mich, allein geblieben, sofort in
ein Gespräch mit dem lebhaften Mädchen ein, das auch durchaus
nicht abgeneigt war, als ich eine Flasche Rotwein servieren ließ und
sie an mein Tischchen bat. Da wir beide jung und ausgelassen waren, ließ es sich sehr angenehm plaudern , obwohl mein Italienisch
sich lediglich auf: »*Mia bella, mia cara, io t'amo, il bacio, lasciate
ogni speranza, delizia*« beschränkte.

Sie verstand aber auch Französisch, und ich mußte ihr durch
Gebärden, Blicke und Händchenhalten alles das zu Ende erzählen,
was ich nicht in der melodischen italienischen Sprache auszudrük-
ken vermochte. Wir amüsierten uns also vorzüglich und bedau-
erten beide, als die Abfahrtszeit heranrückte, daß mein Gefährte
nichts von einer Übernachtung in Airolo hören wollte ... Ich muß
noch hinzufügen, daß Zóltowski, trotz des Regenschirmes, völlig
durchnäßt aus der Stadt zurückkehrte und überhaupt nicht den
Saal betrat, als er mich mit dem Mädchen beim Wein sah, sondern
auf dem Bahnsteig auf mich wartete.

Ferdynand Hoesick, Zwei Semester in Heidelberg (1886/87)

Ein sympathischer Mann?

Wer ist sie? Wer ist er? Wir wissen es nicht und erfahren
es aus *Doris Lerches* Kurzgeschichte auch nicht. Eine Begegnung zwischen Frau und Mann, wie sie heute möglich ist,
mitten auf der Straße, im Theater oder in der Bahnhofsgaststätte.

Wie sie in der Bahnhofsgaststätte sitzt und auf den Zug wartet
und ein Rührei ißt und in einer Zeitschrift blättert, stößt sie
auf einen Artikel über die Neue Frau.

Heute dürfe, so heißt es dort, eine Frau durchaus einen Mann auf der Straße ansprechen. Dieses jahrhundertealte Tabu, gleichgesetzt mit Prostitution, gelte in unserer modernen Zeit nicht mehr. Eine Frau, offen und selbstbewußt, muß nicht mehr warten, bis sie am Arbeitsplatz oder im Theater mit einem entfernten Bekannten in ein Gespräch kommt, muß nicht mehr warten, bis er sie anruft, ihr schreibt, sie küßt – nein, heute könne sie an der Straßenbahnhaltestelle, im Café, wenn sie einem begegnet, und er gefällt ihr, und ihre Blicke treffen sich – könne sie ihn ansprechen, wenn er ihr sympathisch ist, könne sie ihm sagen, ich finde Sie sympathisch, Sie gefallen mir, haben Sie Lust, einen Kaffee mit mir zu trinken? Und er wird sie mit Respekt behandeln, er wird sie heimbringen nach dem Kaffee – wenn er sympathisch ist –, er wird sich ihre Telefonnummer notieren, er wird in ihr Gesicht schauen und nicht auf ihren Arsch, er will kein Lustobjekt, sondern sie, wie sie wirklich ist. Wie ist sie wirklich?

Eine Frau ist nicht geil, einfach so, mitten auf der Straße, im Café, in der Bahnhofsgaststätte, weil sie lange keinen Mann hatte, weil sie einsam ist, weil sie ausgehungert ist nach Haut, nach Wärme, weil ihr ein Mann begegnet, den schaut sie an, wie er vorbeischlendert an ihrem Tisch und zur Theke geht, da atmet sie schneller, wie er lächelt, zarte Lippen, starke Zähne, wie er die Wimpern senkt, wie er den Kopf zurücklehnt, daß die Halsmuskeln hervortreten, so sieht er aus, wenn er unter ihr liegt, denkt sie. Über dem Bauch spannt sich das Hemd, er frißt und säuft gern, denkt sie, er packt sich das Hühnchen und nagt das Fleisch von den Schenkeln bis auf die nackten Knochen.

Sie ist nicht geil, wenn sie diesen wildfremden Mann betrachtet, von dem sie nichts weiß, mit dem sie kein Wort geredet hat, sie müssen sich doch erst mal kennenlernen, zusammen essen gehen, ein bißchen plaudern, aber nicht gleich ins Bett, oder schlimmer, in ein Gebüsch an der Straße, weil sie es nicht aushalten, weil es sofort sein muß, gleich auf der Stelle, aber sie ist nicht geil. Sie möchte ihn wiedersehen, nein, nicht morgen, vielleicht in einer Woche, nur nichts überstürzen, nur nichts übertreiben, was soll er denken von ihr, wenn sie so wild ist, daß sie ihn ins nächste Gebüsch zerren möchte, er wird denken, das macht sie mit jedem, aber sie macht es nicht mit jedem. Nein, nur wenn er sympathisch ist. Und auch dann wartet sie eine Woche oder zwei, und nicht ins Gebüsch, sondern ins Kino oder auf eine Lesung oder zu einer politischen Diskussion oder zum Schaufensterbummel am Sonntag oder auf ein Picknick im Grünen. Er soll nicht denken, daß sie wahllos ist, daß sie trieb-haft ist, daß sie nicht warten kann, daß es ihr gleich ist, mit wem, daß sie eine Hure ist, soll er nicht denken und sie verlassen, kaum daß er sie besessen hat.

Wie er zurückkommt von der Theke, das Tablett in den Händen mit Bockwurst und Bier, da ist seine Hose schlecht geschnitten, sein Hemd mit den Streifen ist längst aus der Mode, sein Haar staucht sich im Nacken, man müßte es stutzen. Was will ich, denkt sie, von diesem Mann. Er ist nicht sympathisch.

Sie steht auf, nimmt Zeitschrift und Koffer und sucht ihren Zug.

Doris Lerche, Lust (1989)

Der schöne Knabe

Rosa Gerold (von Hennberg) hatte in Wien einen bekann-ten Salon, in dem sich Künstler und Gelehrte trafen; er war ein gesellschaftlicher Mittelpunkt ihrer Zeit. Sie unternahm zahlreiche Europareisen, über die sie Zeitungsartikel und Bücher veröffentlichte. In *Augenblicksbilder aus dem Buche meiner Erinnerungen* schildert sie eine besondere Begeg-nung auf dem Bahnhof Montpellier.

Im kühlen Speisesaal des Bahnhofes wurde das Dejeuner serviert, der Zug hatte eine Stunde Aufenthalt. Außer uns nahm nur noch eine sehr interessante Familie daran teil. Sie bestand aus einem Elternpaar, zwei Töchtern und zwei Söhnen. Eine junge, fein und damenhaft aussehende Bonne nahm auch mit teil am Frühstück; sie saß neben den Söhnen, schenkte ihnen Wein ein, bediente sie gewissermaßen, sprach wenig und sehr leise und respektvoll mit ihnen; mir war einmal, als ob sie den Älteren mit »Monseigneur« anredete. [...]

Der ältere sah unbedeutend aus, aber der jüngere, etwa vierzehn-jährige, der uns gegenüber zu sitzen kam, war ein entzückender

Knabe; er hatte ideal schöne Züge, eine reine, geistausstrahlende Stirn, überschattet von reichem Goldhaargelock, eine feingeformte Nase und tiefblaue Augen, aus denen Verstand, Güte und Energie sprachen.

Er trug wie sein Bruder die dunkle Tuchjacke und den großen, weißen Umschlagkragen feiner englischer Knaben, der einen herrlichen Hals und Kopfansatz sehen ließ. Er war von ausgesucht feinem Benehmen, er reichte uns zu, was zufällig unsere Augen suchten – das Brot, die Wasserflasche – er war völlig bedacht, unsere Wünsche zu erraten, ja u n s zu bedienen, während jene Bonne fortwährend ihn und seinen Bruder ehrfurchtsvoll bediente. Ich konnte mich an dem schönen, offenen, edlen Gesicht des Knaben gar nicht satt sehen. Wie gerne hätte ich herausgebracht, wer sie alle waren und wie sie hießen. Der schöne Jüngling kam mir vor, als wäre er Frankreichs Zukunft, einer jener Orleans oder Bourbons, auf welche der Flébure in Nîmes wie auf den Messias hofft. Ich bin es überzeugt: Der Knabe wird etwas Großes, er ist zu ungewöhnlich, oder er stirbt jung. Nach dem Essen verloren wir die Familie aus den Augen.

Wir saßen wie vor drei Jahren hinter dem Hause im Freien, tranken Kaffee und aßen wieder wunderbare Trauben aus den Weingärten, die sich dort über die villenbesäten Hügel vor Cette ausbreiten. Drei reizende Katzen belagerten uns und ließen sich zutraulich mit Milch und Backwerk füttern. Endlich ertönt die Abfahrtspfeife. Ehe wir ins Coupé steigen, sehe ich mich nach dem schönen Knaben um. Am Ende des Zuges sehe ich die Bonne neben einem Berg von Koffern, die Familie erscheint und steigt fern von uns in ihr reserviertes Coupé. Ich habe ihn wohl zum letzten Mal gesehen!

Rosa Gerold, Augenblicksbilder aus dem Buche meiner Erinnerungen (1904)

Die Amerikareisenden

Der Literaturwissenschaftler und Schriftsteller *Alfred Kantorowicz*, der sich mit vielen anderen unabhängigen Geistern gegen den Nationalsozialismus wehrte und deshalb zuerst in das Exil nach Frankreich und dann in die USA ging, kehrte mit seiner Frau 1946 aus den Staaten wieder zurück nach Deutschland. Im Bahnhofsrestaurant von Bremen kreuzen sie den Weg einer Frau, die genau den umgekehrten Weg nehmen möchte.

Gegen neun Uhr morgens langten wir in Bremen an. Da lernten wir die Zeiterscheinung der Bahnhofswirtschaften, Wartesäle und Vorhallen als Aufenthaltsräume für Tausende von Flüchtlingen kennen. Es war ein gewaltsames Unternehmen, in das Bahnhofsrestaurant einzudringen, sich bis in die Nähe eines Tisches durchzuzwängen, wo man zunächst jedenfalls das Handgepäck abstellen konnte. Ein glücklicher Umstand wollte, daß bald darauf zwei Stühle frei wurden, auf die Friedel und die Frau Marchawitza sich setzen konnten. Es gab sogar für fünfundzwanzig Pfennige ein undefinierbares sogenanntes »Heißgetränk« zu kaufen. Für den Blechbecher mußte man fünf Mark Einsatz hinterlegen. Am gleichen Tisch saß eine freundliche ältere Dame, mit der wir ins Gespräch kamen, und die, als sie erfragt hatte, daß wir Heimkehrer aus Amerika waren, uns sagte, dahin sei sie gerade unterwegs – zu ihrer Tochter, einer früheren Sekretärin des amerikanischen Journalisten Louis Lochner, der geholfen habe, ihr alle notwendigen Einreisepapiere zu beschaffen. Die alte Dame zeigte uns Photos des Einfamilienhäuschens in Yonkers bei New York, das ihre Kinder jetzt bewohnen und wo sie in wenigen Wochen sein würde, um ihren Lebensabend friedlich zu verbringen. Wir kannten die Berichte des hervorragenden Associated-Press-Korrespondenten in Berlin, Louis Lochner, seit langem und erinnerten uns sogar, daß er in einer human interest story von der Begegnung mit seiner früheren Sekretärin nach dem Kriege in Berlin erzählt hatte. Die Welt ist klein. Wir trugen Grüße nach New York auf. Die sehr gütige alte Dame war aus Schlesien geflohen.

Alfred Kantorowicz, Deutsches Tagebuch (1959)

Peinliches Wiedersehen

Heikle oder lustige Situationen darzustellen, womöglich noch
in Reimform, war die Spezialität des Münchener Schrift-
stellers *Eugen Roth*. Dass die folgende Darstellung einer
an sich banalen Begebenheit verhältnismäßig lang ausfällt,
mag zeigen, wie sehr diese Begegnung den Dichter gepickt
hat. Die glühenden Augen in der Bahnhofswirtschaft hat er
offenbar so schnell nicht vergessen ...

Reich bin ich nicht, aber ein paar Mark habe ich immer in der
Tasche. Ich muß gestehen, daß ich ein Spießer bin, hilflos ohne
Geld, ein Feigling, bar allen Vertrauens auf das Glück. Und lieber
würde ich einen Tag lang hungern, als daß ich, leichten Sinns, einen Bekannten (vorausgesetzt, ich träfe ihn) um eine Kleinigkeit
ansprechen möchte.

Eines Abends aber stand ich wirklich in der Stadt, mit lee-
rer Brieftasche, einer Mark Kleingeld im Beutel und dem letzten
Fahrschein eines Sechserblocks, wie er damals noch üblich war,
der wenigstens meine Heimbeförderung sicherstellte. Ich wollte
einen Vortrag besuchen, eigens zu diesem Zweck war ich herein-
gefahren – eine Mark würde der Eintritt kosten; also konnte ich's
wagen. Freilich, nicht einmal eine Semmel durfte ich mir kaufen,
so hungrig ich auch war. Ich traf natürlich viele Bekannte in dem
Hörsaal, und ich hätte mich nur einem von ihnen anvertrauen müssen – aber wem? Der Rektor der Universität war vor schier vierzig Jahren mein Hauslehrer gewesen, der Rektor der Technischen
Hochschule hatte mit mir das Theresiengymnasium besucht. Der
Vortragende selbst hatte schon manche gute Flasche bei mir getrunken – aber, zum Teufel, mußten es denn lauter Magnifizenzen
und Geheimräte sein, die mir begegneten? So gut ich mit ihnen
stand, anpumpen wollte ich sie nicht. Und unter den Jüngeren war
gewiß mancher arme Teufel, den ich mit der Bitte, mir fünf Mark
für ein Abendessen zu leihen, in arge Verlegenheit gebracht hätte.
So zahlte ich denn die letzte Mark für meinen Platz, hörte den Vortrag über Münchens Maler im Mittelalter an und blieb, um allen
Zufällen aus dem Weg zu gehen, noch sitzen, bis sich der Schwarm
verlaufen hatte.

Draußen dann regnete es, was nur vom Himmel ging, aber mir blieb keine Wahl; mit hochgeschlagenem Kragen drückte ich mich an den Häusern entlang, zur nächsten Straßenbahnhaltestelle, den Fahrschein hielt ich in der Hosentasche umklammert, es war ja mein höchster Hort.

Da löste sich eine Gestalt aus dem Dunkel, und es trat mir der Doktor Krüller entgegen, ein guter Freund gewiß, wenn man die Leute so nennen will, mit denen man seit dreißig Jahren alle heiligen Zeiten einmal ein paar flüchtige Worte wechselt, des gar nicht unehrlichen Bedauerns voll, daß man sich gar so selten sieht. Jetzt freilich war mir jede Begegnung unerwünscht genug — oder sollte mir der Himmel den Mann geschickt haben, daß er mich speise, wie der Rabe den Elias, nicht mit einem Stück Brot allerdings, wohl aber mit einem Fünfmarkschein, es konnte ein Zehner auch sein?! Ein Rabe war er, ich sollte es gleich merken, aber keiner der einen Hungrigen zu atzen herbeifliegt – denn während ich noch überlegte, ob ich ihn eigentlich so gut kennte, daß ich ihn um eine solche Gefälligkeit angehen könnte, hatte er bereits den Mund aufgetan: »Sie schickt mir den Himmel!« rief er, genau wie ichs eben sagen wollte; und: »Können Sie mir nicht ein paar Mark leihen, damit ich wo einen Happen essen kann – ich muß hernach noch in einen anderen Vortrag!« Zehntausendmal (dreißig Jahre zu dreihundertfünfzig Tagen roh gerechnet) hätte ich mit Freuden sagen können: »Aber gern, mein Lieber!« und wäre froh gewesen, daß jemand nur drei Mark von mir haben wollte und nicht fünfzig oder gar hundert. Und ausgerechnet heute mußte ich ihm gestehen, daß ich selber keinen Pfennig bei mir habe. Oh, schmachvoller, uralter Witz aus den Fliegenden Blättern, unglaubwürdigste, in ihrer Dummdreistigkeit tödlich kränkende Schnorrerabfuhr: »Portemonnaie vergessen? Sie werden lachen: Ich auch!« Und wenn's wenigstens wirklich ein guter, oft erprobter alter Kumpan gewesen wäre – ohne einen peinlichen Rest von Mißtrauen hätte sich alles in Heiterkeit auflösen lassen. So aber war's unerquicklich genug, wie wir nebeneinander hergingen; wer weiß, wie schwer es auch dem andern gefallen war, mich mit vielleicht nur gespielter Leichtigkeit um ein paar Mark anzuhauen: und die Demütigung einer Fehlbitte blieb, ein Stachel in seinem Herzen, wie hilflos ich mich auch bemühen mochte, ihn herauszuziehen. Er werde eben ungegessen in seinen Vortrag gehen, meinte der Doktor kläglich, die anderthalb Stunden bis dahin hoffe er schon herumzubringen, der Regen lasse ohnehin nach. Und ehe ich mich's versah, hatte er sich ziemlich frostig verabschiedet und tauchte in die feuchte Finsternis zurück, ohne meine weiteren Unschuldsbeteuerungen abzuwarten. Ich spürte: er traute mir nicht.

Die Straßenbahn kam, ich stieg ein, im Augenblick, wo ich meinen Fahrschein zum Umsteigen zu meinem weit entfernten Vorort zeichnen ließ, kam mir erst der Gedanke, daß der Ärmste wohl nicht einmal hatte fahren können und nun zu Fuß in der Stadt herumlaufen mußte. Und ausgerechnet jetzt rief mich ein Schulkamerad an, mit der lässigen Fröhlichkeit uralter Vertrautheit; und ich setzte mich zu ihm, und, wie konnte es anders sein, ich erzählte ihm, ohne jeden Hintergedanken, die saudumme Geschichte, die mir soeben begegnet war. Der Schulkamerad zog die Brieftasche, ich wehrte ab, er wollte mir einen Zwanzigmarkschein aufdrängen, nein, sagte ich, die Gelegenheit sei verpaßt, nun sei ich schon entschlossen, nach Hause zu fahren. Ohne Geld, meinte der andere, sei sei man ein halber Mensch, zehn Mark, fünf wenigstens, müßte ich nehmen, und schließlich sträubte ich mich nicht länger und ließ mir zwei Mark in die Hand drücken. Und stieg am Bahnhof aus.

Schon im Begriff, sofort umzusteigen, überlegte ich mir, daß ich daheim, wo man mit meinem Kommen nicht rechnete, vielleicht keinen Bissen vorfinden würde, und daß es, da ich nun schon die zwei Mark in der Tasche hatte, das Gescheiteste wäre, in der Bahnhofswirtschaft wenigstens ein Paar Würstel zu essen; ganz rasch nur, versteht sich, und ohne den Anspruch auf meinen Umsteige-Fahrschein aufzugeben. Gar so genau werden's die Schaffner nicht nehmen.

Die Wirtschaft war um diese Zeit des Stoßverkehrs überfüllt, so schnell, wie ich gedacht hatte, ging es mit den Würsteln also nicht. Hingegen wurde mir, nach schöner alter Münchner Sitte, ehe ich mich dessen versehen hatte, ein Glas Bier hingestellt, und mehr aus Gewohnheit als aus Durst tat ich einen kräftigen Schluck. Zwischen

Lipp und Kelchesrand schwebt der finstern Mächte Hand: Ich hatte das Glas noch am Munde und schaute geistesabwesend in die Gegend: da trafen mich zwei Augen, von Hohn und Verachtung glühend, ein spöttisches Lachen zeigte sich auf einem Gesicht, das unzweifelhaft das von Doktor Krüller war.

Ich hielt, völlig erstarrt, das Glas steif in die Luft, ich wollte rufen, der Ton erstarb mir in der Kehle, ich sprang auf – da stellte der Kellner die Würstel vor mich hin und fragte mit höflicher Bestimmtheit, ob er gleich kassieren dürfe – ein Helles, in Paar Pfälzer mit Kraut, zwei Brot: einsachtzig, mit. Und schon hatte er die zwei Mark ergriffen zwei Zehnerln tanzten vor mir auf dem Tisch – ein Brot, wollte ich verbessern, Herr Ober, nur ein Brot! Aber er war schon fort, und wie sollte ein wohlgekleideter Herr vor all den Leuten eine Szene machen wegen eines Stückchens Brot um zehn Pfennig?

Wunderlich genug benahm ich mich wohl ohnehin – in einer Bahnhofswirtschaft mochte es hingehen, wo es manch einem plötzlich höllisch pressiert: Ich ließ Bier und Kraut stehen, ergriff Hut und Würstel und rannte davon – vergebliche Eile: Der Doktor war im Gewühl verschwunden, ich fand ihn nicht mehr. Und wenn ich ihn gefunden hätte, so sagte ich mir zum schlechten Trost, wie hätte ich ihm die Geschichte erzählen sollen, die von meinem Standpunkt aus so eindeutig war, wie sie es für ihn sein mußte – nur im entgegengesetzten Sinn. Er hatte mich, der frech behauptet hatte, keinen Pfennig in der Tasche zu haben, eine halbe Stunde später trinken und schmausen gesehen: wiederum ein altes Witzblattspäßchen, unumstößlich literarisch erhärtet, weiß Gott nicht mehr neu für einen, der seit fünfzig Jahren in den Dschungeln der Großstadt haust. Nur um eine menschlich-unmenschliche Erfahrung mehr. *Eugen Roth, Wunderlicher Abend (1961)*

Die Freunde im Wartesaal

Der Schriftsteller Theodor Däubler, der in Triest und Venedig aufgewachsen war, stand in der Zeit vor dem Ersten Weltkrieg wie viele andere junge Künstler in Italien dem Futurismus nahe, einer avantgardistischen neuen Bewegung. Unter anderem propagierte man die „Schönheit der Geschwindigkeit". Auch das Reisen in Schnellzügen spielte da eine Rolle ...

Es gab drei Hauptgruppen: Mailand, Florenz, Rom. Ich tat in Florenz mit. Alle Futuristen, besonders die Mailänder, reisten sehr viel. Zwischen Mitternacht und ein Uhr begegnen die beiden Schnellzüge, von Mailand nach Rom und von Rom nach Mailand, einander in Florenz. Wir brachten daher unsre Nächte meistens im Bahnhof, im Wartesaal I. Klasse, zu. Erstens weil er gut geheizt und immer offen war, zweitens weil wir immer für durchreisende Freunde zu treffen sein wollten. Die vielen Nächte, die wir da durchlebten, waren voll von Abenteuern: schöne Erinnerungen knüpfen sich daran. Als wir uns meistens gegen Morgen entschlossen aufzubrechen, mußte fast jeder in einer andern Richtung heimgehn.

Theodor Däubler, Im Kampf um die moderne Kunst (1919)

Wir verließen und wurden verlassen

Ernst Blass ging als Schüler auf das Königl. Wilhelm Gymnasium in Berlin, das in der Nähe des Potsdamer Bahnhofes lag. Als junger Mann wurde er berühmt mit einem Gedichtband, der das Großstadtleben zum Thema hatte. Das hat ihn auch später nicht losgelassen.

Das ist der Bahnhof mitten in der Stadt:
Schon auf dem Schulweg sahen wir die Uhr,
Bräunlichen Stein, gebäudige Statur
Und dieses übermächtige Ziffernblatt.

Von diesem Bahnhof ging dann vieles aus.
Auf diesem Bahnhof kamen wir nach Haus.
Der Wartesaal!! Beim Klang der Kaffeetassen
Verließen wir und wurden wir verlassen.

Ja, damals hab' ich H. zum Zug gebracht
Und manchen Tod der Trennung durchgemacht.
Doch war's nicht von verklärtem Licht ein Wink,
Als mich hier J. im vorigen Jahr empfing?

Die meisten gehn entschlossen und gereift,
Nur Kinder warten: wenn der Zug erst pfeift!
Hier raucht es. Das Gepäck wird aufgegeben.
Und quere Züge fahren durch das Leben.

Ernst Blass, Der Bahnhof (1929)

Verknotungen

Trennung, Annäherung und neue Begegnung – all das, verdichtet in einem Bahnhof mit seinen gastronomischen Einrichtungen, prägt die Kurzgeschichte *Bahnknotenpunkt* der
österreichischen Schriftstellerin *Gertrud Fussenegger*. Zukunft: offen.

Im Jahre x

Ein Mann und eine Frau sitzen in der leeren Imbißstube auf dem
Bahnsteig, allein, die Theke ist unbesetzt, heute wird nicht aus-
geschenkt. Die beiden sitzen auf der Eckbank im Winkel, Hand in
Hand, die Frau hat den Kopf an die Schulter des Mannes gelehnt. In
einer Viertelstunde kommt ihr Zug, ein Zug in östlicher Richtung.
Sie wird einsteigen, der Mann zurückbleiben, doch nur für eine Wei-
le, dann hat auch er Anschluß, nach dem Westen. Der Mann und die
Frau nehmen Abschied voneinander, Abschied für ungewisse Zeit.

Unter dem berußten Wellblechdach des Bahnsteigs hängt eine
Uhr, eine große, weiße Scheibe mit schwarzen Zeigern. Jedesmal,
wenn die beiden hinblicken, sind die Zeiger ein Stück weiterge-
wandert, haben ein Stück von der Frist abgeschnitten, die ihnen
noch bleibt.

– Zwölf Minuten, sagt die Frau, jetzt nur noch elf. Dann ist es zu
Ende.

– Nichts ist zu Ende, sagt der Mann, was zwischen uns ist, kann
nie zu Ende sein. Von nun an werden wir immer miteinander leben.

– Wie das? fragt die Frau.

– Wohin ich auch gehe, sagt der Mann, es wird immer sein, als gingest du neben mir. Jeder Gedanke, den ich denke, wird zu dir hingedacht, jedes Wort, das ich spreche, wird zu dir hingesprochen sein. Das wird bleiben, unaufhebbar, für alle Zeit. Verstehst du nun, was ich damit meine: Wir werden von nun an immer miteinander sein?

Indessen hat sich der Bahnsteig draußen bevölkert. Ein Dienstmann mit roter Mütze und gelbem Nummernschild schlendert vor der Bude auf und ab. Einmal bleibt er stehen, glotzt durch die Scheibe, sein grobes, vom Winterwind gegerbtes Gesicht verzieht sich zu einem Grinsen. Gleich darauf wird die Einfahrt des Zuges gemeldet. Die beiden haben ihren Platz verlassen, sind hinausgegangen. Schon taucht der Zug in der Ferne auf, nähert sich über das Netz der Schienenstränge, kurvt über Weichen ein, hält an. Die Frau steigt ein, die Tür klappt zu. Sie will das Fenster herunterlassen, es gelingt ihr nicht, sie zerrt an dem Riemen, der den Mechanismus auslöst, viel zu heftig und deshalb ungeschickt, ihre Hände zittern. Da quarrt schon die Ansagerstimme aus dem Lautsprecher: – Bitte zurücktreten, der Zug fährt ab, wir wünschen gute Reise.

Im Jahre x + 1

In der Bahnhofgaststätte sitzt der Mann, allein, an einem Tisch. Ringsum sind viele Tische besetzt, die Leute warten hier ihre Anschlüsse ab. – Der Mann hat ein leeres Blatt Papier vor sich liegen und ein ausgetrunkenes Schnapsglas vor sich stehen. Er winkt dem Ober: – Noch einen! – und kippt dann auch diesen hinunter. Dann schiebt er das Glas von sich und sagt: –Jetzt ein Bier.

Noch immer liegt das Blatt Papier unbeschrieben vor ihm. Der Mann blickt mit gerunzelten Brauen darauf nieder. Endlich setzt er den Stift an und schreibt: *Liebe* –

Da aber stockt er schon, er legt den Stift wieder hin, greift in seine Rocktasche, zieht eine Packung heraus und zündet sich eine Zigarette an. Aus zusammengekniffenen Lidern späht er den Rauchwölkchen nach, die nach oben steigen und, mit anderen alten Rauchschwaden vermischt, einen blaugrauen Dunst unter der Decke bilden.

Der Mann schreibt nicht weiter.

Der Ober hat ihm das Bier gebracht, er trinkt es in kleinen Schlucken, die Neige läßt er stehen, sie schmeckt schon schal. Endlich knickt er den Bogen zusammen und zieht seine Brieftasche, um ihn darin zu verwahren. Dann aber ist ihm auch das noch zuviel. Er reißt das Blatt entzwei, das leere Blatt mit dem einzigen, sinnlos gewordenen Wort: *Liebe*, reißt es noch einmal durch, knüllt die Schnitzel zusammen und wirft sie in den Aschenbecher.

Im Jahre x + 2

Die Frau nimmt Aufenthalt. Sie müßte nicht, sie könnte mit dem Zug, in dem sie kam, weiterfahren bis zu ihrem Ziel. Aber sie will es so, will eine Stunde bleiben und, sich erinnernd, das Spiel wiederholen, das einmal gespielt wurde, so als sollte es gelten, unaufhebbar, für alle Zeit. Die Frau weiß, ihre Rolle ist neu vergeben. Dennoch betritt sie die Szene, die sie in Gedanken noch nie verlassen hat, den Bahnsteig unter dem Wellblechdach, den Ort des nie verwundenen Abschieds. Sie will die öde, offene Halle entlanggehen, wie sie sie damals ging, heute allein. Sie will auf die Gleise blicken, auf denen sie damals kam und wegfuhr, die Gleise laufen hier paarweise nebeneinander und weiter draußen zu einem Netz zusammen, um – noch einmal weiter draußen – in Himmelsrichtungen auseinanderzuzweigen.

Die Frau will die Uhr sehen, das weiße Blatt, mit Ziffern und Zeigern, auf denen ihr die letzte Frist ausgezählt wurde: Endspielminuten, von denen es damals hieß: *Niemals zu Ende*.

Die Frau tritt auch in die kleine Imbißstube ein. Heute ist die Theke besetzt, ein Fräulein hantiert hinter einer Espressomaschine. Die Frau setzt ihr Gepäck ab, an der Theke bestellt sie einen Kaffee. Sie schiebt dem Fräulein eine Münze hin, nimmt ihre Tasse und sucht sich einen Platz. Dann sitzt sie und blickt auf die Eckbank im Winkel. Dort ist es gewesen, vor dieser Wand, vor diesem Stück schwarzbraun gefirnißter Täfelung: Immer-bei-Dir und Nichts-ohne-Dich, sie hört es heute noch in ihren Ohren klingen, Ton, auf den sie ihr Leben gestimmt hat, sie wird es nie mehr umstimmen können. Für sie ist der leere Winkel dort drüben nicht leer, Schat-

ten sitzen dort, hingebannt, geisterhaftes Immerdar, gespenster-
hafte Gegenwart, weil einmal – damals – frevelhaft als Immerdar
beschworen.

Die Frau stützt den Kopf in die Hand, wippt mit dem Fuß. Sie
kann den Blick nicht lösen von dem Schattenwinkel, sie könnte
aufstehen, hingehen, sich niederwerfen, schreien: Und jetzt?

Dieses Immer-auf-Vergangenes-Blicken, Immer-wieder-Schat-
ten-Berufen, das ist, die Frau weiß es, auch etwas, was der Mann
nicht mehr an ihr mochte, ist auch einer ihrer Züge, die der Mann
nicht mehr ertrug. Aber sie, sie ist eben so und will auch gar nicht
anders sein, sie will sich das Recht nicht nehmen lassen, in Erinnerungen zu leben und einen Ort wie diesen mit Schatten zu bevöl-
kern.

Die Frau bemerkt nicht, daß ein Mann neben ihr Platz genommen hat, ein *anderer* Mann. Er ist auf der Fahrt hierher im gleichen
Abteil gesessen, sie haben ein paar Worte gewechselt und die Blätter, die sie als Reiselektüre bei sich hatten, ausgetauscht. Er hat ihr
dann noch das Gepäck aus dem Zug gehoben, nun sitzt er da und
beobachtet sie. Die Zeit vergeht, die Züge fahren ein und aus. Jetzt
nimmt die Frau ihre Börse aus der Tasche und ruft:

– Ich möchte zahlen.

Das Fräulein an der Theke blinzelt träge, im übrigen rührt sie
sich nicht.

– Warum wollen Sie noch einmal zahlen? fragt der Mann von
nebenan. Sie haben ja schon längst bezahlt. Die Frau wendet den
Kopf.

– Ach, sagt sie, Sie sind ja auch wieder da.

– Die ganze Zeit schon, antwortet der Mann und lächelt.

– Und Sie sagen: ich habe bezahlt? – fragt die Frau. Habe ich
wirklich? – sie hält die Börse noch immer in der Hand. – Ich wußte
es gar nicht mehr.

– Doch, sagt der Mann. Ich habe es gesehen, und ich irre mich
nicht.

Im Jahre x + 3

Der *andere* Mann und die Frau schlendern Hand in Hand den Bahnsteig entlang. Ihr Gepäck hat der Dienstmann genommen, sie sind unbeschwert, guter Laune, sie fahren zum erstenmal miteinander in Urlaub.

– Was machen wir nun? fragt der Mann. Wir haben zwei Stunden Zeit, gehen wir in die Stadt hinein, Bahnhöfe sind trübselig.

– Finde ich auch, sagt die Frau, dir fällt doch immer was Gutes ein. Sie steigen die Treppe zur Unterführung hinab und die andere wieder hinauf. Da kommt ihnen, ziemlich eilig, eine Person entgegen, sie schwenkt in der einen Hand eine karierte Reisetasche, mit der anderen hält sie sich das Hütchen fest, ein keckes Hütchen mit einer langen Feder. Plötzlich bleibt das Hütchen stehen, faßt die Frau ins Auge und ruft:

– Hallo! Sie hier?

– Hallo! antwortet die Frau, das nenne ich aber eine Überraschung. –

Sie schütteln einander die Hände, sie fragen nach woher und wohin. Glatt gehen ihnen die Worte über die Lippen, glatte, rasche runde freundlich klimpernde Worte, als wären sie einander nie anders begegnet, nie in derselben Rolle; für die eine war es der Schlußakt, für das befederte Hütchen ist das Spiel noch im Gang. Die Frau stellt dem Hütchen ihren Mann vor.

– Sehr erfreut, sagt das Hütchen, sehr, sehr erfreut! – und schüttelt auch ihm die Hand. Dabei klirren ihre Armbänder, sie hat drei breite, klirrende Armbänder an jedem Gelenk. So schwatzen sie eine Weile, nur eine kleine Weile, denn das Hütchen muß sich sputen, gleich wird sein Zug – ein Zug in westlicher Richtung – einfahren.

– Dann: Guten Urlaub!

– Viel Spaß! Auf Wiedersehen! –

– Wiedersehen –! – Das Hütchen stürmt davon.

Die beiden gehen weiter und in die Stadt hinein.

– Was hast du? fragt der Mann und blickt seine Frau von der Seite an. Du siehst ja so erheitert aus.

– Bin ich auch, antwortet die Frau, sie nimmt seinen Arm und drückt ihn lachend an sich.

– Weißt du denn nicht, wer das war? Hast du nicht gehört, wohin sie fährt?

– Ach so! sagt der Mann. Jetzt erst begreife ich. Und ausgerechnet der müssen wir hier begegnen.

Sie wandern die Bahnhofsallee entlang, es ist ein schöner Tag, hellbesonnte Wolken treiben vor dem Wind.

– Und bist du sicher, daß sie *dorthin* fährt? fragt der Mann.

– Ganz sicher, sagt die Frau. Sie war ja auch so aufgeregt.

– Das stimmt, sagt der Mann, er denkt an die lange Feder und an die vielen klirrenden Armbänder und fügt hinzu: Ich glaube, zum Schluß hat sie sich ein wenig geniert.

– Das mag schon sein, sagt die Frau, denn Abenteuer sind eben doch nur Abenteuer.

Der Mann lacht, aber dann wird er ernst. Er geht eine Weile schweigend neben der Frau her. Und schließlich stellt er ihr seine Frage:

– Und nun sag mir eins: Tut es noch weh?

– Weh? sagt die Frau. Kein bißchen mehr. – Und sie sagt sogar die Wahrheit

im Jahre x + 3

Gertrud Fussenegger, Bahnknotenpunkt (1981)

Unwiderrufliche Trennung

In *René Regenass'* Roman *Die Schattenreise* spielen Baseler Bahnhöfe mit ihren Buffets eine wichtige Rolle. Sie sind Orte der Geborgenheit, zugleich mit Melancholie verbunden, da sie Abschiede symbolisieren – oder Aufbrüche. Aber die führen nicht selten weiter, sondern zurück in die Vergangenheit.

Die Schalterhalle, in die ich müde, aber zufrieden einbiege, ist hoch wie ein Kirchenschiff, eine Kathedrale aus den Tagen des Glaubens an den Fortschritt. Es sind nicht sonderlich viele Leute unterwegs, mitten am Nachmittag und an einem gewöhnlichen Wochentag war nichts anderes zu erwarten. Wäre es kein Widerspruch, so könnte ich sagen, es herrsche eine geschäftige Ruhe. Jedesmal dasselbe: Die Drehtür zum Bahnhofbuffet stimmt mich traurig; mit ihren Flügeln, die der Wand, dem umgebenden Zylinder entlangstreifen und keinen Millimeter Platz lassen, und mit ihren vier Segmenten, die gerade genug Raum geben für jeweils eine Person, macht sie deutlich, was ein endgültiger Abschied ist. Die Trennung wird unwiderruflich.

Nein, kein romantisches Gefühl lockt mich hierher, eher ist es das Bedürfnis, das Absolute dessen zu erfahren, was wir gemeinhin unter Zeit oder Pünktlichkeit verstehen. Auf die Minute und wie im Fahrplan vorgesehen kommen die Züge an oder verlassen den Bahnhof. Etwas Unerbittliches liegt im letzten Zeigersprung der Bahnsteiguhr: Er trennt das Vorher vom Nachher. Ein wegfahrender Zug macht wie nichts sonst die Vergangenheit deutlich, und ein einfahrender bringt auf seinen Rädern ein Stück Zukunft.

Nicht einfach ist jeweils der Entscheid, welchen Bahnhof ich besuchen soll. In dieser Stadt sind zwei Bahnhöfe ineinander verschachtelt: der sogenannte Schweizer Bahnhof, früher «Centralbahnhof» genannt, und der Elsässer Bahnhof, dessen Gleise nach Frankreich führen. Es könnte durchaus sein, daß es von meiner Stimmung abhängt, welchen Teil des langgezogenen Gebäudes ich schließlich betrete. Oder ist es die Erinnerung, die mich an der Hand nimmt und führt? Bald fünfzig Jahre liegt das nun zurück, fast ein halbes Jahrhundert. Wenn ich mir das überlege, erschrecke ich zutiefst. Es kommt mir verwerflich vor, schon so lange auf der Welt zu sein. Die Gleise, deren blankgeriebene Lauffläche in der Sonne aufblitzt, können mitten ins Herz führen. *René Regenass, Schattenreise (1986)*

Werner Zehme, Im Wartesaal (Auswandererbahnhof Ruhleben).
Illustration aus »Die Gartenlaube«, 1895,

SECHSTER GANG

Es duftete nach der weiten Welt

Von heimatlichen Zufluchten und
heimlichen Fluchtpunkten

Der Schriftsteller *Fritz Th. Overbeck* erinnerte sich, dass ihn, als er noch klein war, ein Onkel auf Eisenbahnschienen treten ließ, um ihm damit zu sagen: Jetzt bist du mit Peking verbunden. – Eine nicht nur für Kinder beeindruckende Vorstellung. Schienen verbinden, Bahnhöfe lassen die Heimat näher rücken, Bahnhofsgaststätten verkürzen das Warten. Der Blick aus dem Fenster schweift in die Ferne und gleichzeitig zurück in die Vergangenheit – oder in eine möglichst baldige Zukunft: Der Bahnhof, ein Brückenkopf der Sehnsucht. Bei den kriegsmüden Soldaten des Ersten Weltkriegs entstand die Redewendung »Immer nur Bahnhof verstehen« – für sie war »Bahnhof« das Symbol für »Heimaturlaub« …

In der Literatur ist die Bahnhofsgaststätte oft eine Chiffre für heimatliche Zufluchten und heimliche Fluchtpunkte, verbunden mit Mahlzeiten oder auch nur einem kurzen Bier, mit ausführlichen Gesprächen oder traurigem Schweigen. Für *Ernst Barlach* wurde die Bahnhofsgaststätte von Güstrow zum Sehnsuchtsort; hier nahm er jeden Tag an einem Fenster mit Blick auf die Gleise sein Mittagessen ein, wie er einmal dem Architekten Fritz Schumacher gestand: »Sonst hätte ich es hier in Güstrow nicht ausgehalten. Aber wenn ich da jeden Mittag den Schnellzug Berlin-Paris halten sah und mir sagte: ›Du brauchst nur einzusteigen, dann bist du morgen in Paris‹ –, dann fühlte ich mich wieder frei und nicht wie ein Gefangener.« Der Bahnhof und sein Restaurant als Ersatz-Heimat: Auch in *Joseph Roths* Romanen schimmert dies immer wieder durch; in den Bahnhofshallen, und seien sie noch so weit weg, weht das »Aroma der Heimat, und es ist das offene Tor zum Rückweg«, wie er schreibt. Für Heimkehrer aus der Gefangenschaft war es manchmal das Aroma von echtem Bohnenkaffee …

Bert Brechts »Flüchtlingsgespräche« finden im Bahnhofsrestaurant in Helsinki statt: Zwei deutsche Emigranten treffen sich bei Dünnbier und Zigarren und lassen, ab und zu vorsichtig um sich blickend, die Weltläufte Revue passieren. Es ist Brecht selbst, der hier sinniert und gewissermaßen ein Selbstgespräch zu zweit führt. *Carl Zuckmayer* erlebte 1938 bange Stunden zusammen mit einem SS-Mann in der Bahnhofswirtschaft Feldkirch, nachdem er, der eine jüdische Mutter hatte, mit viel Chuzpe die vorhergehende Kontrolle glücklich überstanden hatte.

Manchmal beginnt die Flucht in einem Bahnhof – für *Lew Tolstoi* endete sie hier. Der 83jährige war in eine tiefe Lebenskrise geraten und floh von seinem Landgut Jasnaja Poljana. Bei der Reise mit der Eisenbahn zog er sich eine Lungenentzündung zu. Auf der Bahnstation Astapowo bettete man den Fiebernden in das Bahnwärterhäuschen. Journalisten aus aller Welt und Schaulustige warteten und tranken in der Bahnhofsgaststätte; seine Kinder und seine Frau reisten an – Tolstois Sterbebett lag verkehrsgünstig.

Die Schienen zur Heimat

Der junge Carl Joseph Trotta, Enkel des legendären »Helden von Solferino«, der einst dem jungen Kaiser an der Front das Leben gerettet hat, ist nun selbst Offizier geworden und an den äußersten Rand des österreichisch-ungarischen Reichs, nach Galizien, versetzt worden. Das ist die Heimat von *Joseph Roth*, der nicht nur in seinem *Radetzkymarsch* Bahnhöfe und deren Gaststätten immer wieder als Symbol der Heimatverbundenheit anklingen ließ.

Die Kaserne lag hinter dem Stadtpark. Links neben der Kaserne war das Bezirksgericht, ihr gegenüber die Bezirkshauptmannschaft, hinter deren festlichem und baufälligem Gemäuer lagen zwei Kirchen, eine römische, eine griechische, und rechts ab von der Kaserne erhob sich das Gymnasium. Die Stadt war so winzig, daß man sie in zwanzig Minuten durchmessen konnte. Ihre wichtigen Gebäude drängten sich aneinander in lästiger Nachbarschaft. Wie Gefangene in einem Kerkerhof kreisten die Spaziergänger am Abend um das regelmäßige Rund des Parkes. Eine gute halbe Stunde Marsch brauchte man bis zum Bahnhof. Die Messe der Jägeroffiziere war in zwei kleinen Stuben eines Privathauses untergebracht. Die meisten Kameraden aßen im Bahnhofsrestaurant. Carl Joseph auch. Er marschierte gern durch den klatschenden Kot, nur um einen Bahnhof zu sehen. Es war der letzte aller Bahnhöfe der Monarchie, aber immerhin: Auch dieser Bahnhof zeigte zwei Paar glitzernder Schienenbänder, die sich ununterbrochen bis in das Innere des Reiches erstreckten. Auch dieser Bahnhof hatte helle, gläserne und fröhliche Signale, in denen ein zartes Echo von heimatlichen Rufen klirrte, und einen unaufhörlich tickenden Morseapparat, auf dem die schönen, verworrenen Stimmen einer weiten, verlorenen Welt fleißig abgehämmert wurden, gesteppt wie von einer emsigen Nähmaschine. Auch dieser Bahnhof hatte einen Portier, und dieser Portier schwang eine dröhnende Glocke, und die Glocke bedeutete Abfahrt, Einsteigen! Einmal täglich, just um die Mittagszeit, schwang der Portier seine Glocke zu dem Zug, der in die westliche Richtung abging, nach Krakau, Oderberg, Wien. Ein guter, lieber Zug! Er hielt beinahe so lange, wie das Essen dauerte, vor den Fenstern des Speisesaals erster Klasse, in dem die Offiziere saßen. Erst wenn der Kaffee kam, pfiff die Lokomotive. Der graue Dampf schlug an die Fenster. Sobald er anfing, in feuchten Perlen und Streifen die Scheiben hinunterzurinnen, war der Zug bereits fort. Man trank den Kaffee und kehrte in langsamem, trostlosem Rudel zurück durch den silbergrauen Schlamm.

Joseph Roth, Radetzkymarsch (1932)

Das Land am Nebentisch

Die aus Rumänien stammende Schriftstellerin *Herta Müller* saß in einem Wiener Bahnhofscafé und erkannte in dem Mann am Nebentisch ein ganzes Land wieder – nicht Heimat und doch so vertraut.

Zwischen den Zeiten der Züge saß ich im Bahnhofscafé in Wien. Ich schaute die Reisenden an, um von meiner eigenen Müdigkeit abzusehen. Die Menschen, die allein an den Tischen saßen, schaute ich am längsten an. Vielleicht sah ich an ihnen, ohne es zu wissen, die Müdigkeit, die von den Drehungen der Landschaft kam, von der Luft im Abteil, vom Schaukeln und Rauschen der Geschwindigkeit.

Da blieb mir der Blick an einem Mann hängen: Wie der Mann den Kopf hielt, wie er den Ellbogen auf den Tisch stützte und die Stirn an die Hand lehnte, wie er die Kaffeetasse hielt, wie seine Füße unterm Stuhl standen. Sein Haar, seine Ohrläppchen. Auch sein Hemd, sein Anzug, seine Socken an den Knöcheln.

Nicht das Einzelne an dem Mann war so fremd, daß ich es kannte. Es war das Einzelne aufeinander bezogen, was sich mir heiß hinter die Schläfen legte: die Armbanduhr und die Socken, die Hand auf der Stirn und der Hemdkragen, der Knopf an der Jacke und der Rand der Kaffeetasse, der Scheitel im Haar und der Absatz des Schuhs.

Durch den Lautsprecher wurde, während mir die Schläfen laut in den Ohren klopften, ein Zug nach Bukarest angesagt. Der Mann stand auf und ging. Die Lautsprecherstimme sagte mir, was ich gesehen hatte: der Mann kam aus Rumänien.

Und es war wie ein Schimmer, wie lauter Dinge hinter den Dingen, was mir vor den Augen stand: ein ganzes Land hing an einem Menschen. Ein ganzes, mir bekanntes Land, saß am Nebentisch. Ich hatte es sofort wiedererkannt.

Und ich hätte nicht sagen können wie und woran. Ich hätte auch nicht sagen können weshalb. Und woher sie kam, diese Unruhe, dieser Wunsch, auf den Mann zuzugehen und einen Satz zu sagen – und nicht mehr hinzusehen und sofort wegzugehen. Und dieser Eindruck plötzlich, daß ich nicht mehr in mir selber schauen, und mit mir selber weiterfahren möchte. Woher kam dieser Eindruck. Und diese Naht, wie wenn Nähe und Ferne übereinander herfallen und sich zerschneiden.

Als ich aus Rumänien wegging, habe ich dieses Weggehen als »Ortswechsel« bezeichnet. Ich habe mich vor allen emotionalen Worten gewehrt. Ich habe die Begriffe »Heimat« und »Heimweh« nie für mich in Anspruch genommen.

Und daß mir, wenn ich auf der Straße hier zufällig Fremde neben mir rumänisch sprechen höre, der Atem hetzt, das ist nicht Heimweh. Das ist auch nicht verbotenes, verdrängtes, verborgenes Heimweh. Ich habe kein Wort dafür: Das ist so wie Angst, daß man jemand war, den man nicht kannte. Oder Angst, daß man jemand ist, den man selber von außen nie sieht. Oder Angst, daß man jemand werden könnte, der genauso wie ein anderer ist – und ihn wegnimmt.

Und es ist Angst, ich könnte das Rumänische von einem Augenblick auf den anderen, oder einmal in der Nacht während eines halbzerquetschten Traums, verlernen. Ich weiß, diese Angst ist unbegründet. Und dennoch gibt es sie, wie es die Angst gibt, mitten auf den Treppen, von einem Schritt zum andern, das Gehen zu verlernen.

An den Orten, an denen ich bin, kann ich nicht fremd im allgemeinen sein. Auch nicht fremd in allen Dingen zugleich. Ich bin, so wie andere auch, fremd in einzelnen Dingen.

Zu Orten kann man nicht gehören. Man kann im Stein, im Holz, egal, wie es sich fügt, doch nicht zuhause sein – weil man nicht aus Stein und Holz besteht. Wenn das ein Unglück ist, dann ist Fremdsein Unglück. Sonst nicht.

In einer Einkaufsstraße, da wo die Dächer aufhören, ist eine Uhr. Sie hat zwei Zeiger und ein Pendel. Sie hat kein Zifferblatt. Hinter ihr steht der leere Himmel. Ich schaue hinauf und es ist mir jedesmal, als läse ich die Uhrzeit an meiner Kehle ab.

Die Uhr zeigt nicht die Zeit meiner Armbanduhr. Sie zeigt die Zeit, die schon längst vergangen ist – schon vor Jahren.

Die Zeit der Uhr am Himmel ist die Zeit unter der Erde.

Ich stelle mir unter der Zeit dieser Uhr jedesmal die Zeit der Menschen vor, die nirgends hingehören.

Im Augenwinkel zuckt mir dann das Land am Nebentisch.

Herta Müller, Das Land am Nebentisch (1993)

Endlich Bohnenkaffee

Kurz nach dem Krieg wurde der Schriftsteller *Walter Kempowski* in Rostock als Jugendlicher zusammen mit seinem Bruder wegen angeblicher Spionage zu 25 Jahren Gefängnis verurteilt. Auch die Mutter musste in Haft. Ihre vorzeitige Entlassung aus dem Zuchthaus Hoheneck geschah bei Nacht und Nebel und führte sie auch über den Bahnhof Leipzig.

Als zweimal zehn Frauen beisammen waren, wurden wir hinausgeführt – mittlerweile war es 2 Uhr geworden (2 Uhr nachts!). Draußen standen ein Omnibus und ein Lastwagen mit Plane. Die Älteren sollten in den Omnibus, die Jüngern auf den offenen Wagen steigen (es war Januar). In Begleitung der VP fuhren wir nach Stollberg, dort wurden wir in den Zug nach Leipzig gesetzt.

In Leipzig hatten wir Aufenthalt. Wir gingen in den Wartesaal und riefen »Eine Tasse Kaffee her, eine gute Tasse Bohnenkaffee!« Und dann bestellten wir uns alle ein Würstchen mit Kartoffelsalat. Wir hatten ja aber nur 10-Mark-Scheine, und als wir bezahlen sollten, streikte der Kellner. Er nahm uns die 10 Mark nicht ab, weil er kein Wechselgeld hatte.

»Sie können uns auf den Kopf und auf die Beine stellen. Das tut uns leid, wir haben alle nur 10 Mark.«

Da wurde er wütend!

»Wenn Sie wüssten, wo wir herkommen!, sagte ich da, »dann würden Sie sich anders benehmen.«

»Wo kommen Sie denn her?«

»Das werden wir Ihnen grade noch erzählen. Haben Sie nicht Radio gehört oder Zeitung gelesen? Kucken Sie mal in die Zeitung, dann werden Sie vielleicht wissen, was hier in der Nähe los ist.«

Ich ging dann zu irgendeinem Mann – wer sitzt da schließlich nachts in den Wartesälen – und fragte, ob er mir 10 Mark wechseln könne. Der dachte wohl, ich wollte sonst was von ihm, er brüllte mich an, ich sollte machen, daß ich wegkäm! Er hätte kein Kleingeld. Dann kam aber ein anderer Herr auf uns zu und sagte: »Ich kann Ihnen helfen, kommen Sie her, ich tausche Ihnen das Geld ein.«

Die andern, die am Tage danach durch Leipzig kamen, die sind gefeiert worden. *Walter Kempowski, Ein Kapitel für sich (1975)*

Zuflucht Bahnhofsgaststätte

Als Landwirtschaftslehrling bei Verwandten auf schlesischen Gütern in Lohnig und Lederose kam der spätere Schriftsteller *Gerhart Hauptmann* mit herrnhutisch-pietistischem Christentum in Berührung. Aufgewühlt durch den von ihm geglaubten nahen Weltuntergang fuhr er über die Pfingsttage heim nach Sorgau in die elterliche Bahnhofsgaststätte. Dort fand er Zuflucht – und wieder zu sich.

Ein seltsames Wesen kam über mich. [...] Die Überlastung meiner Seele mit Träumen nahm mir schließlich besonders im Dunkeln das sichere Unterscheidungsvermögen zwischen eingebildeten Dingen und der Wirklichkeit. Ich glaubte an Gespenstergeschichten, an den Teufel in allerlei Gestalt, an Geister, die den Kopf unterm Arm tragen. An die Prophezeiungen eines Schäfers Thomas glaubte ich, an die nahen Schrecken der Apokalypse und, damit verbunden, den Weltuntergang. [...]

Zu meinem Glück setzte ich durch, daß ich Pfingsten bei meinen Eltern verbringen durfte. Nicht Heimweh und Sehnsucht, sie wiederzusehen, war diesmal der alleinige Grund, sondern ich wurde von einer Seelenangst heimgetrieben, sie könnten, ohne sich vorher bekehrt zu haben, vom Weltuntergang überfallen werden. Ich hielt diesen wahren Grund meiner Reise geheim, weil ich auch jetzt noch den Zustand meines Gemütes den Verwandten nicht aufdeckte. Ich hatte also, und wies sie mir zu, die heilige Mission, die Meinigen vor der Verdammnis zu retten.

Als ich auf dem Bahnhof in Striegau die schwere Dampfmaschine mit ihrem Wagenzuge brausend herankommen sah, wurde mir meine Mission bereits zweifelhaft. Noch mehr, als unter der Menge sorglos heiterer, geschwätziger Passagiere meine eigene Freude, nach Hause zu kommen, immer stärker wurde. Es kam der Bahnhof von Königszelt, wo es wunderbares Bier zu trinken und köstliche Brötchen zu essen gab. Wiederum setzte die schnelle Bewegung ein, deren gesunde Aktivität jedes Weltunterganges zu spotten schien. Vor Sorgau war Freiburg die letzte Station, der Ort, an dem ich mit Geisler in den Fürstensteiner Grund abgebogen war. Diesmal saß ich im Zug und fuhr mit ihm eine der kurvenreichsten Strecken, deren Heimatnähe auf der Heimfahrt von Breslau mich immer überglücklich gemacht hatte. Es gab ein Geräusch, das mir wie Musik erschien, als wenn bei den Kehren durch die Räder lange Späne von den eisernen Gleisen geschält würden. Dies übte auch diesmal eine bezaubernde Wirkung aus, bis nach einem hohen Durchstich der Zug in den Bahnhof Sorgau hineinrollte.

Carl war zu Hause; ich hatte an ihn seit Monaten nicht gedacht. Er hatte Alfred Ploetz mitgebracht. Die Eltern machten vergnügte Gesichter. Der Vorfeiertagsbetrieb war im Gang. Man hörte das Gold im Kasten klingen. Pfingsten, das liebliche Fest, war gekommen: wer dachte noch an Weltuntergang?

In einer Sekunde hatte ein Frühlingssturm aus blauem Himmel allen Lederoser Druck, Muff, Qualm, alles himmlisch-irdische Brunstfieber und was an Ängsten und Nöten damit verbunden war, in alle Winde davongejagt. [...]

Ich hütete mich natürlich, auch nur anzudeuten, bis zu welchem Grade von Narrheit ich gesunken war und daß ich die Reise hierher eigentlich in der Absicht, unsere Eltern zu bekehren, unternommen hatte. Welcher absurde Gedanke, einen schlicht und gesund denkenden Vater veranlassen zu wollen, in Sack und Asche verzweifelt an seine Brust zu schlagen und den Versuch zu machen, Gott unter Reuetränen mit den Worten zu versöhnen: Ich bin nicht wert, daß ich dein Sohn heiße!

Was würde Vater zu mir gesagt haben? »Mein lieber Junge, ich habe hier meine Pflicht zu tun. Das lange Bahnhofsbüfett erfordert meine Gegenwart und meine Tätigkeit. Meinethalben mag man beten: ›Gib uns unser tägliches Brot ... ‹, aber nicht, ohne daß man dafür arbeitet. Meine Arbeit ist mein Gottesdienst!« – So oder ähnlich würde er sprechen: »Alles übrige liegt in Gottes Hand.«

Seltsam, wie diese Bahnhofsatmosphäre, das Wiedersehen mit Eltern, Bruder und Freund mich im Handumdrehen an Körper und Geist gesund machte. Die Züge donnerten aus der Ferne vor das

Bahnhofsgebäude und schwanden mit ohrenzerreißendem Kreischen und Zischen wiederum in die lockende Ferne davon. Die
Mauern erbebten, die Wartesäle erzitterten. Diese Geräusche gingen ins Blut, diese Bewegungen waren Kraftquellen. Leisetreterische
Schwäche, selbstische Tatenlosigkeit, verbunden mit kopfhängeri-
schem religiösem Grillenfang, wurde hier zur Erbärmlichkeit. Hier
war der Geist einer neuen, war auch der Geist einer kommenden
Zeit, die mit Weltuntergang und ähnlichem Unsinn nicht rechnete.
Diese Maschinen, die in unermüdlichem Eifer mit gleichsam heiter wehenden Rauchfahnen kamen und gingen, die stolz und froh
ihre Pflicht taten, die rannten und rannten, Entfernungen zwischen
Menschen zunichte machend, würden vor keinem Faulpelz haltma-
chen. Sie würden ihn kurz und klein hacken. Sie würden, wenn sie
nicht aus dem Wege gingen, alle Stillen im Lande, die nur immer
von Vergeltung im Sinne von Rache an ihren Feinden und von Vergeltung durch ungeheuren Himmelsluxus faselten, wenn sie nicht
aus dem Wege gingen, zu Mus machen. Dem Mutigen war die Welt
eine einzige Herrlichkeit. Der aber gehörte nicht hinein, der darauf
bestünde, ihm müßten die gebratenen Tauben ins Maul fliegen.

Diese Pfingsttage blühten förmlich in einer unbeschwerten,
kerngesunden Fröhlichkeit. Wir unternahmen nach allen Richtungen Fußpartien. Manchmal schloß sich der Vater uns an. Er hätte es
gern öfter getan, was man ihm anmerkte, aber er befleißigte sich,
in der Furcht, uns drei junge Menschen durch seine Gegenwart zu
beengen, der Zurückhaltung. Man konnte spüren, nicht nur, daß
er unser Treiben gerne sah, sondern daß er mit gelindem Schmerz
empfand, nicht mehr so jung wie wir zu sein. Schadlos hielt er sich
an den Abenden, wo wir, was den Genuß von Bier und Speisen betraf, freie Hand hatten und er mit uns und Mutter, durch unsere
Humore erfrischt und belebt, oft über Mitternacht bei Tische saß.

Gerhart Hauptmann, Das Abenteuer meiner Jugend (1937)

Kleine Fluchten im Wartesaal

Wie sein Freund Joseph Roth stammte auch *Józef Wittlin* aus dem damals zur Habsburgermonarchie gehörigen Galizien. Die Stadt Lemberg (heute das ukrainische Lwiw) spielte in beider Leben eine wichtige Rolle. Wittlin ging hier zur Schule und nutzte den Wartesaal II. Klasse des großen Hauptbahnhofes für seine kleinen Fluchten aus dem schulischen Alltag.

Der Hauptbahnhof war das Ruhmesblatt eines jeden Lembergers. Ich weiß noch sehr genau, wie er zu Anfang unseres geliebten zwanzigsten Jahrhunderts erbaut wurde. Als Knirps ging ich in Begleitung der sogenannten Bonne hin, um die Arbeiten bei der Errichtung dieses Wunders der Technik und Architektur zu betrachten, das sogar das Panorama von Racławice in den Schatten stellen sollte. Und das tat es. Denn im gesamten Galizien und Lodomerien samt dem Großherzogtum usw. gab es kein dermaßen reich und üppig beleuchtetes Gebäude. In späteren Jahren diente der Hauptbahnhof mir manchmal als Refugium vor der Mathematik und der Physik. Wir sind eben refugees unser Leben lang: Von der Wiege bis zur Bahre fliehen wir vor irgend etwas. Damals flüchtete ich nur »hinter die Schule«, oder, um es mehr auf lembergisch zu sagen, ich »ging hinter«. Mit der Straßenbahnlinie ŁD fuhr ich von Łyczaków nach Gródek und verbrachte, statt in einer Klasse des k.k. VII. Gymnasiums auf der Soköl-Straße schlechte Noten entgegenzunehmen, sehr erfreuliche Morgenstunden im vornehmen Wartesaal II. Klasse. Das war kein Wartesaal, sondern ein wahrer Salon voll Kandelaber, Spiegel, Vergoldungen und weicher, mit duftendem Leder gepolsterter Sofas und Sessel. Er duftete außerdem nach der weiten Welt und dem Zauber der Fremde. Man wartete hier nicht nur auf die Abfahrt des Zuges, sondern gewissermaßen auf das Glück selber, obwohl die Fahrkartenschalter Billetts dorthin zu jener Zeit nicht verkauften. Der Wartesaal I. Klasse war für Sterbliche unterhalb einer Exzellenz überhaupt nicht zugänglich. Im Wartesaal II. Klasse also, unter dem fürsorglichen Porträt in natürlicher Größe des Erzherzogs Karl Ludwig in der Paradeuniform eines Ulanenoffiziers und mit blondem Backenbart, las ich sogenannte Sherlocks, das heißt Ausgaben der Meisterwerke der Kriminalliteratur in Heftchenform. *Józef Wittlin, Mein Lemberg (1946)*

Paradies Bahnhofsmission

Ohne Geld will der ZEIT-Journalist *Michael Holzach* 1980 durch das Wohlstandsland Deutschland wandern. In Hildesheim findet er vorübergehend Aufnahme bei Sinti. Als er weiterwandert, wird sein Hund Feldmann von einem Auto angefahren. Ist damit sein Projekt schon zu Ende? Doch dann bringt die Polizei ihn und den Hund zu einer Tierärztin in die Stadt. Und am Bahnhof tut sich beiden ein besonderer Warteraum auf, in dem sie beide einen Tag lang Ruhe finden.

Nach zehn Minuten ist die Wunde zu, und Feldmann springt ohne Hilfe vom Tisch. »Bastarde sind zäh, nach ein paar Tagen Ruhe können Sie mit ihm weitertippeln«, sagt die Ärztin. Zwei Penicillintabletten soll ich ihm morgen und übermorgen ins Futter mischen, möglichst in viel frische Leber, die ist blutbildend. Mühsam schleppt sich Feldmann aus der Praxis. Es regnet immer noch. Wohin ohne Geld mit einem kranken Hund in einer fremden Stadt? Da bleibt nur eins: zurück zu den Sinti. Aber vor dem Hauptbahnhof kann Feldmann nicht weiter. Seine Beine knicken ihm einfach weg, und erschöpft bleibt er neben einer Pfütze liegen.

In trage ihn aus der Nässe in die Bahnhofshalle. Die Leute glotzen. Eine Lautsprecherstimme meldet in dramatischem Ton eine Zugverspätung von dreißig Minuten. Dreißig Minuten, als ob dadurch die Welt aus den Fugen gerät. Viel wichtiger wäre jetzt eine andere Durchsage: »Achtung, Achtung. Feldmann ist schwerverletzt und braucht unbedingt ein Pfund blutbildende Leber. Welcher Reisende hat drei Mark klein? Bitte sofort beim Stationsvorsteher melden.«

Ich sitze allein auf einer Bank und warte ohne Hoffnung, dass irgendetwas geschieht. In zwanzig Minuten geht der nächste Zug nach Hamburg – Fahrzeit keine zwei Stunden. Solange kann man es als Schwarzfahrer im Klo gut aushalten, zur Not auch mit Hund. Rechtzeitig zum Kaffee wäre ich wieder dort, von wo ich vor knapp zwei Wochen aufgebrochen bin, und Feldmann hätte genug Zeit, sich in Ruhe auszukurieren. Der Sekundenzeiger der großen Bahnhofsuhr zieht gelassen seine Kreise. Nur wenn er oben die Zwölf erreicht hat, verschnauft er kurz, als müsste er sich vom mühsamen Aufstieg etwas erholen, dann gibt er sich einen Ruck, und weiter geht's.

Um 11.43 Uhr kommt eine ältere Frau mit einer weißen Binde um den rechten Oberarm auf mich zu und fragt, ob ich verlorengegangen sei. Sie fragt das so mütterlich besorgt, so voller Mitgefühl, ich hätte sie küssen können. Im Wartezimmer der Bahnhofsmission auf Gleis 2 bringt sie mir eine Tasse Tee mit zwei Schmalzbroten und verlangt, »nur der Ordnung halber«, meinen Ausweis. Sie trägt meine Personalien in ein dickes Buch, am Ende quittiere ich den Erhalt des Tees und der Schmalzbrote. Ordnung muß sein. Ich erzähle der Missionarin, was uns zugestoßen ist hier in Hildesheim und dass Feldmann jetzt dringend Leber braucht, die ich nicht bezahlen kann. Die Frau ist gerührt. »Wir dürfen ja eigentlich kein Bargeld geben, aber hier haben Sie fünf Mark, die gebe ich Ihnen aus meinem Portemonnaie, ich weiß ja, dass Sie es nicht vertrinken.« Ich lasse Feldmann auf dem Fußabtreter der Mission liegen und mach mich auf zum Metzger. [...]

Am Gleis 2 liegt Feldmann in tiefem Schlaf, doch der Duft des frischen Fleisches reißt ihn aus seinen Träumen. Mir macht die Missionsschwester eine klare Hühnerbrühe ohne Ei. Ich quittiere dankbar und laß es mir schmecken. Bis zum Dienstschluß um 17 Uhr darf ich hierbleiben, erlaubt sie mir, ausnahmsweise.

Alle halbe Stunde kommt ein Stadtstreicher herein und bittet um etwas zu essen. Eigentlich darf laut Vorschrift nur der ein Schmalzbrot bekommen, der sich ausweisen kann, aber die gute Schwester lässt bei ihren »Stammkunden« Nächstenliebe vor Bürokratie ergehen, denn vielen sind die Papiere angeblich gerade gestohlen worden. Einer setzt sich an meinen Tisch und schaut mir eine Weile grinsend zu, wie ich in meinem Tagebuch schreibe. »Na, Kollege«, fragt er nach einer Weile, »bist du am Dichten?«

Michael Holzach, Deutschland umsonst.
Zu Fuß und ohne Geld durch ein Wohlstandsland

Last exit Bahnhofsrestaurant

Thomas ist zwölf Jahre alt, als sich seine Mutter 1953 in
Leipzig überlegt, ob sie beide der jungen DDR nicht den
Rücken kehren und zur Verwandtschaft in der BRD gehen
sollten. Am 1. Mai, einem Tag zahlreicher Aufmärsche und
Kundgebungen, wagen sie die Flucht, deren entscheidender
letzter Schritt im Bahnhofsrestaurant Berlin-Ost getan werden muss ...

Die Bockwürste ließen auf sich warten.
Thomas wunderte sich ohnehin, dass die Mutter noch etwas
zu Essen bestellt hatte, anstatt gleich weiterzufahren bis zum Ziel.
Er traute sich aber nicht, etwas zu sagen. Er hielt sich an den dringenden Rat der Mutter, an diesem Tag kein überflüssiges Wort zu
verlieren. »Ich muss mich da auf dich verlassen können«, hatte sie
ein paarmal gesagt, »du bist ja schließlich schon bald dreizehn.«

Es war voll und laut in dem Bahnhofsrestaurant: Menschen und
Stimmen, Zigarettenqualm und Gläserklirren. An den ungedeck-
ten Holztischen saßen vor allem junge Leute in blauen Hemden,
am linken Ärmel das Abzeichen mit der aufgehenden Sonne und
den drei Buchstaben FDJ. Zusammengerollte rote Fahnen und
Transparente lehnten an den Wänden und Heizkörpern. Auf zwei
Pappschildern stand in weißer Schrift auf rotem Grund zu lesen:
»Es lebe der 1. Mai 1953!«

Obwohl es recht warm war, hatten Thomas und seine Mutter ihre
Mäntel nicht abgelegt. Zwischen ihre beiden Stühle hatten sie ihre
drei Koffer gestellt. Die Mutter schaute immer wieder zur Theke
hinüber. »Wo die bloß mit den Bockwürsten bleiben?« flüsterte
sie.

»Die müssen eben erst mal die ganzen Friedenskämpfer hier
abfüttern, weil die zur Kundgebung müssen«, sagte Thomas eine
Spur zu laut. Die Mutter zischte ungehalten.

Blöde Bockwürste, dachte Thomas. Dabei musste er sich allerdings eingestehen, dass er nach der langen Zugfahrt großen Hunger hatte. Denn vor lauter Aufregung war ihm das Frühstück beinahe im Hals steckengeblieben, das die Oma zu Hause in aller Herr-
gottsfrühe bereitet hatte.

Die Blauhemden am Tisch unterhielten sich laut und unbekümmert. »Det wird wieda 'n langa Tach«, stellte einer fest. »Siem Stunden latschen se üban Maax-Engels-Platz. Un wir sind ooch noch als letzte dran.«

Thomas lauschte interessiert dem Dialekt, der ihm fremd war. Und er dachte: Ihr seid mir schöne Dummköpfe! Warum macht ihr's nicht wie ich bei den Mai-Kundgebungen? Man läuft einen halben Kilometer mit, und dann wetzt man in einem unbeobachteten Augenblick in einen Hausflur und lässt die anderen weiterziehen. Das setzte freilich voraus, dass man sich nicht so ein sperriges, auffälliges Transparent in die Hand drücken ließ. Thomas hatte Erfahrung mit Mai-Kundgebungen.

»Sach ma, frierste nich in deim schnieken Paletot, Kleena?«, fragte jemand.

Thomas betrachtete gerade das Stalin-Bild über der Theke und merkte nicht gleich, dass er gemeint war. Er schwieg sein Gegenüber feindselig an.

Am Eingang erschienen zwei Polizisten und sahen sich um, vielleicht suchend, vielleicht auch nur beiläufig. Die Mutter stieß Thomas an und machte eine Kopfbewegung. Sie nahmen ihre Koffer, Thomas den kleinsten, und strebten dem Nebenausgang zu. Als sie ihn fast erreicht hatten, traten auch dort zwei Polizisten ein. Die Mutter schaute an ihnen vorbei und beschleunigte den Schritt.

»Na, junge Frau, wo wollen Se denn hin?«

Jetzt! dachte Thomas. Jetzt ist es passiert.

Und es schoss ihm durch den Kopf: Jetzt stecken sie uns ins Gefängnis. Aber Kinder müssen doch nicht ins Gefängnis, oder? Mich schicken sie bloß zurück. Morgen sitze ich wieder in meiner alten Klasse. Da fragt dann Fräulein Hase, warum ich nicht zur Kundgebung gekommen bin. Halsschmerzen, sage ich dann. Oder Durchmarsch. Und zu Hause habe ich nicht mal mehr ein Bett, das ist ja verkauft. Aber vielleicht ist es noch nicht abgeholt. Wer wird schon am 1. Mai mit Möbeln durch die Stadt kutschieren?

»Wir ... äh ... wir wollen zu unserem Zug«, sagte die Mutter zittrig. »Und wo geht der hin?«, fragte der Polizist, nicht einmal unfreundlich.

»Nach Neubrandenburg. Zu meiner Cousine. Die heiratet heute.« »Gegen wen?«, flachste der Polizist, und die Mutter sagte etwas erleichtert: »Gegen einen Kollegen von Ihnen.« »Wie schön. Und besonders lobenswert, dass sie es am Ersten Mai tut.«

Thomas hatte das Gefühl, etwas sagen zu müssen: »In unserer Familie wird so was oft auf den Ersten Mai gelegt. Ich hab sogar einen Onkel, der ist am Ersten Mai gestorben.«

Die Mutter sah aus, als hätte sie sich auf die Zunge gebissen, und der Polizist wurde strenger. Er zeigte auf die Koffer: »Alles Geschenke?«

Die Mutter nickte: »Das meiste. Bettwäsche vor allem. Die braucht ja so'n junges Paar, und ich hatte noch welche übrig.«

»Sie wollen doch nicht zufällig nach drüben?«

»Nein! Was sollen wir denn da?« Die Mutter war jetzt ziemlich resolut.

»Mach mal deinen Koffer auf!«

Thomas gehorchte. Er hielt dem Polizisten, ein wenig zitternd, einen Schlips hin: »Für die Feier. Die Leute sind ein bisschen etepetete.« Er war selbst erstaunt, dass ihm das eingefallen war.

Der Polizist staunte über die vielen Socken. Thomas fiel dazu nichts ein, aber die Mutter sprang ihm bei: »Der Junge muss oft wechseln. Er hat leider, na ja, Neigung zu feuchten Füßen.«

Thomas protestierte im Stillen gegen diesen unglaublichen Vorwurf, doch dann fiel ihm eine Erklärung ein: »Das kommt von den Igelit-Schuhen. Wenn Sie's nicht glauben ...«

Er machte Anstalten, seinen rechten Schuh aufzuschnüren. Aber der Polizist rümpfte ein bisschen die Nase und winkte ab. Dann griff er in den Koffer und hielt Thomas ein Buch hin: »Und was willst du drüben mit dem Russisch-Buch?«

Auf diese Frage war Thomas gefasst, denn das Russisch-Buch hatte er mit Bedacht eingepackt: »Ich muss in Neubrandenburg ein bisschen lernen. Wenn ich zurück bin, schreiben wir nämlich 'ne Arbeit.«

Der Polizist hörte schon nicht mehr richtig zu, denn sein Kollege am anderen Eingang hatte ihm etwas zugerufen. »Na ja, dann pack man wieder ein!«, sagte er nur noch.

Als Thomas fertig war, sah er den Kellner mit zwei Bockwürsten und suchendem Blick.

»Komm!«, sagte die Mutter.

Dieter Zimmer, Für'n Groschen Brause (1980)

Exitus im Bahnhofsrestaurant

Ein namenloser Dichter, der von einem Roman träumt, den er schreiben will – aber zugleich seine Erfüllung sähe in einem überall angebrachten kleinen Schildchen mit der Bitte, den jeweiligen Ort sauber zu verlassen. Für sich selbst setzt er diesen Wunsch in einem Bahnhofsrestaurant um ...

Der dicke Dichter hatte die Angewohnheit, lieb und freundlich zu sein, verbindlich, nett, harmlos – so war er erzogen. [...] Aufgeräumte Räume waren ihm die liebsten; fremde, saubere Räume, die er beziehen, bewohnen und danach im gleichen Zustand wieder verlassen konnte: Verlasse diesen Ort so, wie du ihn vorgefunden hast, oder noch lieber: Bitte verlassen Sie diesen Ort so, wie Sie ihn vorzufinden wünschten, danke. Diese Aufforderung hätte er gerne signiert – das wäre sein Stolz gewesen, wenn auf allen Bahnhöfen, in Hotels, Kinos, auf Flughäfen und in Kreuzschiffen überall in den Toiletten an gut sichtbarer Stelle ein Emailletäfelchen mit diesem Spruch gehangen hätte: »Bitte verlassen Sie diesen Ort so, wie Sie ihn vorzufinden wünschten, danke«, und darunter, in Klammern, sein Name. Darin hätte er seine Erfüllung gesehen. So einen kann selbstverständlich niemand vermissen, was wiederum sein einziges Streben im Leben war; es so zu führen, daß er sich darin nach und nach erübrigte; es so zu leben, daß ihn weniger und weniger Leute vermißten, wenn er nicht da war, wo er für gewöhnlich zu sein pflegte; die Leute an sich und sein Dasein zu gewöhnen und sich auf diese Weise einen festen Ort zu geben; dann dort ein derart gleichförmiges Leben zu führen, daß seine Anwesenheit nicht weiter auffiel; dann damit zu beginnen, wegzubleiben, erst nur eine Minute, dann fünf Minuten, dann eine halbe Stunde, eine Stunde, stundenlang, einen Tag; die Leute daran zu gewöhnen, daß er manchmal da war, manchmal nicht, ohne daß ihnen deswegen etwas fehlte; die Abwesenheiten auszudehnen, ohne dafür woanders neue Anwesenheiten einzuführen; solange, bis er nicht mehr dazusein brauchte, nie mehr, und doch hätte jeder geschworen, er sei eben noch dagewesen, werde bestimmt gleich wiederkommen; und das überall, an jedem seiner Orte, bis es am Schluß keinen Ort mehr gab, an dem er sein mußte, aber viele Orte, an denen man ihn wähnte und nicht vermißte; am Ende streunte er nur noch, denn das war die einzige Möglichkeit, keine neuen Anwesenheiten heranwachsen zu lassen.

So erreichte er, daß zuletzt, als er starb, tatsächlich niemand sein Fehlen bemerkte. Die zufällig Anwesenden, die seinen Tod miterlebten, waren einen Moment lang entsetzt – es waren Fremde, lauter Fremde in einem Bahnhofrestaurant, Reisende, eine Büffetdame, ein tamilischer Kellner, ein Zahnarzt, der im Begriff war von einem Quecksilberkongreß nach Hause zu reisen und auf seinen Zug wartete, Leute dieser Art –, schwitzend vor Ungemach mutete der dicke Dichter ihnen die Ungeheuerlichkeit seines Sterbens zu, ungewollt, er wäre lieber verdunstet, verdampft. Doch auf einen Berg zu steigen, um dort oben in der Einsamkeit des Eises einzuschlafen, das war ihm zu dramatisch, ebenso das Ertrinken in einem Meer. Beides kam ihm operettenhaft vor, konstruiert, inszeniert, exzentrisch und bombastisch. Wozu ganze Berge und Ozeane bemühen? Er stellte sich ein schlichtes Verscheiden vor, und so mußte halt der tamilische Kellner den Schrecken ertragen. Kellner in Bahnhofrestaurants werden dafür bezahlt, solche Anblicke zu verkraften. Ja, sein Tod hatte nichts Aufsehenerregendes an sich. Er bescherte seinen Büchern nicht einmal neue Auflagen, und auch aus seinem Nachlaß waren keine Überraschungen zu erwarten.   *Matthias Zschokke, Der dicke Dichter (1995)*

Édouard Manet, The railway restaurant (ca. 1879)

SIEBTER GANG

»*Mach's gut*!«

Von tiefsinnigen Gesprächen, beredtem Schweigen
und klugen Gedanken

Ähnlich wie das Wirtshaus im Spessart zum Ort der Rahmen-
handlung für die Erzählungen in *Wilhelm Hauffs* gleichnamigem
Märchenbuch wurde, so ist der Wartesaal I. Klasse eines Bahnhofs
Ort der Geschichten in *Buddhadeva Boses* Erzählung *Das Mädchen
meines Herzens*. Hier sitzen eines Nachts vier allein reisende Herren und warten auf einen verspäteten Zug. Beim Anblick eines jungen Pärchens kommen sie ins Gespräch, räsonieren über das Äl-
terwerden, über den Zauber jugendlicher Verliebtheit und einigen
sich darauf, dass jeder die Geschichte seiner ersten Liebe erzählt.
Der Rahmen schließt sich, als im Morgengrauen endlich der Zug
kommt und die vier, vielleicht mit Absicht, in verschiedene Abteile einsteigen, als ob sie die gemeinsam verbrachte Nacht vergessen
wollten.

Die meisten Begegnungen sind, der Natur des Bahnhofes entsprechend, kurzzeitig und flüchtig, die Gespräche dienen dem
Zeitvertreib, seltener dem interessierten Austausch, manchmal
werden auch gar keine gewünscht. »Der Bahnhof hat seinem Wesen nach etwas Flüchtiges; das ihm nehmen zu wollen wäre frevle-
risch«, schreibt *René Regenass* in seinem Buch *Schattenreise*: »Das
Vorübergehende verbindet sich nicht mit dem Beständigen. Selbst
wer das Bahnhofbuffet aufsucht, wählt einen Tisch, an dem niemand sitzt.«

Und auch wenn da schon jemand sitzt, bedarf nicht immer vieler
Worte, um sich zu verstehen, selbst wenn man sich kaum kennt –
und wo es viele Worte werden, sind sie womöglich vom Alkohol
gefördert. Lange Jahre gab es am Münchener Hauptbahnhof einen
Imbiss-Stand mit Bierfässern als Stehtischen davor. Hier stand ich

bisweilen als heimreisender Internatsschüler bei Leberkäs und Bier und konnte selbst erleben, was *Hans Scherer* als eine »Imbissbekanntschaft« beschreibt.

Robert Walser brauchte nicht einmal ein zurückhaltendes Gegenüber, er konnte, wie er in seiner kleinen Erzählung *In der Bahnhofwirtschaft* schreibt, Gespräche auch mit sich selber führen und mit dem sinnierenden Blick auf die Ankunfts- und Abfahrtszeiten »ein bißchen gebildet sein, das heißt an höhere, feinere Dinge denken«.

Da trifft es sich gut, dass man sich heute nicht einmal mehr unterhalten muss, um unterhalten zu werden. Viele Wartende kommunizieren über ihre elektronischen Medien und sind so mit der Welt verbunden. Und was sie in ihr Handy rufen, kann man auch oft nicht überhören – und wird so quasi Teilnehmer eines Gesprächs, ob man will oder nicht.

Fünf Flaschen Chianti

Spießer im Sinne von angepassten Zeitgenossen findet man in *Ödön von Horváths* Roman *Der ewige Spießer*, der um die 30er-Jahre des letzten Jahrhunderts spielt, fast in allen Figuren des Tableaus. Alfons Kobler, Gebrauchtwagenhändler, lernt auf einer Zugreise zur Weltausstellung nach Barcelona im Jahr 1929 den Journalisten Rudolf Schmitz kennen, mit dem zusammen er in einem Mailänder Bahnhofsrestaurant die halbe Nacht vertrinkt.

Als der Schnellzug Milano erreichte, war es zehn Minuten nach Mitternacht, obwohl der Schnellzug fahrplanmäßig erst um dreizehn Minuten nach Mitternacht Milano erreichen sollte. »Das nenn ich Ordnung!« rief Schmitz.

Er führte Kobler in das Bahnhofsrestaurant, wo sie sich bis zur Weiterfahrt nach Ventimiglia (3.29 Uhr) aufhalten wollten. Schmitz kannte sich gut aus. »Ich kenn mich in Milano aus wie in Paris«, sagte er. »Das beste ist, wir bleiben am Bahnhof.«

»Es hat nämlich keinen Sinn, in die Stadt zu fahren«, fuhr er fort, »denn erstens ist es ja jetzt stockfinster, und so hätten wir absolut nichts von dem gotischen Mailänder Dom, und zweitens ist

hier architektonisch nicht viel los, es ist halt eine moderne Großstadt. Sie werden noch genug Gotik sehen!« »Ich bin auf die Gotik
gar nicht so scharf«, sagte Kobler. »Mir sagt ja das Barock auch
mehr«, sagte Schmitz. »Mir sagt auch das Barock nichts«, sagte
Kobler. »Ja, verglichen mit den Wunderwerken Ostasiens, können wir Europäer freilich nicht mit!« sagte Schmitz. Kobler sagte
nichts mehr. Jetzt halt aber endlich dein Maul! dachte er.

»Jetzt wollen wir aber einen Chianti trinken!« rief Schmitz und
leuchtete. »Das ist der Wein mit dem Stroh untenherum. Oder sind
Sie gar Abstinenzler?« »Wieso kommen Sie darauf?« verwahrte
sich Kobler entschieden. »Ich kann enorm viel saufen und sogar
durcheinander!« »Pardon!« entschuldigte sich Schmitz und lächelte glücklich.

Schmitz war nämlich ganz verliebt in den Chianti, und auch
Kobler fühlte sich sehr zu ihm hingezogen, als er ihn nun im Bahnhofsrestaurant kennenlernte. Wohlig rann er durch ihre Gedärme,
und bald stand die zweite Flasche vor ihnen. Dabei unterhielten sie
sich über den Weltkrieg und den Krieg an sich. Sie hatten schon im
Zuge davon angefangen, denn da Schmitz auch kein Soldat gewesen war, hatte Kobler nichts dagegen gehabt, mal über die Idee des
Krieges zu plaudern.

Der Chianti löste ihre Zungen, und Kobler erzählte, er wäre ja
politisch schon immer rechts gestanden, allerdings nur bis zum
Hitlerputsch. Gegenwärtig stünde er so ziemlich in der Mitte, obwohl er eigentlich kein Pazifist sein könne, da sein einziger Bruder
auf dem Felde der Ehre gefallen sei. [...]

»Waren Sie schon in Polen?«

»Ich war noch nirgends.«

»Aber ich war in Polen und hab mich sogar in eine Polin verliebt, es gibt halt überall anständige Menschen, lieber Herr! Einer
muß halt mal beginnen, sich energisch für die Verständigungsidee
einzusetzen!« Er leerte energisch den Rest der vierten Flasche Chianti. »Wir trinken noch eine«, entschied Kobler, und während
Schmitz bereitwilligst bestellte, fixierte er die Büfettdame. Also
das ist Italien! dachte er, und allmählich geriet er in exhibitionel-
le Stimmung. »Wenn ich was trink, kann ich lebhafter denken«,

sagte er. Wenn schon! dachte Schmitz. »Wenn ich nichts trink, tut mir das Denken oft direkt weh, besonders über so weltpolitische Probleme«, fuhr er fort.

Der Kellner brachte die fünfte Flasche [...]

»Pardon auf einen Moment! Ich muß jetzt mal naus.«

Und Kobler sah, daß Schmitz, wie er so hinausschritt, die Zähne zusammenbiß und die Fäuste krampfhaft ballte, so sehr nahm er sich zusammen, um nicht umzufallen. Bin ich denn auch schon so voll? fragte er sich bekümmert. Auf alle Fäll ist das ein interessanter Mensch.

Und als der interessante Mensch wieder an den Tisch zurücktaumelte, wurde es allmählich Zeit, denn draußen auf dem Geleise standen bereits die durchgehenden Waggons nach Ventimiglia. Die beiden Herren sprachen noch etwas über die Politik an sich, über die Kunst an sich, und Schmitz beklagte sich noch besonders wegen der europäischen Zerfahrenheit an sich. Aber es wollte kein richtiges Gespräch mehr aufkommen, denn beide Herren konnten sich nicht mehr richtig konzentrieren. Kobler schrieb noch rasch eine Postkarte an die Perzl: »Bin soeben an Ihrer gewesenen Windmühle in Brescia vorbeigefahren. Gruß Kobler.« Und darunter schrieb Schmitz: »Unbekannterweise Handküsse Ihr sehr ergebener Rudolf Schmitz.« Dann zahlten die beiden Herren, und beide wurden vom Kellner betrogen, der sich hernach mit einem altrömischen Gruß empfahl.

Und Schmitz hob den Arm zum Faschistengruß, und auch Kobler tat so. Und auch die Büfettdame tat ebenso.

Als die beiden Herren aus dem warmen rauchigen Lokal in die frische Nachtluft traten, fielen sie fast um, denn sie hatten einen derartigen Rausch. Sie torkelten schon ganz abscheulich, und es dauerte direkt lang, bis sie endlich in einem der durchgehenden Waggons nach Ventimiglia saßen.

Ödön von Horváth, Der ewige Spießer (1930)

Schwejk und der Rekonvaleszent

Auf dem Bahnhof Tabor bleibt der brave Soldat Schwejk,
der mit seinem »Oberlajtnant« zum Einsatz an der Front
unterwegs ist, wegen eines Missgeschicks im Zug – er hatte
aus Versehen die Notbremse gezogen – allein, ohne Papiere und Geld zurück. Ein freundlicher Mann übernimmt für
ihn die 20 Kronen Strafe und schenkt ihm noch einen Fünfer für die Weiterfahrt. Doch die bleiben in der Restauration III. Klasse, wo hinter den fröhlichen Schwejkiaden ein
tiefe Traurigkeit aufschimmert.

Vor der Ankunft des Personenzuges füllte sich das Restaurant
dritter Klasse mit Soldaten und Zivilisten. Vorwiegend waren
es Soldaten verschiedener Regimenter und verschiedenster Nationen. Der Kriegssturm hatte sie in die Lazarette verweht, und sie
fuhren jetzt neuerdings ins Feld, um sich neue Verletzungen, Ver-
stümmelungen und Schmerzen zu holen und ein einfaches Holz-
kreuz über ihrem Grab zu erwerben, auf dem noch nach Jahren in
den traurigen Ebenen Ostgaliziens in Wind und Regen eine ver-
blaßte österreichische Soldatenmütze mit verrostetem »Franzl«
flattern sollte; auf ihr wird sich von Zeit zu Zeit ein alter Rabe
niederlassen und der einstigen fetten Gelage und des unendlichen
gedeckten Tisches voll wohlschmeckender Leichen und Pferde-
kadaver gedenken. Wird daran denken, wie er just unter so einer
Kappe, wie der, auf der er jetzt sitzt, den schmackhaftesten Bissen
fand – menschliche Augen.

Einer von diesen Leidenskameraden, der nach einer Operation
aus dem Militärlazarett entlassen worden war, in schmutziger Uniform mit Spuren von Blut und Kot, setzte sich zu Schwejk. Er war
irgendwie eingeschrumpft, abgemagert, traurig. Er legte ein kleines
Paket auf den Tisch, zog eine zerrissene Geldbörse aus der Tasche
und überzählte sein Geld.

Dann schaute er Schwejk an und fragte: »Magyarul?«

»Ich bin Tscheche, Kamerad«, erwiderte Schwejk, »willst du
trinken?«

»Nem tudom, barátom.«

»Das macht nichts, Kamerad«, nötigte ihn Schwejk, sein volles
Glas vor den traurigen Soldaten stellend, »trink nur ordentlich.«

Der Soldat begriff, trank, dankte: »Köszönöm szivesen«, und fuhr fort, den Inhalt seiner Geldbörse zu untersuchen. Zum Schluß stand er auf und seufzte; Schwejk begriff, daß der Magyar sich gern ein Bier geben lassen würde und nicht genug Geld hatte; deshalb bestellte er ihm eines, worauf der Magyar abermals dankte und versuchte, Schwejk mit Hilfe von Grimassen etwas zu erklären, indem er in einer internationalen Sprache sagte: »Pif, paf, puz!«

Schwejk schüttelte teilnahmsvoll den Kopf, und der Rekonvaleszent teilte ihm noch mit, während er die Linke einen halben Meter hoch über die Erde hielt und dann drei Finger hob, daß er drei kleine Kinder habe.

»Nintsch ham, nintsch ham«, fuhr er fort, womit er sagen wollte, daß sie zu Hause nichts zu essen hatten, und trocknete sich die Augen, aus denen Tränen flossen, mit dem schmutzigen Ärmel seines Militärmantels, in den die Kugel, die ihm für den magyarischen König in den Leib gefahren war, ein Loch gerissen hatte.

Es war nicht überraschend, daß Schwejk bei einer solchen Unterhaltung allmählich nichts von dem Fünfer übrigblieb und daß er sich langsam aber sicher von Budweis abschnitt, denn mit jedem Glas Bier, das er für sich oder den magyarischen Rekonvaleszenten bestellte, verlor er immer mehr die Möglichkeit, eine Soldatenfahrkarte lösen zu können

Wiederum passierte ein Zug nach Budweis die Station, und Schwejk saß fortwährend beim Tisch und hörte zu, wie der Magyar sein »Pif, paf, puz! Härom gyermek, nintsch ham, eljen!« wiederholte. Das letzte sagte der Soldat, wenn Schwejk mit ihm anstieß. »Trink nur, Junge, magyarischer«, antwortete Schwejk, »sauf, ihr möchtet uns nicht so bewirten ...« [...]

»Ihre Dokumente, waschi tokument?« So hübsch redete Schwejk der Kommandant der Militärkontrolle, ein von vier Soldaten mit Bajonetten gefolgter Feldwebel, in gebrochenem Tschechisch an; »ich seh Sie sitzen, nicht fahren, sitzen, trinken, fort trinken!«

»Ich hab keine, Milatschku! *[Liebling]*« antwortete Schwejk, »Herr Oberlajtnant Lukasch, Regiment Nummer 91 hat sie mitgenommen und ich bin hier auf dem Bahnhof geblieben.«

»Was bedeutet das: ›Milatschku‹?« wandte sich der Feldwebel an einen seiner Soldaten, einen alten Landwehrmann, der seinem Feldwebel allem Anschein nach alles zu Trotz machte, denn er sagte ruhig:

»Milatschek, das is wie: Herr Feldwebel!«

Der Feldwebel setzte die Unterredung mit Schwejk fort: »Dokumente hat jeder Soldat, ohne Dokumente wird so ein Lauskerl auf dem Bahnhofskommando eingesperrt wie ein toller Hund.«

Man führte Schwejk zum Bahnhofskommando ...

Jaroslav Hašek, Der brave Soldat Schwejk (1921–23; Ü: Grete Reiner 1926)

In der Bahnhofswirtschaft von Altenbeken (1912)

Zwei Philosophen bei Tisch

Weiß man immer, wer sein Gegenüber am Tisch ist, oder
auch, was wirklich auf dem Teller liegt? Durchaus philosophische Fragen. *Otto A. Böhmer* nutzte die Wartezeit in
einem Bahnhofsrestaurant, um ein denkwürdiges Gespräch
zwischen den beiden Philosophen Theodor W. Adorno und
Martin Heidegger zu belauschen ...

Der Philosoph Theodor W. Adorno setzte sich einmal zu dem
Philosophen Martin Heidegger an den Tisch. Dieses denk-
würdige Ereignis, von dem wir erst kürzlich Kenntnis erhalten haben, fand im Bahnhofsrestaurant von Bad Krozingen statt, und da
Adorno und Heidegger einander nicht kannten, konnte es zu dem
folgenden, freundlich gehaltenen Zwiegespräch kommen.

Adorno *(er hatte sich gerade einen Hubertustopf mit Spätzle und
gemischtem Salat sowie ein großes Spezi bestellt)*: »Ach ja! Wenn
man bedenkt, dass das philosophische Denken – nach Abstrich
von Raum und Zeit – weder Reste zum Gehalt hat noch generelle
Befunde über Raumzeitliches ...«

Heidegger *(er wartete seit geraumer Zeit auf einen Jägertoast und
ein Glas Bollschweiler Ölgarten)*: »Sie sagen es! Dabei fragen wir
uns doch immer wieder, ob das Dasein nur Gewesenes im Sinne des
Dagewesenen ist – oder gewesen als Gegenwärtigendes-Zukünfti-
ges, in der Zeitigung seiner Zeitlichkeit.«

Adorno: »Eben. Wo ein absolut Erstes gelehrt wird, ist allemal,
als von seinem sinngemäßen Korrelat, von einem Unebenbürtigen,
ihm absolut Heterogenen die Rede; prima philosophia und Dualis-
mus gehen zusammen. Um dem zu entrinnen ...«

Heidegger: »...müssen wir uns wieder auf das aus dem Sichvorweg entnommene Phänomen des Noch-nicht besinnen. Es ist ja so
wenig wie die Sorgestruktur überhaupt eine Instanz gegen ein mög-
liches existentes Ganzsein, dass dieses Sichvorweg ein solches Sein
zum Ende allererst möglich macht. Aber, verzeihen Sie bitte, ich
habe Sie unterbrochen.«

Adorno: »Das macht nichts. Je selbstherrlicher das Ich übers
Seiende sich aufschwingt, desto mehr wird es unvermerkt zum Ob-
jekt und widerruft ironisch seine konstitutive Rolle. Denken bricht

in zweiter Reflexion die Suprematie des Denkens über sein Anderes, weil es Anderes immer in sich schon ist.«

Heidegger: »Leider denken ja nicht alle so wie Sie. Die meisten haben längst vergessen, dass in der einfachsten Handhabung eines Zeugs das Bewendenlassen liegt. Das Wobei desselben hat den Charakter des Wozu; im Hinblick darauf ist das Zeug verwendbar oder in Verwendung. Das Verstehen des Wozu, das heißt des Wobei der Bewandtnis, hat die zeitliche Struktur des Gewärtigens.«

Adorno: »Allerdings. Wen wundert's da noch, dass der Gedanke, der nichts positiv hypostasieren darf außerhalb des dialektischen Vollzugs, über den Gegenstand hinausschießt, mit dem eins zu sein er nicht länger vortäuscht; er wird unabhängiger als in der Konzeption seiner Absolutheit, in der das Souveräne und das Willfährige sich vermengen.«

Heidegger: »Meinen Sie? Ich glaube eher, dass der Umgang mit Zeug sich letztlich doch der Verweisungsmannigfaltigkeit des Umzu unterstellt ... Guten Appetit darf ich wünschen!«

Adorno: »Danke. Ihnen auch. Das Realitätsprinzip, dem die Klugen folgen, um darin zu überleben, fängt sie als böser Zauber ein; sie sind desto weniger fähig und willens, die Last abzuschütteln, als der Zauber sie ihnen verbirgt: Sie halten sie für das Leben. Alles, was heutzutage Kommunikation heißt, ausnahmslos, ist nur der Lärm, der die Stummheit der Gebannten übertönt ...«

Heidegger *(nach einer kurzen, aber deutlich vernehmbaren Pause des Ankostens)*: »Hm ... Was essen Sie da, wenn ich fragen darf ...?«

Adorno *(sorgfältig kauend)*: »Einen Jägertoast. Etwas pappig, aber geschmacklich erfreulich neutral. Und Sie? Sind Sie mit Ihrem ...«

Heidegger: »Mit meinem Hubertustopf will ich nicht unzufrieden sein. Man ahnt, was man isst, und weiß doch nicht ...«

Adorno: »Dass eine Art Versenkung ins Detail wie auf Verabredung jenen Geist zutage fördert, der als Totales und Absolutes von Anbeginn gesetzt war.«

Heidegger: »Dabei kann die durchschnittliche Alltäglichkeit ja durchaus bestimmt werden als das verfallend-erschlossene, geworfen-entwerfende In-der-Welt-sein. Ob es aber gelingen kann, diese

Strukturganze der Alltäglichkeit des Daseins in seiner Ganzheit zu erfassen?«

Adorno: »Warum nicht? Das Moment von Selbständigkeit, Irreduktibilität am Geist dürfte doch wohl zum Vorrang des Objekts stimmen. Wo Geist heute und hier selbständig wird, sobald er die Fesseln nennt, in welche er gerät, indem er anderes in Fesseln schlägt, antizipiert er, und nicht die verstrickte Praxis, Freiheit.«

Heidegger: »Dieser phänomenale Befund ist nicht wegzudeuten. Das Gewissen ruft das Selbst des Daseins auf aus der Verlorenheit in das Man. Das angerufene Selbst bleibt in seinem Was unbestimmt und leer.«

Adorno: »Unter anderem wohl auch, weil der Überschuss übers Subjekt, den subjektive metaphysische Erfahrung nicht sich möchte ausreden lassen, und das Wahrheitsmoment am Dinghaften Extreme sind, die sich berühren in der Idee der Wahrheit. Denn diese wäre so wenig ohne das Subjekt, das dem Schein sich entringt, wie ohne das, was nicht Subjekt ist und woran Wahrheit ihr Urbild hat. Unverkennbar wird reine metaphysische Erfahrung blasser und desultorischer im Verlauf des Säkularisierungsprozesses, und das weicht die Substantialität der älteren auf. Sie verhält sich negativ in jenem Ist das denn alles?, das am ehesten im vergeblichen Warten sich aktualisiert.«

Heidegger (auf die Uhr blickend): »In der Tat. Sie geben mir das Stichwort. Es wird, glaube ich, Zeit ...«

Adorno: »Für mich, denke ich, auch ... (laut) Herr Ober, können wir bitte zahlen?«

Ober (missmutig): »Ich hoffe, doch ...«

Otto A. Böhmer, Holzwege. Ein Philosophen-Kabinett (1991)

Abstuhl-Philosophie

Sprachkritische Feuilletons mit philosophischem Tiefgang trug *Jürgen Dahl* in seinem Buch *Mitteilungen eines Überlebenden* zusammen, die teilweise auch kabarettistischen Anstrich haben. So wie dieses Gespräch im Restaurant eines »mittleren deutschen Bahnhofs« – zugegebenermaßen zu vorgerückter Stunde ...

Die Sache ereignete sich spät abends auf einem mittleren deutschen Bahnhof. Ich hatte einen Aufenthalt, gerade lang genug für einen Kaffee, und betrat das Bahnhofsrestaurant. Dort hatte man die Stühle mit den Beinen nach oben und den Rücken nach unten auf die Tische gesetzt. Stühle erwecken in dieser Stellung immer den Eindruck, als sei ihnen übel geworden, – ein jammervoller Anblick. An der Theke stand ein Kellner, der so aussah, als betrachte er eine Feuersbrunst, an welcher er doch nichts mehr ändern könne. Ich näherte mich ihm behutsam und äußerte in höflichem Ton die Frage, ob sein Etablissement bereits geschlossen sei. Unwirsch entgegnete er: »Nein, denn sonst wären Sie ja nicht hereingekommen.« Eine durchaus logische Deduktion, die mich erwarten ließ, einen Mann von Geist vor mir zu haben, und die mich ermutigte, nun auch das Ansinnen an ihn zu stellen, er möge mir einen Kaffee verabfolgen. Seine Antwort war verblüffend: »Sie sehen doch, daß hier abgestuhlt ist.« »Wie bitte?« entgegnete ich.

»Sehen Sie nicht, daß hier allbereits abgestuhlt ist?« wiederholte er. Natürlich sagte er nicht »allbereits« aber der Würde seiner Erscheinung hätte es wohl angestanden, wenn er »allbereits« gesagt hätte, so daß ich, indem ich ihm das Wort in den Mund lege, seine Person beschreibe. Ich machte mich erbötig, den Kaffee auch im Stehen zu trinken, was ihn jedoch zu gemessenem Zorn reizte: »Abgestuhlt ist abgestuhlt, mein Herr, oder meinen Sie, wir machten das zum Spaß?« Dies war nun ein Hinweis, der mir Mut machte. Denn (so erwiderte ich ihm), wenn das Abstuhlen für ihn kein Spaß sei, und wenn andererseits mir, dem Gast, an dem Ergebnis dieser Tätigkeit nichts gelegen sei, dann sei es doch in unser Kausalzusammenhang zwischen dem Abstuhlen und dem Versiegen der Kaffeequelle zu ignorieren und damit das Abstuhlen gewissermaßen unschädlich zu machen. Und außerdem, so fügte ich verwegen hinzu, sei ja gar nicht abgestuhlt.

Der Mann erstarrte, sein Unterkiefer klappte herunter, – ich mußte mich also deutlicher erklären.

Die Vorsilbe ab, sagte ich, bedeute doch eine Bewegung nach unten – zum Beispiel in »ab-sinken«, – die Stühle seien aber (und zwar, was die Sache vollends eindeutig mache, mit den Beinen nach oben) von unten auf die Tische gesetzt worden, es könne also bestenfalls von Aufstuhlen die Rede sein, nicht von Abstuhlen, – also müsse es auch Kaffee geben; denn wenn es bei abgestuhlten Stühlen keinen gebe, sei klar, daß bei aufgestuhlten Stühlen solcher verabreicht werden müsse, vorausgesetzt, die Bestuhlung stehe überhaupt in einem Zusammenhang mit dem Ausschenken von Kaffee, – eine Voraussetzung, die ich mir zwar nicht ernstlich zu eigen machen könne, um der Verständigung willen aber vorderhand hinzunehmen bereit sei.

Der Kellner löste sich nur langsam aus seiner Starre und erneuerte dann die Behauptung, abgestuhlt sei abgestuhlt und das Abstuhlen geschehe mitnichten zum Spaß.

Ich entgegnete ungerührt, gewiß, abgestuhlt sei abgestuhlt, aber es sei ja gar nicht abgestuhlt, sondern aufgestuhlt, und aufgestuhlt sei schließlich auch aufgestuhlt. Denn, sagte ich, wo es ein Abstuhlen gibt, muß es vorher ein Aufstuhlen gegeben haben. Beim Auf- und Abgehen beispielsweise kann man nicht abgehen, ohne vorher aufgegangen zu sein – und wenn es sich beim Gehen so verhielte, wie sollte es beim – (hier stockte ich, jedoch nur kurz) Stuhlen anders sein. Und es liege doch ganz klar am Tage, dass ein aufgestuhlter Stuhl einer sei, der, wie hier zu sehen, auf dem Tisch stehe (wenn schon in einer Haltung, als wäre ihm übel), und daß mithin das Herunterheben dieser Stühle Abstuhlen genannt werden müsse. Und wenn (so fügte ich hinzu), wenn ich ihm schon seine Behauptung, Abstuhlen sei Abstuhlen, nicht widerlegen könne und wolle, so gelte es doch nunmehr zu erläutern, was er denn unter Abstuhlen eigentlich verstehe.

Hier hatte nun der Kellner wieder Ober-Wasser, denn was Abstuhlen sei, glaubte er ja zu wissen, und da er sich für gewöhnlich darüber nur mit sich selber im Einverständnis zu befinden brauchte, nicht aber mit seinen Gästen, die er ja, wenn er »abstuhlte«, gar nicht hatte, – so fühlte er sich vollkommen sicher. Der Wahrheit über das Abstuhlen auf den Grund zu kommen, empfand er keine Notwendigkeit, ihm genügte die Terminologie an sich, die ja zur Bemäntelung der Wahrheit ebenso taugt wie die Lüge.

So war es denn keineswegs Hilflosigkeit oder Verlegenheit, sondern im Gegenteil die felsenfeste Gewißheit seiner Überzeugung, mit der er neuerlich versicherte, Abstuhlen sei Abstuhlen, und wo abgestuhlt sei, gebe es keinen Kaffee mehr.

Es wäre ganz aussichtslos gewesen, etwa noch mit ihm zu erörtern, ob dieses Abstuhlen – und, natürlich, auch das Aufstuhlen – nicht eigentlich etwas sei, was gar Stühlen widerfahren könne, vielmehr nur den Gästen, indem diese sich aufstuhlten oder abstuhlten, wobei denn allerdings dies als Aktion, als Tätigkeit, an die Stelle des Auf- und Abgestuhltwerdens treten müsse, welch letzteres man einem volljährigen Gast weder zumuten könne noch zuzumuten brauche.

Dies alles mit dem Kellner zu besprechen, der immer noch so dastand, als betrachte er eine unabänderliche Feuersbrunst, war ganz undenkbar, und selbst wenn er sich dazu verstanden hätte, sein Abstuhlen inskünftig als Aufstuhlen zu bezeichnen, so hätte das den von ihm vorausgesetzten Zusammenhang zwischen dem Stuhlen und dem Kaffee nur insofern verändert, als er nun anstelle des Abstuhlens das stattgehabte Aufstuhlen als Grund für die Nichtherausgabe des Kaffees ausgegeben hätte; jedenfalls wäre er beim *post hoc – propter hoc* geblieben, bei der Ansicht nämlich, daß, wenn es nach dem Aufstuhlen keinen Kaffee mehr gebe, das Aufstuhlen auch der Grund dafür sein müsse.

Jürgen Dahl, Mitteilungen eines Überlebenden (1969)

Wer von »Liebe« spricht ...

Ingrid Ebert beschreibt in ihrem Buch, wie sie sich als Christin im DDR-Alltag in der Zeit nach dem Mauerbau behauptet hat. Auch Glaubensverkündigung muss im Alltag seinen Platz haben – und wenn es sein muss, auch in einer Mitropa-Gaststätte, was aber durchaus zu lautstarken Auseinandersetzungen führen kann.

Nach Feierabend komme ich immer am Bahnhof vorbei. Manchmal setze ich mich in die MITROPA-Gaststätte. In meinem Untermieterzimmer wartet niemand. Hier habe ich zum Abendessen Gesellschaft. Noch immer ist mir die Stadt fremd, und ich bin es, aber auf dem Bahnhof und in der Mitropa bin ich es nicht mehr so ganz. Da gibt es schon welche, die mir freundlich zunicken. Das tut gut. Auch eine Bahnhofsgaststätte hat ihre Stammkunden. Der Tisch in der Ecke gehört den Alten. Dort sitzen sie in ihren abgetragenen Mänteln, eine Tasche mit leeren Bierflaschen neben sich, die Ausbeute des Tages. Sie schweigen meist, rühren mit dem Löffel in der Brühe, stippen das Brötchen hinein, nippen am Glas Bier. Nachts geht manchmal ein Transportpolizist durch die Tischreihen und lässt sich Ausweise und Fahrkarten zeigen. Dann müssen sie gehen, denn nachts ist die Mitropa nur für Reisende geöffnet. Sie gehen ohne Aufhebens, ohne Widerspruch. Sie gehen leise, und sie kommen ebenso leise nach einer Viertelstunde zurück. Hier ist es warm. Hier sind Menschen. Hier fühlen sie sich mehr zu Hause als in ihren eigenen vier Wänden.

Zwei Tische weiter geht es laut zu. Jugendliche kommen und gehen. Sie sind nicht zu überhören. Laut rufen sie nach Bier, tischen sich Abenteuergeschichten auf, erzählen sich ihre Träume. Ich kenne inzwischen schon mehr als ihre Rufnamen. Und sie haben sich an meine Gegenwart gewöhnt. Das silberne Kreuz am Mantel hat sie neugierig werden lassen. Was will die hier? Ist sie was Besseres? Ist sie fromm? Oft erlebe ich, dass sie sich vor mir verteidigen, als hätte ich sie angegriffen. Greift sie allein meine Gegenwart an? Sie rechtfertigen sich, suchen nach Gründen, weshalb sie so sind, wie sie sind, warum sie hier sitzen, trinken, sich raufen, straffällig werden, warum sie nicht arbeiten, von zu Hause weg sind ... Einer setzt sich zu mir, bringt sein Bier mit, stellt ein zweites vor mich hin und fragt: »Wenn es einen Gott gibt, warum ...« Viele unserer Gespräche beginnen mit diesen Worten. Sie provozieren. Sie spotten. Sie empören sich. Ich sehe, dass sie ihre brennenden Fragen verstecken. Aber dann passiert es, dass sie alle Masken ablegen, offene Gesichter bekommen, ehrliche Fragen stellen und offen sind für die Antworten. Dann sitzen plötzlich lauter einsame, traurige Menschen um mich, die sich nach Gott sehnen, die sich danach sehnen, zu hören: Da ist einer, der ja zu dir sagt, bedingungslos. Da ist einer dem du wert bist. Da ist einer, der dich liebt. »Liebe? Sag das Wort nicht! Sag das Wort nicht!« Sie nennen den, der mir laut ins Wort fällt, »Starker«. Wir haben uns heiß geredet. Von allen Seiten hagelt es Fragen auf mich ein, Fragen, die ich allesamt auch nicht beantworten kann, dennoch will ich an der Liebe Gottes festhalten. Der Starke trinkt sein Bier in einem Zuge aus und zieht unter alle Fragen den Schlussstrich, indem er feststellt: »Das Leben ist eben einen Dreck wert, weil man nur arbeitet, isst und schläft und irgendwann stirbt.« – »Und die Liebe?«, frage ich. »Liebe, sag das Wort nicht! Sag das Wort nicht! Die gibt es nicht!« Ich schweige betroffen. Er glaubt nicht an einen Gott. Er glaubt nicht an einen Sinn in seinem Leben. Durch einen Zufall ist er in diese Welt gekommen, und irgendwann wird er nicht mehr sein. Er spricht pausenlos von Trieben und Instinkten, der Mensch sei auch nur ein Tier, und Liebe, das sei so ein ausgedachter Begriff für etwas, was sich die Menschen erträumen, wünschen, was es aber nicht gibt. Und der Starke schreit mir ins Gesicht: »Wer von Liebe spricht, der lügt!« Er greift schmerzhaft meinen Arm, kommt dicht an mich heran und brüllt: »Scheiße, Liebe ist Scheiße!« Ich schweige betroffen. Da sitzt er vor mir, der Starke. Ein junger kräftiger Mann, langhaarig, auf beiden Armen eindeutige Bilder, nackte Frauen und viele Mädchennamen. Da sitzt er vor mir, wie ein kleines mutterloses Kind, das sich verlaufen hat und gefunden werden möchte. Ich bin betroffen. Er tut mir Leid. *Ingrid Ebert, Hammer, Kreuz und Schreibmaschine (2001)*

Immer wieder dieselbe Geschichte

Manchmal wird man auch in Gespräche verwickelt, die man wohl oder übel anhören muss, weil sie lautstark mit dem Handy geführt werden. Unwillkürlich ist man versucht, sich aus den hörbaren Teilen die ganze Geschichte auszumalen, wie es in der Bahnhofsgaststätte von Plattling ein österreichischer Schriftsteller tut, der auf der Fahrt zu einer jungen Frau in München ist.

Das nächste Mal schmeiß ich die Scheißgänse einfach raus, und wenn sie verhungern, brüllte die Frau in ihr Handy.

Ich war gestrandet in Plattling, der Zug aus Österreich kam verspätet an, der Anschlusszug nach München wartete keine Minute, der nächste ging mehr als eine Stunde später. Ein Kaffee in Plattling sollte sich ausgehen, doch als ich vor den Bahnhof trat, sah ich, dass es Plattling genau genommen gar nicht gibt, zumindest vom Bahnhof aus war nichts mit einer Ortschaft Vergleichbares wahrzunehmen. An einem Bahnhofskiosk kaufte ich eine deutsche Prepaid-SIM-Karte und rief sie an. Verzeih, rief ich, unser erstes Treffen und ich komme eine Stunde zu spät. Sie lachte bloß und sagte, dass sie ja auch ihren Zug verpasst habe und nur ein paar Minuten vor mir in München eintreffen würde.

Ich schwitzte, doch nicht wegen der frühsommerlichen Wärme, sondern vor Aufregung. Rein und süß und unschuldig wie verliebte Kinder hatten wir wochenlang Mails hin und her geschickt, sechs, sieben, acht jeden Tag in beide Richtungen. Und nun bewegten sich endlich nicht nur meine Mails und Briefe und Telefonate auf sie zu, sondern auch mein Körper tat es. Und steckte gleich wieder fest, nach eineinhalb Stunden. Es war ein Zeichen, vermute ich, das ich nicht sehen wollte, dabei war es ein überdeutlicher Hinweis, eine Warnung. Es wird so sein, wie es immer ist, sagte dies warnende Zeichen, du bewegst dich auf etwas zu, das unerreichbar ist, immer schon, von Anfang an, also halt inne! Doch ich hielt nicht inne in Plattling, in der Bahnhofswirtschaft trank ich Weißwein und hörte der Frau mit den Gänsen zu.

Sie telefonierte mit mehreren Leuten hintereinander und erzählte allen dieselbe Geschichte. Anscheinend waren ihr Gänse zugelaufen, die sie ein paar Tage lang aufgepäppelt und bestens versorgt und dann an einen guten Platz vergeben hatte, guter Platz, so sagte sie. Und nun sei heute Morgen dieser Gewohnheitstrinker an ihrer Haustür aufgetaucht, besoffen wie nur was, und habe herumgebrüllt, stundenlang, als angeblicher Besitzer der Gänse habe er sich ausgegeben und drohe mit Klage. Sie hörte nicht auf, auch nicht im Zug nach München, mit dem wir Gestrandeten nach einer Stunde endlich Plattling verließen, drei oder vier Leute rief sie an und erzählte ihnen die Geschichte, wieder und wieder. Das nächste Mal bleibt mein Gartentor zu, und wenn sie verhungern!

Reihaneh Youzbashi Dizaji / Walter Kohl, HundertKöpfeFrau (2014)

Ein paar Worte zuviel

Schweigen ist manchmal Gold, das musste auch der Schriftsteller *Hans Fallada* in einer Bahnhofsgaststätte erfahren,
wo er gelegentlich einkehrte. Er hatte eine Airedale-Hün-
din, Rautchen gerufen, die just, als ihre beiden Welpen
Plisch und Plum entwöhnt waren, von einem bösartigen
Hautleiden ergriffen wurde. Hatte sie draußen von vergifte-
ten Krähen gefressen? Es half nichts, sie musste eingeschlä-
fert werden.

Meine Spaziergänge waren nun einsam, Plisch und Plum waren
noch zu klein für weitere Wege. Einmal kam ich auf solchem
Wege in die Bergfelder Bahnhofswirtschaft und natürlich wurde
ich sofort nach meiner Raut gefragt. Wo ich sie gelassen hätte? Ich
ginge doch sonst immer mit ihr?

Ich erzählte von ihrem Ende. Ich erzählte von den Strychnin-
Krähen. Ich erzählte weiter: »Und dieser Schafskopf von einem
Tierarzt behauptet, es sei bloß ein Ekzem, so aus der Luft, verste-
hen Sie? Von gar nichts her! Solch ein Trottel!«

Die Bahnhofswirtschaft war recht besetzt, ich wußte gar nicht,
wer da alles saß. Und ich hatte ziemlich laut erzählt. Ein schwerer,
trauriger Mann hob vom Nachbartisch sein Rotweinglas zu mir:
»Doch, doch, Herr Fallada! Es war kein Strychnin, es war ein Ekzem, verlassen Sie sich darauf!«

Nickte mir ernst und traurig zu und trank mir einen Schluck!

Ich habe es dem guten Tierarzt immer hoch angerechnet, daß er
mir meine leichtsinnige Rederei nie nachgetragen hat. Er war eine
Seele von Mensch, selbst wenn ich mit dem Strychnin recht gehabt
haben sollte. *Hans Fallada, Heute bei uns zu Haus (1943)*

Imbissstand-Verständnis

Man muss eben nicht viel miteinander reden, um sich gut zu verstehen. Diese Erfahrung machte auch *Hans Scherer* auf dem Münchener Hauptbahnhof.

Worüber sich Nichtmünchner in einem Münchner Biergarten am meisten wundern: daß sich die Münchner nie über die halbvollen Maßkrüge beschweren. Ein bayerisches Mysterium. Ich versuch' immer wieder, dahinterzukommen. Ich selber pflege eine andere Münchner Tradition. Weißwurst und Bier am Stand im Münchner Hauptbahnhof. An den dicken Bierfässern komme ich nie vorbei. Ich weiß nicht, ob Bier und Weißwurst hier wirklich besser schmecken als anderswo, aber der Platz hat seine eigene Poesie, Urbanität und Behagen. Wie die anderen vorbeihasten und Blicke herüberwerfen aus Verachtung und Begehrlichkeit, aus hygienischem Entsetzen und vulgärem Appetit, da rückt man am Imbißstand trotzig zusammen wie eine verschworene Gemeinde

An den Bierfässern verzehrt jeder still und ernst, was er bestellt hat, der eine zuzzelt seine Weißwurst, der andere ißt Leberkäse mit Messer und Gabel, auf überflüssiges Reden kann man gut verzichten. Eine besinnliche Schweigsamkeit, nicht zu verwechseln mit einer verbissenen, zeichnet überhaupt jeden guten Imbißstand aus. Geistreiche Gespräche und Stammtisch-Gebrabbel sind unangebracht. Das gefällt mir zum Beispiel. Man versteht sich untereinander. Den Höhepunkt der Imbißbekanntschaft habe ich an einem dieser Münchner Bierfässer erlebt. Wir standen da, Fremde, und sprachen kein Wort miteinander. Nachdem er sein Bier ausgetrunken und den Mund mit dem Handrücken abgewischt hatte, wandte er sich zum Gehen, drehte sich aber noch einmal um und sagte: »Mach's gut«. *aus: Johann Willsberger, Malerisches Deutschland (1981)*

Vincent van Gogh, Madame Ginoux (1888/89)
Marie Ginoux führte mit ihrem Mann das »Café de la Gare« in Arles.

ACHTER GANG

Rilke im Bahnhofsbuffet

Von Bahnhofscafé-Lyrikern und Kneipen-Literaten,
Briefen und Postkarten

Der Schriftsteller *Alex Capus* antwortete einmal auf die Fragen nach seinem Verhalten bei einem etwaigen Bücherverbot, dass er eine geheime Bibliothek einrichten und dann, wenn die Bücherverbieter zur Hölle gefahren wären, mit ihr ins Bahnhofbuffet umziehen würde. – Inzwischen sind tatsächlich aus einigen früheren und zeitweilig leerstehenden Bahnhofscafés Büchereien geworden.

Der Zusammenhang zwischen Bahnhofsgaststätten und der Literatur besteht nicht nur darin, dass erstere in letzterer auftauchen: Manche Publizisten und Autoren hatten und haben nämlich eine ganz eigene Beziehung zum Bahnhofsrestaurant. Die Eltern von *Martin Walser* betrieben ein solches, auch *Gerhart Hauptmanns* Eltern waren Pächter einer Bahnhofsgaststätte. Der große Schweizer Schriftsteller *Ernst Zahn* war – wie sein Vater – sogar Wirt der Bahnhofsgaststätte Göschenen vor dem Gotthard-Tunnel, wo es in der 25-minütigen Umspannpause der Lokomotiven ein legendäres sechsgängiges Menü gab, das selbst wieder literarisch wurde. Überhaupt Schweiz: Der Literaturkritiker der NZZ, *Eduard Korrodi*, fand sich oftmals am Abend im Bahnhofsrestaurant II. Klasse des Züricher Hauptbahnhofes ein, weil er nicht mehr herausfand, was er tagsüber geschrieben, gestrichen, umformuliert, eingefügt oder verworfen hatte; hier schrieb er dann auf Briefbögen seine endgültigen Fassungen.

Denn in den großen Bahnhofsrestaurants bekam man selbstverständlich Briefpapier und auch Postkarten (natürlich auch mit Bahnhofs-Motiven ...). Zahllose Briefe, Karten und Grüße wurden in Bahnhofsgaststätten und Wartesälen geschrieben.

Aber nicht nur Literatur, auch Musik entstand in diesen Räumen, klassische wie moderne; das Stimmengewirr und der Geräuschpegel konnten nämlich durchaus inspirierend sein. Der Percussionist und Bandleader *Spike Jones* etwa, dessen Vater bei der Bahn beschäftigt war, empfing erste Impulse vom Koch eines Bahnhofsrestaurants, der mit dem Besteck rhythmisch klapperte. Er schnitzte dem Zehnjährigen aus einem alten Stuhl ein Paar drumsticks, mit denen Spike nun seinerseits Musik zu machen begann ...

Und da wir schon bei den Künstlern sind: Nicht zu vergessen sind natürlich die Maler, die wie Schriftsteller und Komponisten auch im Gewühl eines Bahnhofs und bei einem Glas Wein Anregungen finden können. Der Maler *Max Beckmann*, so schreibt seine Frau Mathilde, ging in seinen Frankfurter Jahren manchmal spät abends noch zum Hauptbahnhof, nur um die Menschen kommen und gehen zu sehen; auf diese Weise sah er viele »Typen«, die er später in seinen Bildern verwenden konnte: »Der Strom der Menschen, ihre Stimmungen und Launen, die Aufregungen der Reise, das ständige Auf und Ab des Lebens, die Freuden und Leiden faszinierten ihn und beflügelten seine Phantasie.«

Völlig versunken

Weit über 100 Bücher hat *Otto Zierer* geschrieben, und bereits als Student in München wurde er vom Gedanken eines Romans über Cesare Borgia mit solcher Macht gepackt, dass er dazu überall, wo er ging und stand, Notizen in ein Schulheft schrieb oder Szenen, die ihm vor Augen standen. Auch in einer Bahnhofsgaststätte.

Da ich fast kein Geld hatte, aber doch gerne am Wochenende zu meiner Juliane nach Freising gefahren wäre, die Fahrkarte mir aber nicht leisten konnte, und weil mein Fahrrad sehr gebrechlich war, hatte ich ein Abkommen mit zwei Freunden getroffen, die stolze Motorradbesitzer waren. Der eine fuhr Samstag abends zu seinen Eltern nach Lohhof – etwa 12 km von München entfernt. Der andere kam am gleichen Abend von Ingolstadt herüber, kreuzte Lohhof und fuhr nach Freising zu seinen Verwandten weiter. So setzte mich Freund Nummer 1 in der Lohhofer Bahnhofswirtschaft ab, wo ich wartete, bis Freund Nummer 2 ankam, um mich nach Freising mitzunehmen. Das dauerte manchmal einige Stunden, die ich bescheiden in einer Ecke der Wirtsstube verbrachte, ein einziges Bier vor mir; ich nützte die Zeit, indem ich an meinem Roman weiterschrieb.

In der Bahnhofswirtschaft zu Lohhof habe ich, während die Bauern an den Nebentischen ihre Karten auf die Tischplatten hämmerten und der Trachtenverein einen Chorus anstimmte, völlig selbstvergessen die dramatischsten Szenen meines CESARE geschrieben – so weit entfernt von aller Realität, daß mich mein Motorradfreund oft an der Schulter rütteln mußte, wenn er gekommen war und ich auf sein Hupzeichen nicht reagiert hatte.

Otto Zierer, Mein Abenteuer, zu schreiben (1979)

Tinte und Federn

Der Schriftsteller, Zeichner und Journalist *Arnold Kübler* nutzte die frühen Morgenstunden, um im Züricher Bahnhofbuffet zu schreiben. Nicht nur die Bahnbediensteten nahmen an seiner Arbeit freundlich Anteil, auch die Saaltochter Babette war fürsorglich-streng um ihn bemüht.

Die Bahnhofswirtschaft ist die grösste Wirtschaft Zürichs, hat die höchsten Räume mit einem klassizistischen Architektureinschlag, hat die meisten Saaltöchter, die zusammen mit den Gästen für mehr als zwanzigtausend Franken Geschirr im Laufe eines Jahres zerschlagen; sie hat einen erstklassigen und einen zweitklassigen Teil, wie sie selber sagt, weist einen obern Stock mit Versammlungszimmern und Sonder-Essräumen über dem unteren auf, ebenso zu ebener Erde eine Chüechli- und andere Stuben, aber das Schönste von allem ist die ganz gewöhnliche Bierwirtschaft, der Volkssaal mit der tabakbraunen Decke hoch oben, die man mit durchaus vorübergehender Wirkung von Zeit zu Zeit hell anstreicht, die Wirtschaft, die einst den bescheidenen Namen Buffet dritter Klasse führte, die nun aber mit Hilfe eines Umbenennungsvorgangs der SBB zur zweiten Klasse aufgerückt ist, so wie ich im Laufe der Jahrzehnte, da ich dort aus- und eingehe, auch ein Stückchen künstlerisch vorwärts gekommen bin.

Ich habe dort im Stimmengewirr der vielen Gäste, umgeben von eidgenössischem Redewohlklang, dicke Bücher geschrieben, sitzend an einem Tischlein an der Wand, das nichts mit einem Schreibtisch zu tun hatte, sondern schlicht der Tisch war, an dem ich schrieb. Die vielköpfige Umgebung hat daselbst, ohne es zu wollen, mir einen ungewöhnlichen, guten Dienst erwiesen: ich konnte, als der Publikumserfolg meiner schriftstellerischen Anstrengungen ausblieb, auf diesen gelassen verzichten und mir sagen, dass ich das Publikum ja bereits beim Schreiben dabei gehabt habe. Als ich zum erstenmal, lang vor dem Kugelschreiberzeitalter, an die volkreiche Stätte nichtsahnend hinkam und eingebungshaft nach Tinte und Feder fragte, hielt Babette, die erfahrene Saaltochter, mich für einen schwachen Spassmacher.

»Tinte? Sie meined e Tunkels?«

»Nei, Tinte.«

»Es Kafi natür wahrschinli?«

»Nei, Tinte und Fädere. «

»Fädere? Händ Sie en Vogel?«

»Tinte und Fädere zum Schriibe. «

Sie schüttelte den Kopf, das heisst ihr kurzgeschnittenes Haar, das schon viele graue Fäden zeigte, und holte das Verlangte bei der Buffetdame. Ihr Unmut beeindruckte mich, und ich habe von da ab mein Schreibzeug immer selber dorthin gebracht, immer nach der schwach erhellten Ecke an das Tischlein, das da gleichsam wie ein abgesägtes Teilstück der langen Haupttafeln stand, Zwischenstation des Essbestecks, das in Vorräten drauf hingelegt wurde, um Babette einige Hin- und Hergänge zu ersparen, denn sie hatte viele Kilometer für ihre Gäste täglich zu machen, und ihre Füsse begannen in unziemlicher Weise mit der Zeit zu schmerzen. [...]

Meine hauptsächlichsten Sitznachbarn waren in der Bahnhofwirtschaft die Eisenbahner. Wir standen uns von Anfang an nahe. Sie pflegten ihren Znüni mitzubringen und erfreuten sich am Orte gewisser Preisermässigungen ... Sie nahmen Anteil am Gang und Fortgang meiner schriftstellerischen Arbeit, weil ja das Beförderungswesen ihre Sache ist. Wenn ich allzulange mit Schreiben innehielt, ins Nachdenken verfiel, liessen sie's an ermunterndem Zuspruch nicht fehlen. »Wo chläbets?« sagten sie dann, oder »Wagelang vor!« in ihrer anschaulichen Sprache. [...]

Unerreichbar blieb mir in der charakterkopfreichen Umgebung auch immer die Würde eines andern ausgedienten, kleinen feinen Mannes, der wegen seiner schöngeformten Schläfen, seiner blassen, feinen Haut, in seinem schwarzen Hut und ob dem buschigen Schnurrbart den Vergleich mit Nietzsche, dem Philosophen, geradezu herausforderte. Einmal habe ich ihn heimlich zu zeichnen versucht, habe auch mit ihm gesprochen und habe erfahren, dass er achtzig Lebensjahre und fünfzig Jahre Postdienst hinter sich hatte – oder waren es fünfzig Lebens- und achtzig Postdienstjahre? Mit den Jahren liefen meine zeichnerischen Bemühungen der Schreiberei den Rang ab.

Das dazugehörige Streifen im Saal holte mich von meinem angestammten Schreibplatz fort. Babettes Fürsorge entschwand ihm auch, mir ebenso, denn sie zog sich nunmehr in den Ruhestand zurück oder wurde dahinein versetzt. Hie und da erreichte mich ein Gruss der Erkrankten durch eine ihrer langjährigen Nebentöchter. Als ich nach einer langen Zeichenperiode und Saalstreiferei wieder an meinen alten Platz zurückkehren wollte, waren die Papierservietten, waren die Messer, Gabeln, Löffel wieder an ihren früheren Zwischenstapelplatz für die neue zugehörige Serviertochter zurückgekehrt. Eine frische Fussgängerin war an Babettes Stelle in Tätigkeit. Sie verweigerte mir rundweg den Schreibraum, scheuchte mich fort wie ein irres Huhn, zeigte nicht die geringste Achtung vor meiner Geistigkeit und war mindestens so unverschämt gegen mich, wie die Männer im Saal es oftmals gegen sie waren.

Einige Zeit später kam die Nachricht von Babettes Begräbnis ins Buffet, und es befiel mich das Gefühl eines Versäumnisses, weil ich nie zu einem Krankenbesuch bei ihr erschienen war.

Arnold Kübler, Babette, herzlichen Gruss (1967)

Rilke im Bahnhofsbuffet

Johannes Burkhardt mit dem Künstlernamen *Ossip Kalenter* wurde in Dresden geboren, lebte und arbeitete in Italien, in Prag und Zürich und war vielfältig journalistisch und literarisch tätig. Er reiste viel, »ohne Zweck und Ziel«, wie er einmal schrieb, und verarbeitete seine Reiseeindrücke in meisterhaften Feuilletons und kleinen Arabesken.

Der Abend indessen findet uns in Airolo im Bahnhofsbuffet, wo – Airolo hat 2000 Einwohner – das Leben pulst. Man trinkt hier café crème aus hohen, biedermeierlich beblümten Porzellankelchen, die aus einer Luzerner Manufaktur stammen. Man macht Konversation, und die Geselligkeit des südlichen Temperaments zeigt sich – auch auf dem 46. Grad nördlicher Breite und 1150 Meter Höhe – von ihrer liebenswürdigsten Seite. Zuvor haben wir einen Rundgang durch den abendlichen Ort gemacht, zum Coiffeur und zum Uhrmacher, zum Blumenladen und zum Herrenkonfektionär. In der ein wenig nüchternen Kirche brennt Licht und erklingt Gesang. Und wenn ihre Türen sich öffnen, die Menschen heraustreten und vom steilen Campanile eintönig und mahnend eine Glocke zu läuten beginnt, gemahnt es plötzlich auch mich – nicht an mein Seelenheil, sondern ...

»Sag einmal, Eliane ...« (wie gut, daß ich nicht allein reise!) »hatte ich nicht, als wir aus dem Hotel weggingen, ein kleines Paket in der Hand?«

»Ja.«

»Um Himmels willen, ich habe es nicht mehr ...«

»War etwas Wertvolles darin?«

»Briefe von Rilke.«

»Ach, der wird dir schon wieder ...«

»Diese Briefe sind unersetzlich. Sie wurden mir von Professor P. anvertraut, dem Freund von Matisse. Es sind unveröffentlichte Briefe aus der Rodin-Zeit, mit Urteilen Rilkes über Greco und Rembrandt, Ausführungen über Manon Lescaut und Marianna Alcoforado sowie einer schlechthin unwahrscheinlich großartigen Schilderung der Stadt Toledo.«

»So sieht es aus, wenn man dir etwas anvertraut«, meint Eliane ...

Wir haben die Briefe Rilkes schließlich wiederbekommen. Ich hatte sie, die so preziösen, trivialerweise beim Coiffeur liegengelassen. Und feiere ihre Wiederkehr momentan im Bahnhofsbuffet, etwas robust mit einem Grappa. Ich lese weiter in diesen Briefen, mit ihrer hohen, steilen, überkorrekten Handschrift, die ein wenig das Dixhuitième nachahmt – in diesen Briefen voll aristokratischer

Scheu, verschleierter Inbrunst und ewiger Unstetheit, die gut zu der von Unruhe und Heimatlosigkeit bestimmten Atmosphäre eines Bahnhofs passen und deren einen Rilke selber an einem Oktobertag des Jahres 1907 im Bahnhofsbuffet von Heilbronn schrieb, auf einem Restaurationsbogen mit dem Aufdruck des Gastwirtsnamens: Victor Holl, – und worin die Worte stehen:

»Denken Sie, das Land ist überall im Herbst, mit noch ganz vollen Konturen und flammend und leuchtend im hellen Wind. Ich hatte es ganz nahe, fortwährend zu denken: oh, es ist also nicht Winter ...«   *Ossip Kalenter, Rilke im Bahnhofsbuffet (2000)*

Goethe im Bahnhofsrestaurant

In *Arno Schmidts* Erzählung »Goethe und Einer seiner Bewunderer« sind es nicht Briefe, sondern der Dichter selbst, der verlorengeht, freilich erst am Ende. Für einen kurzen Aufenthalt wird Goethe in die Welt der Lebenden zurückgerufen und vom Erzähler im Auftrag der Akademie bei einem Stadtrundgang in Darmstadt über Veränderungen und neue Errungenschaften informiert – auch beim Besuch des Bahnhofes und des dortigen Restaurants.

G arcon : zweimal Hauptbahnhof, bitte !« : ihm gefiel das spezifisch blau=grüne Licht; das Gewimmel der Menschen; nochmal : »Nein : keine Illumination !«; wir rutschten auf unserem Blechfloß durch die Stadt : die Welt war ein einziges großes Kaufhaus geworden. / Mit schwarzen Gesichtern und Silberhaaren knixten sie in den Schaufenstern, schwebenauf schwebenab, neigensich beugensich : eine Hexenzunft (wenn man ihnen den Rock anhebt nur Draht, eine Neonröhre im Kreuz, als Herz eine Büchse Nescafé).

Und hinein in die bleischwarze Halle ! : auf die eine Bahnsteigkarte soll mir's nicht ankommen. / Wir schritten probeweise über graue Zementbrücken (unter denen überall die schwarzen Riesenschlangen lauerten : ab & zu traute sich ein Menschlein näher : da öffnete's eiserne Kiemen, und der verschwand. Ich besah ihn lüstern von derSeite : graut Dir immer noch nicht? Vom Krieg müßte man erzählen können: < Nichts Bessres weiß ich mir an Sonn- &

Feiertagen>; aber der hatte's ja fertig gekriegt, über Flüchtlinge in Hexametern zu schreiben, der seelenlose Automat! Ich war wieder so voller Widerstände, daß Er merkte, daß ich etwas gegen ihn hatte, und erkundigte sich : war auch stark, der Bube !). / (N Fernfahrplan fürs Winterhalbjahr 56/57 kann ich mir gleich mitnehmen : »Moment bitte !«).

Vor schwarzen Bänken stehen. (Unten ; im Eisenleib des Bahnhofs). Da wurde ihm doch langsam unheimlich; wie sich Scheiben an Blechgurten hoben; Züge hinausflossen; Gesichter vorbeitrieben (die man nie mehr sehen würde ! Und alles rasch : nix Postkutsche !). / Wir kauften uns Bier am Stand; er tauschte ein paar Zweideutigkeiten mit der Bedienungsnutte, der Müden, Geweiteten; sie sah sofort, daß wir <Keingeld> hatten. / Masken visierten über Zeitungen (aus ihren D-Zügen; Orionnebel von Zigarettenrauch; die Neonröhre diesmal quer überm Kopf). Oberkörper schliefen steif in Mänteln : so hatte er's noch nicht gesehen ! Unter eisernen Zenithen.

Treppauf zurück. Er überlegte sichtlich. Er murmelte : »I'm sorry for you.« (Dürftige Aussprache; ich hätt'ihm was vormachen wollen : 1 Jahr Dolmetscher bei der Polizeischule in B., mein Lieber !).

Im Bahnhofsrestaurant : »Oh ! Ist ja fast meine Zeit !« (Viertelstunde noch). (»Neenee : kein Pilsner ! Baba genügt !«).

Er nickte langsam. Feierlich. Nachdenklich. Ganz Wahrheit & Dichtung. Ihn noch ein bißchen ansehen : blieb mir das Lästermaul offen stehen. »Ich bin ein großes Arschloch« schlug ich vor. Er nickte immer noch (nahm etwas davon durch Mundspitzen hinweg; durch Kopfwiegen – : also nur ein kleines, bon !).

Der Uhrzeiger an der Stirnwand wischte maschinen über die 12. Er erhob seine Hand und sich; nickend und gedankenvoll : »Hm – : Hm=m=m=m !«

: »Also .....!« :

Vor meinen geschwollenen Pupillen entstand ein Wirbel aus Gelb und Wand; ich schlug einmal mit der Handkante durch : da wurde er blasser. Noch einmal ? : da stand ein Kellner (wahrscheinlich durch das Verschwinden des einen Gastes beunruhigt) : schwarze Hosen; weißes Jackett; »4 Mark 80« : sollstehaben : da ! (Klipperdieklipp).

Ich stand allein auf: allein : ohne Goethe. Ich schob meinen Stuhl in den Tisch : Ordnung muß sein. »Auftrag erfüllt !« meldete ich militärisch nach unten der leeren Sitzplatte : die war blank gewetzt. Blank. Amt Blank. –

(Und morgen abrechnen.) –

((Immerhin : in'n Hintern getreten hatte er mich nicht. Nich direkt.)).   *Arno Schmidt, Goethe und Einer seiner Bewunderer (1956)*

Im Bahnhofsrestaurant entstehen Verse

Das geschäftige Treiben auf einem Bahnhof ist Inhalt zahlreicher Gedichte. Bisweilen entstehen sie auch in der Bahnhofsgaststätte, rasch auf ein Stück Papier hingeworfen oder in den Laptop getippt. Den gastronomischen Einrichtungen rund um einen Bahnhof oder im Zug hat sich *José F. A. Oliver* zugewandt.

z.b. die speisekarte im bahnhofsrestaurant und
ein aufgeschlagener lyrikband von jaroslav
seifert und
eine tasse kaffee ohne milch
zucker und
die bildzeitung die über
einen orkan lechzt wie
sie über boris becker und und
die mädchen geilt

es geht um millionen

im bahnhofsrestaurant entstehen verse
es geht um
kunst und leben und
um die rechnung die
schließlich auch bezahlt werden muß

z.b. im bahnhofsgebäude vor dem imbißstand die
fettschwafelnden mäuler und hastigen uhren
der schienen und
das grelle schmatzen vor der nächsten abfahrt
wirft alle regeln um und
gefüllte apfeltaschen die
schmecken nur
weil man auf reisen ist und
die bratwurst den mundgeruch anturnt

es geht um eßkultur

vor dem imbißstand entstehen verse
es geht um
kunst und leben und
um die manieren die
schließlich doch haften wie sekundenkleber

José F. A. Oliver, aus dem Zyklus »fließende trennung« (1993)

Brief aus dem Wartesaal

Der Schriftsteller und Kabarettist *Fred Endrikat* gewann
selbst dem Abschiednehmen im Wartesaal noch lächelnd
eine Träne ab ...

Weißt Du noch, als ich bei Dir saß?
Es war anno dazumal.
Vor Dir standen drei Eier im Glas,
im Bahnhofswartesaal.
Es war morgens gegen zwei,
mein Zug fuhr erst um vier.
Aus der Ecke klagte Kindergeschrei,
und es roch nach Tabak und Bier.
Besinnst Du Dich auf den alten Mann,
der neben uns schnarchend saß?
Aus Deinen Augen eine Träne rann,
rann rin in die Eier im Glas.

Nun sitze ich wieder im Wartesaal
und denk' an den schnarchenden Mann.
Auch an das Kindergeschrei denke ich jedesmal,
und an die Träne, die in die Eier rann.
Gleich geht mein Zug, den ich beinah vergaß.
Ich schaue betrübt vor mich hin.
Drei Eier im Glas, drei Eier im Glas,
die liegen mir im Sinn.

Fred Endrikat, Liederliches und Lyrisches (1940)

Predigten aus der Bahnhofsgaststätte

Karl Friedrich Erich Windschild, langjähriger evangelischer
Superintendent in Ballenstedt am Harz, war ein engagier-
ter Mitstreiter der Bekennenden Kirche und entschiedener
Gegner des Nationalsozialismus. Seine Predigten musste er
gewissermaßen »mit dem Finger vor dem Mund« halten,
was ihn aber nicht daran hinderte, diese auch in öffentlichen Räumen, z. B. in Bahnhofsgaststätten, auszuarbei-
ten. – Im Mai 1935 fuhr er aus gesundheitlichen Gründen
zu einem Arzt nach Halle.

Da ich in Halle den 2-Uhr-D-Zug auch diesmal nicht erreichte,
blieb ich bis um 5 im Wartesaal und fuhr erst 5.22 Uhr ab.
Ich benutzte die Zeit und Muße zur Arbeit an meinen Vortrage,
den ich bei einer Tasse Kaffee und einer Zigarre, deren blaue Wolken die Gedanken lösen, um 4 Oktavseiten Stenogramm förderte.
Spaßhaft, wie gern ich gerade in den unruhigen Bahnhofswartesä-
len arbeite. Es ist mir das auch erklärlich: die Abwechslung in der
Umgebung hält die innere Ermüdung fern, und das Bewußtsein,
daß auch nicht einer der Ab- und Zugehenden mich etwas angeht
und etwas von mir will, gibt mir die nötige innere Ruhe. Wie viel
Predigten und Vorträge habe ich auf den Bahnhöfen von Gernro-
de, Quedlinburg, Oschersleben, Güsten, Aschersleben und Halberstadt oder in Mägdesprung ausgearbeitet!

Karl Friedrich Erich Windschild, Tagebuch (Mai 1935)

Wartesaal-Impressionen

Vierzehn Jahre jünger als *Rosa Luxemburg* war der Student Kostja Zetkin, der bei der politisch links engagierten Journalistin zur Untermiete wohnte und schon bald eine Liebesbeziehung zu ihr unterhielt. Zahlreiche Briefe schrieb sie ihm, den sie »mein Sohn« nannte, darunter auch aus dem Wartesaal Halberstadt – mit farbigen Eindrücken von den Menschen darin.

Kostik, mein Sohn! Halberstadt ist wahrscheinlich eine schöne Stadt. Ich sehe davon nur den Wartesaal II. Klasse, und der ist so öde und nervenmartend wie alle Wartesäle der Welt. Übrigens ist das wieder eine falsche Vorstellung. Ich erinnere mich ganz genau, daß mir manchmal auf der Reise im Wartesaal jedes Tischchen mit schmutziger Serviette wie eine kleine Oase und jeder Kellner mit gelangweiltem Gesicht wie in lachender Engel im Paradies vorkam. Das hängt alles von ... Wetter ab. Hier kommt alle paar Minuten der Portier herein – ein untersetzter, bärtiger Mann mit starker, semitischer Nase und dicken Lippen –, stellt sich hin, dröhnt mit seiner Glocke und rezitiert dann in tiefem Baß mit größtem Nachdruck auf jedem Wort: Braunschweig, Goslar, Halle, Hildesheim, Hannover, Jerxheim ... Bahnsteig III! Dabei rollt er seine hervorstehenden Augen in dem unbeweglichen Kopfe, wie wenn er ein Verdammungsurteil über sämtliche anwesende Sünder sprechen würde. Er hat recht, mir kommen alle diese schrecklichen Stationsnamen wie ebenso viele Leidensstationen des menschlichen Lebens vor ... Wozu gibt es überhaupt so viele Städte in der Welt, weißt Du es mir nicht zu erklären, mein Sohn?

An meinen Tisch hat sich noch zu allem Überfluß eine glückliche Familie mit zwei blühenden Sprossen von vier bis fünf Jahren hingesetzt; wieviel Sorge um die Nasen, um die vergossene Milch, um die schiefgerutschten Mützen und das sonstige Wohlergehen der lieben Jungen! Wozu die Menschen bloß soviel Kinder in die Welt setzen, weißt Du es mir nicht zu sagen, mein Sohn? Am anderen Ende des Saales sitzt ein Pfaff' am Tisch, und ich muß unwillkürlich sein rundes geschlechtsloses Gesicht betrachten. Ist das nicht bloß ein Hirngespinst meiner kranken Seele, gibt es wirklich eine solche Menschengattung, die sich unter anderm einbildet, einem Gott zu dienen, sich ihm zu liebe zu kastrieren, die ein kleines Büchlein mit Goldrand in den dicken Fingern hält und etwas Lächerliches murmelt wie dieser Pfaff' da am anderen Ende des Wartesaals?   *Rosa Luxemburg, Brief an Kostja Zetkin (15. Januar 1907)*

Brief an den Verleger

Am 12. August 1897 stellte *Karl May* seinem Verleger Fehsenfeld im Leipziger Bahnhof von Dresden in einem Brief auf kariertem Schreibpapier seine Ideen über ein geplantes neues Buch vor.

Im Bahnhofrestaurant sitze ich und denke über den Weihnachtsband nach, den ich mit wahrer Begeisterung schreibe. Er wird fluschen; mehr will ich nicht sagen.

Nur muß die Ausstattung mir behülflich sein. Ich verlange von Ihnen nicht zu viel. Alles genau wie bisher, doch ohne Umschlag-Bild. Dafür aber Folgendes: Titel:

»Wei[h]nacht«

Darunter einfach, deutlich und ungekünstelt die 4 Zeilen:

Ich verkünde große Freude,

Die Euch widerfahren ist,

Denn geboren wurde heute

Euer Heiland Jesus Christ.

Können Sie das machen? Bitte, bald Antwort, weil ich nicht eher schreiben kann. Diese Strophe nämlich dominirt den ganzen Inhalt, zieht sich wie ein goldener Faden durch das ganze Buch und beherrscht in ergreifender Weise den Schluß desselben.

Nachtrag

Strophe vielleicht in Goldschrift. Geht das, ohne daß es zu theuer wird oder sonstige Unbequemlichkeiten verursacht? Ich gebe Ihnen mein Wort, der Band wird großartig und wird größern Absatz haben als alle bisherigen.

Karl May, Brief an seinen Verleger Fehsenfeld (1897)

Engelsmusik

Im November 1941 schrieb der evangelische Kirchenmu-
siker *Hugo Distler* zwei Chorsätze zu Weihnachtsliedern.
Trotz seiner Gewohnheit, am Klavier zu komponieren,
schrieb er gekonnt auch im Zug und im Wartesaal.

Wieder sitze ich eine Stunde im 2. Klasse-Wartesaal Duche-
row; bisher ging das Komponieren am Satz *Vom Himmel
hoch, o Englein kommt* ganz schön; aber hier ist mal wieder eine derart zugleich stupide und gewöhnliche Radiomusik – für Kinder:
teils kindisch, teils jazz –, daß an Weiterarbeiten gar nicht zu denken ist. [...] Das Arbeiten im Zug ist lehrreich und zeigt mir, daß ich
eine ziemlich sichere Technik, auch ohne Klavier, habe, z. Zt. wird
bei mir alles ganz von selber kanonisch.

Hugo Distler (1908-1942), Brief an seine Frau

Gruß aus dem Bahnhofsrestaurant: Postkarte um 1900.

Betäuben – nicht trinken

1917 übersiedelte der aus dem Militärdienst entlassene *Stefan Zweig* in die Schweiz, wo er eine Reihe von Persönlich-
keiten und Künstlern kennen lernte, die ähnlich ihm oder
James Joyce oft in mehreren Sprachen beheimatet waren.

Ein anderer dieser amphibisch zwischen zwei Nationen Lebenden war Feruccio Busoni, der Geburt und Erziehung nach Italiener, der Lebenswahl nach Deutscher. Von Jugend an hatte ich
keinen unter den Virtuosen dermaßen geliebt wie ihn. Wenn er
am Klavier konzertierte, bekamen seine Augen einen wunderbar
träumerischen Glanz. Unten schufen mühelos die Hände Musik,
einzige Vollendung, aber oben horchte, leicht zurückgelehnt, das
schöne durchseelte Haupt und lauschte die Musik, die er schuf, in
sich hinein. Eine Art Verklärung schien ihn dann immer zu über-
kommen. Wie oft hatte ich in den Konzertsälen wie verzaubert auf
dies durchleuchtete Antlitz gesehen, während die Töne weich auf-
wühlend und doch silbern klar mir bis ins Blut eindrangen. Nun sah
ich ihn wieder, und sein Haar war grau und seine Augen umschattet
von Trauer. »Wohin gehöre ich?« fragte er mich einmal. »Wenn
ich nachts träume und aufwache, weiß ich, daß ich im Traum italienisch gesprochen. Und wenn ich dann schreibe, denke ich in deutschen Worten.« Seine Schüler waren zerstreut in aller Welt [...]
Selten hörte ich mehr sein herrlich vehementes, sein aretinisches
Lachen, das ich an ihm vordem so sehr geliebt. Und einmal traf ich
ihn spätnachts in der Halle des Bahnhofrestaurants, er hatte allein
zwei Flaschen Wein getrunken. Als ich vorbeiging, rief er mich
an. »Betäuben!« sagte er, auf die Flaschen deutend. »Nicht trinken! Aber manchmal muß man sich betäuben, sonst erträgt man es
nicht. Die Musik kann es nicht immer, und die Arbeit kommt nur
in guten Stunden zu Gast.«   *Stefan Zweig, Die Welt von gestern (1944)*

Zeichnung aus der Zeitschrift Brennessel (1938), S. 506

NEUNTER GANG

»... *worauf die Leute in den Wartesälen warten*«

Von Unbequemlichkeiten, unerwarteten Erfahrungen
und dem Sinn des Lebens

Bahnhöfe und ihre Gaststätten sind als Orte des Übergangs Räume voller Symbolik. Sogar etwas Wundervolles, Überirdisches können sie andeuten: Schon G. K. Chesterton verglich Bahnhöfe mit Kathedralen; er verwies auf ihre großen Bögen, auf die Kuppeln, die farbigen Lichter und vor allem auf die Wiederkehr bestimmter Rituale. In *Franz Werfels* Roman *Der veruntreute Himmel* kommt der einfachen Köchin Teta Linek das Hinaufsteigen über die scala regia des Vatikans so vor, »als ginge sie durch die endlosen Gänge, Treppenhäuser, Wartehallen eines gewaltigen Bahnhofs. Dieser Bahnhof aber war auf irgendwelche Weise schon in den Himmel eingesprengt.« Und als »Zufluchtsstätten, die immer offenstehen,« schreibt *Peter Utz*, »haben die Bahnhöfe, Kultstätten für den Gott des Wartens, die Kirchen abgelöst«. Aber es bleibt der Aspekt des Jenseitigen, auf den sie verweisen können – zumal beim Warten, das ja per se schon zum Sinnieren einlädt.

Das Warten wird manchmal zum Inbegriff des Bahnhofs: »Ich bin heute auf diesem Bahnhof zum erstenmal in meinem Leben ausgestiegen, und schon kommt es mir vor, als hätte ich ein ganzes Leben verbracht, während ich dieses Café betrete und wieder verlasse, vom Geruch des Bahnhofs hinüberwechsle zum Geruch nassen Sägemehls in den Toiletten, all dies vermischt zu einem einzigen Geruch: dem des Wartens.« (*Italo Calvino*)

Bei *Lion Feuchtwanger* ist der Wartesaal Chiffre für die Situation der Juden während der NS-Zeit (vgl. seine sog. »Wartesaal-Trilogie«) – ein Raum ohne sichtbare Begrenzung aber auch ohne Aussicht und Ausgang, ein Ort, an dem man nur warten kann.

Ist das Warten an sich schon schwer, so trägt der karge Raum noch ein Übriges dazu bei. Und je niedriger die Klasse war, umso abstoßender wirkte der Wartesaal. Heutige moderne und exklusive Aufenthaltsräume tragen den Namen »Lounge« und erwecken den Eindruck des bequemen Sich-Ausstrecken-Dürfens und Chillens. Für die meisten Reisenden sind sie jedoch nicht zugängig – für sie gibt es in den Bahnhöfen oder auf den Bahnsteigen eigene Warteräume, die freilich oft so unbequem und eng erscheinen, dass sie allenfalls zum Schlechtwetterunterstand taugen.

Das Warten ist nicht nur Chiffre, nicht nur negatives Erleben und auch keine vertane Zeit, sondern kann sogar ein bewusst gesuchtes schönes Erleben sein, wenn man es wie *Hermann Hesse* betrachtet, der im Bahnhofbüfett »zwischen den Reisenden die angenehme Illusion bekommt, auch etwas zu tun und irgendein Ziel vor sich zu haben«. Und schließlich kann man beim gemeinsamen Warten auch ganz gut miteinander ins Gespräch kommen.

Und das Warten selbst an abgelegenen Bahnhöfen verschafft einem ungeahnte neue Erkenntnisse über den Wert der Geduld und lädt zum Philosophieren ein – über Zeit und Ewigkeit und die Zeitläufte an sich. So wird der Warte-Raum zum Sinnbild des Lebens und all dessen, was es bereithält. Kein Wunder, dass der »Wartesaal zum (kleinen oder großen) Glück« sogar sprichwörtlich wurde und als Film- oder Schlagertitel begegnet.

Worauf die Leute warten

In den frühen Erzählungen *Heinrich Bölls* nach dem zweiten Weltkrieg spielen Bahnhöfe und ihre Wartesäle eine häufige Rolle; sie boten den Menschen in den zerstörten Städten ein vorübergehendes Obdach. Einen solchen Wartesaal sucht auch mit großer Zielstrebigkeit Bölls Ich-Erzähler in einer kleinen Erzählung auf.

Ich wartete auf Edi. Oh, Sie haben sich vielleicht schon einmal gefragt, worauf die Leute in den Wartesälen warten: Sie glauben wohl, sie warten alle auf ankommende und abfahrende Züge! Oh, wenn Sie nur wüssten, worauf man warten kann. Man kann auf alles waren, was es zwischen nichts und Gott gibt! Ja, es gibt Leute, die

auf nichts warten und doch warten, warten ... und es gibt welche,
die auf Gott warten. Oh, ich wünsche nur von ganzem Herzen, dass
sie Gott erkennen mögen, wenn er in den traurigen Wartesaal ihres
Lebens tritt! Oh, es gibt sogar Menschen, die etwas erwarten ... machen Sie sich den Unterschied zwischen warten und erwarten klar!
Warten ist der Zustand eine gewissen ungeduldigen Hoffnungslo-
sigkeit ... Erwarten ist eine spannungsvolle Gewissheit; vom berau-
schenden Odem der Hoffnung sind die matten Segel geschwellt ...
oh, die Sprache hat ihre Geheimnisse, ein winziger Buchstabe oder
eine unscheinbare kleine Silbe ... und ein Wort wird hinausgescho-
ben in die Unendlichkeit. *Heinrich Böll, In guter Hut (1947)*

Von der Qual des Wartens

Eduard von Hoffmeister hatte sich nicht nur als Offizier, sondern auch als Forschungsreisender mit seinen geographi-
schen Schilderungen einen Namen gemacht. – Als Soldat
wusste er, was Warten bedeutet; auf seiner militärhistori-
schen Reise durch Armenien hat er später durchaus noch
Steigerungen der Mühsal kennen gelernt.

Nach längerer Fahrt über fruchtbares flachgewelltes Land durch-
bricht die immer ansteigende Bahn die schluchtenreichen, wilden grusinischen Berge und erreicht an der Station Karakliss vorbei
... um drei Uhr morgens Alexandropol. Hier ward mir die unangenehme Überraschung, daß der Zug wegen geringen Verkehres
keinen Anschluß nach Kars habe, und ich neun Stunden auf denjenigen warten müsse, der erst nachts von Tiflis abgeht. [...] Ich
mußte auf dem kalten zugigen Bahnhofe – Alexandropol liegt über
1500 m hoch – bleiben, denn nach der Stadt war es natürlich sehr
weit, da ja die Russen eine wahrhaft erstaunliche Fertigkeit darin
besitzen, die Bahnhöfe möglichst entfernt von den Wohnstätten
anzulegen, – auch ein Hotel, das nur einigermaßen diesen Namen
verdiente, [war] nicht vorhanden.

Man muß nun in Rußland, und viel, gereist sein, um die Qual er-
messen zu können, neun volle Stunden, dazu die Hälfte bei Nacht,
auf einer kleinen russischen Station zuzubringen. Die großen Bahn-

restaurants sind ja ganz gut und auch verhältnismäßig sauber, die kleinen aber, obwohl sie mit ihren allgemein üblichen Kerzenleuchtern, Petroleumlampen, Goldfischgläsern und Topfpflanzen einen nicht unfreundlichen Eindruck machen, sehr übel; Polster gibt es schon des Ungeziefers wegen nicht, und die wackeligen Stühle sind mit Vorsicht zu gebrauchen. Zunächst galt es, den Morgen zu erwarten. Hierzu wurden an der Wand, aber aus kluger Vorsicht etwas abgerückt, über die drei festesten Stühle ein paar Decken gelegt, dann die Lichter gelöscht, der Raum abgeschlossen, und ich schlief nun, so gut oder schlecht es gehen wollte, dem Tag entgegen in dem tröstenden Bewußtsein, daß alle Mühsal auf Erden so oder so ein Ende hat. Nachdem es einigermaßen hell geworden war, erschien ein zweifelhaftes Wesen in hohen Stiefeln und einem Kopftuche, wie ich herausbekam eine Frau, und machte rein, d. h. sie wirbelte mit einem Besen fingerdicken Staub auf, der sich dann wieder behaglich auf den gewohnten Platz niederließ. Waschen konnte ich mich selbstverständlich nicht, denn ein derartiges Bedürfnis liegt dort kaum vor; man muß sich nur immer von neuem wundern, mit wie wenig Wasser ein Russe auszukommen vermag. Unter solchen Umständen gab es für mich kein Bleiben mehr, und ich faßte den mannhaften Entschluß, mir zu Fuß die Stadt anzusehen.

Eduard von Hoffmeister, Durch Armenien (1911)

Geduld lernen in Huppenberg

Eugen Milett befindet sich in *Wilhelm Heinrich Riehls* kleiner Erzählung auf einer Reise nach Wien. Er reist bewusst langsam, auf Umwegen und mit Unterbrechungen. So kommt er auch nach Huppenberg, einem Eisenbahnkreuzungspunkt. Und hier macht er beim Warten auf den Anschlusszug eine ganz besondere Erfahrung.

Es ist vielleicht noch keinem Bildhauer eingefallen, die Geduld plastisch, monumental darzustellen. Und doch wäre ein Denkmal der Geduld eine lohnende Aufgabe. Man könnte das Standbild in Zinkguß billig vervielfältigen zum ortsgemäßen Schmuck einer großen Zahl deutscher »Warte-Bahnhöfe«. Huppenberg verdiente ein solches Standbild vor allen.

Man kann Huppenberg nicht mit der Wartestation Hagen ver-
gleichen, wo man im Getümmel sich selbst verliert; nicht mit der
Geduldstation Oberhausen, wo sich uns die schönste Gelegenheit
bietet, nach stundenlangem Warten in den falschen Zug zu geraten;
nicht mit der Kreuzungs- und Kreuzstation Löhne, wo der Reisende, welcher von Osnabrück nach Bielefeld fährt, Zeit genug hat,
dem erwarteten Zuge auf eine Station gemütlich entgegenzuspazie-
ren; nicht mit Bebra, wo uns der prächtige Heldentenor, womit der
weltbekannte Pförtner die Züge ausruft, das Warten musikalisch
verkürzt; nicht mit Lehrte, Heudeber, Wunstorf, Scherfede, Kreiensen, in deren mehr oder minder schönen Hallen viele hunderttausend Menschen schon eine unendliche Größe von Langeweile
zusammengewartet haben. Huppenberg ist nur mit sich selbst ver-
gleichbar.

Herr Milett trat zunächst ins Wartezimmer, wo er wenigstens
Schatten zu finden hoffte. Allein in dem engen Raum kochte eine
Bruthitze, welche durch eine großgedruckte Empfehlung des Apol-
linariswassers, den einzigen Schmuck der Wände, nicht gemildert
wurde. In der Ecke saß eine einsame Dame und bewachte ihr Handgepäck mit einer Ausdauer, die einer besseren Sache würdig war.
Unser Reisender prallte zurück und ging in das Restaurationslokal.
Dort aber prallte er noch stärker zurück: es war vollgepfropft mit
biertrinkenden, rauchenden Bauern.

Er suchte das Freie, frische Luft und Schatten. Doch nur das
kleine Stationshaus warf hier überhaupt einen Schatten, und der
fiel gerade auf die Schienen. Nebenan war allerdings eine öffentliche Anlage, der schüchterne Versuch eines Gartens zur Erholung
für das Wartepublikum. Sandige Wege schlängelten sich zwischen
verdorrtem und zertretenem Rasen, der hie und da durch kleine,
verkümmernde Birken- und Tannenbäumchen belebt wurde. Eine
Allee von dünnen, größtenteils abgestorbenen Ebereschen verband
den »Park« mit dem Hause.

Herr Milett lachte hellauf über diese Karikatur eines Parks, und
es jammerten ihn die armen Tannen- und Birkenbäumchen, die offenbar schon lange gepflanzt waren, aber nicht gedeihen wollten.
Sahen sie doch aus, als verzehre sie in dieser Einöde das Heimweh

nach den Waldesbergen, welche in duftblauer Ferne am Horizont aufstiegen.

Da erspähte er am äußersten Ende der Anlagen einen Holunder-busch, eine Art Laube. Dort kann er Zuflucht finden. Er tritt hinzu und prallt abermals zurück: – ein Mann und ein Knabe saßen dort bereits auf der dürftig beschatteten Bank.

Allein der Mann hat ihn bemerkt, er steht auf und ersucht ihn, Platz zu nehmen. Die Einladung war so freundlich, daß Herr Mi-lett Folge leistete und sich neben den beiden niederließ. Er begann das Gespräch, indem er über das unangenehme Warten an so öder Stätte klagte. Der andere aber entgegnete, er habe sich vielmehr auf die zwei Raststunden in Huppenberg gefreut; er komme jedes Jahr einmal hierher, und da habe er sein Vergnügen an den Birken- und Tannenbäumchen, die er nun schon seit acht Jahren beobachte. »Sie wollten anfangs gar nicht gedeihen; nun wachsen sie doch, mühselig genug, aber sie wachsen, sie werden gesünder. Ach, sie schienen anfangs so krank und unrettbar verloren!«

Bei diesen Worten ward seine Stimme bewegt, er warf einen Blick auf den Knaben und fügte hinzu: »Mein Fritz ist jetzt auch acht Jahre alt!«

Nun wandte Herr Milett das Auge auch auf das Kind. Der arme Junge sah in der Tat den kümmerlichen Bäumchen nur allzu ähn-lich. Das Gesicht war so blaß, die Händchen so mager; er schaute den Fremden so wehmütig an mit den großen glänzenden Kinder-augen. Dann rutschte er von der Bank, ergriff eine Krücke, die ne-benan gestanden, und hinkte aus der Laube hinaus. Das linke Bein war etwas verkürzt, und das Gehen fiel ihm offenbar sehr schwer.

»Er wird nicht müde, sich die Bäumchen zu betrachten, von de-nen ich ihm so oft erzählt habe«, sprach nun der Vater. »Das ist alles eine neue Welt für ihn, er wird den heutigen Tag in seinem Le-ben nicht vergessen, den ersten Tag seiner ersten Reise. Und auch für mich ist heute ein Freudentag; ich genese mit dem genesenden Kinde. Vor einem Monat noch glaubte ich, meinen armen Fritz nur mehr auf einem Weg noch begleiten zu können, auf dem Wege zum Kirchhof. Herr! begreifen Sie, was das für mich jetzt heißt, diese frische, freie Luft frei wieder atmen zu dürfen mit meinem Kinde?

unter diesem blauen Himmel dahinzufahren mit ihm in diesem hellen, warmen Sonnenschein? >Die Sonne meint's gut!< sagen die Bauern, wenn sie sticht und brennt, daß man umsinken möchte, und der liebe Gott meint's auch gut mit uns!« [...]

Herr Milett hörte staunend zu. Auf dieser Station Huppenberg erschloß sich nicht nur dem kleinen Fritz, sondern auch ihm eine neue Welt. Er war hier einem Menschen begegnet, der sich auf die Wartestunden in dieser Einöde gefreut hatte und diesen sandigen Garten voll Besenreiser merkwürdig zu machen wußte.   *Wilhelm Heinrich Riehl, Am Quell der Genesung (1888)*

Über die Unsterblichkeit in einem Wartesaal

Man kann also auch an unscheinbaren Orten zum Nachdenken angeregt werden. Wie im alten Bahnhof von Oos: Aus der Stadtteil-Station von Baden-Baden ist im Laufe der Zeit und nach seiner Erneuerung der eigentliche Bahnhof der Kurstadt geworden. Der alte Hauptbahnhof wurde zur Festspielhalle umfunktioniert – so lässt sich hier also trefflich über die Zeit und Vergänglichkeit nachsinnen.

Der Bahnhof Oos, auf dem man umsteigt, um nach Baden-Baden zu gelangen, unterscheidet sich durch eine unauffällige Eigenheit von den nach derselben trübseligen Schablone, vermutlich schon beim ersten Bau der Strecke Frankfurt – Basel, ausgeführten Anlagen seinesgleichen. Unter dem einen, regen- aber nicht windsicheren Dach, das sich über den Bahnsteig streckt, steht noch zusätzlich eine Wartehalle, Dach unter Dach, ein fast leeres Gehäuse von der Größe eines mäßigen Saales. Ohne Zweifel ist sie ein Rückstand aus großer Zeit, eine ehemalige Konzession der sparsamen Bahnverwaltung an die illustre Gesellschaft Europas, die hier auf ihre Züge nach Paris, London oder Berlin wartete, als sie noch nicht im eigenen Wagen kam.

Auf diesen Zweck weist auch noch die Einrichtung andeutend hin. An den Wänden entlang laufen hölzerne Bänke, deren paneelierte Lehnen den in sich gespaltenen Willen einer Bürokratie zum Luxus offenbaren — soweit sie nicht längst durch rohe Bretter ersetzt sind, wie sie dem kleinen Bürger zukommen, der heute allein auf diesen Bahnhof angewiesen ist. Außerdem ist noch ein eiserner Ofen vorhanden. Nein. Neben dem Ofen befindet sich noch ein Ding. Man kann es nicht als eine Sache bezeichnen, denn eine Sache ist definierbar, und man kann von ihm nicht sagen, daß es stehe sitze oder liege, denn die Herstellung solcher Beziehung setzt einen Begriff voraus; »sich befinden« trifft allein zu. Es ist etwas wie ein Gestell: vier derbe, polierte Hölzer von einem Meter Höhe sind in ihrer Mitte und an ihrem oberen Ende durch Leisten im Quadrat miteinander verbunden. Die Hölzer enden unten in gedrechselte Füße, die kunstgenealogisch auf Löwentatzen zurückgehen, und tragen in der Mitte je ein gedrechseltes Medaillon. Damit ist das Entstehungsalter annähernd festgestellt, es dürfte in der Mitte des vorigen Jahrhunderts liegen, und zugleich klärt sich die Erkenntnis, daß das Gestell – so dürfen wir es jetzt schon nennen – das Rudiment, der kopflose Leichnam eines Tisches ist.

Wie kam dieser Rest eines Tisches hierher? Was soll er hier? Ausgeschlossen, daß ein Reisender das schwere Gerümpel als Gepäck mit sich führte und (verzweifelnd) hier stehen ließ. Unwahrscheinlich auch, daß ein Bahnbeamter es in Zeiten der Brennstoffknappheit an den Ofen schleppte, um es demnächst zu verfeuern: er würde es vorher zerkleinert haben. Es kann nur sein, daß es einfach hier stehengeblieben ist, nach dem Gesetze der Trägheit: weil es hier einmal seinen Platz hatte und niemand es wegschaffte. Das hätte einige Anstrengung gekostet, und der Bahnhofsvorstand würde genötigt gewesen sein, den Abgang zu registrieren und nach oben zu melden. – Die Phantasie des Historikers, die der des Kriminalisten sehr nahe kommt, setzt sich in Gang. Eine Vision taucht auf: acht Tische, zehn Tische werden sichtbar, Tische mit schweren Marmorplatten, wie sie der Solidität einer Eisenbahngesellschaft angemessen sind. Sie stehen in Reihen vor den paneelierten Bänken. – Welch ein Umschlag von Adel, Diplomatie, Reichtum, Geist und Glücksrittertum vollzog sich an diesen Tischen! Der Prinz von Wales warf seine elegante Reisetasche auf diesen, Dostojewskij stützte sein vom Spiel zermürbtes Haupt auf jenen ...

Aber reißen wir uns von solchen gefühlgetränkten Reminiszenzen los und verharren wir bei dem nüchternen Befund, den die Gegenwart bietet! Ein zweckentseelter Gegenstand, dessen Leichnam dort liegenbleibt, wo der Tod ihn ereilt hat. – Wir haben die Lebewesen, denen die Natur ihre Entelechie auf den Weg gibt, und wir haben die Geschöpfe des Menschen, denen dieser den Odem des Zweckes einbläst, so daß sie auf solche Weise leben. Beide verlieren ihr Leben nach verwandten Gesetzen. Sie fallen dann zurück in den Zustand bloßer, mehr oder weniger nutzbarer, roher Materie: Brennholz wird daraus, ein Haufen Schrott oder Steine – Trümmer wie Felsblöcke, die als Findlinge dem Bauern im Weg liegen. Vielleicht wirft er eines heißen Tages beim Pflügen seinen Rock darauf; vielleicht tut er das von nun an täglich: dann bekommt der Findling einen Zweck und beginnt nach hunderttausend Jahren sich in den Kreis des Lebendigen einzufügen. Vielleicht macht der Gepäckträger eines Tages eine schriftliche Eingabe an die Bundesbahndirektion, dass sie ihm die Trümmer eines Tisches überlasse (gegen die Verpflichtung, sie aus der Wartehalle wegzuschaffen); und baut sich mit seiner Hilfe einen Kaninchenstall (gegen dessen Pfosten Bismarck einmal seinen Stiefel gesetzt hat). Dann belebt sich das Holz neu und geht neuen Historien entgegen. Auferstehend durch die Tat des Menschen, der selbst nur einmal leben kann …

Der Zug läuft ein. Das Warten in dem seelenverlassenen Warteraum wird schmerzhaft abgebrochen.

Karl Friedrich Borée, Spielereien und Spiegelungen (1961)

Der Wartesaal als Sinnbild

Barbara Simunkova zieht als Pflegemutter den früh verwaisten Jungen Ferdinand auf, der Protagonist des Romans von *Franz Werfel*, in dem er die Umbrüche der österreichischen Gesellschaft in den ersten Jahrzehnten des 20. Jahrhunderts beschreibt. Nachdem Barbara und Ferdinand eine Wallfahrtskirche zum Gebet für die Verstorbenen besucht hatten, kehren sie zurück zum Bahnhof.

Jeder Bahnhof ist auch ein dicht verwickelter Knotenpunkt von seelischen und nervösen Strömungen. Nicht nur die stetige Wolke von Kohlenqualm und Wasserdampf lastet auf ihm, sondern auch eine andere, feinere Wolke, aus der Vibration einer ewig

wechselnden Menschenmenge emporsteigend. Die Nervenaus-
sendungen der Ungeduld, des Wartens, der Versäumnisangst, des
Reisefiebers, der unzähligen Gefühlswerte des Abschieds (von der
Todesnot bis zum Freiheitsrausch), die Morgenfreude der gebirg-
wärts strebenden Ausflügler, die Bedrücktheit der Heimkehren-
den, Sonntagsluft und Montagsfurcht – aus all diesen elektronen-
haft schwirrenden Strömungen bildet sich jene unsichtbare Wolke,
deren Unruhe wie ein leiser Regen über jedem Bahnhof liegt. In
dem Bewegungsbild der Menschen, die atemlos die Bahnsteige entlang hasten, mit grimmiger Entschlossenheit ihre Koffer schleppen,
verzweifelt den richtigen Zug suchen, und haben sie ein Abteil gefunden, ihren Platz mit kriegerischer Wut beziehen, gewillt, jeden
neuen Obdachsuchenden zu vernichten – in all diesem jagenden
Gehaben tritt das menschliche Provisorium als faßliches Zeichen
zutage, die Sinnlosigkeit, das unselige Verstoßensein und der
zwangsläufig bittere Egoismus dieses Lebens. Ein Wartesaal dritter
Klasse zum Beispiel im Spätherbst, wenn es draußen nieselt und in
der Dämmerung hocken die Menschen auf den Bänken, ihre ver-
brauchten Handtaschen und die verschnürten Pakete hütend – gibt
es ein treffenderes Sinnbild der Todeserwartung?

Franz Werfel, Barbara oder die Frömmigkeit (1929)

Wartesaal III. Klasse im Personenbahnhof
Badischer Bahnhof Basel (1913)

»Bedenke, o Mensch, daß du dahin musst«

Theodor Fontanes Ballade *Die Brück' am Tay* und *Max Eyths* Roman *Die Brücke über die Ennobucht* liegt dasselbe tragische Geschehen zugrunde, der Einsturz der Firth-of-Tay-Brücke unter einem fahrenden Zug mit 75 Toten am 28. Dezember 1879. Eyth ging es um die Verarbeitung menschlichen Versagens gegenüber wirtschaftlichen Interessen. Im Roman besucht er seinen Freund Stoß, den verantwortlichen Ingenieur der Brücke, der fürchtet, dass sie einem Sturm nicht standhalten könnte. Einem Sturm, wie er gerade jetzt tobt.

Komm!« rief ich aufspringend. »Wir haben noch eine halbe Stunde, bis dein Zug geht. Ich begleite dich bis an den Bahnhof. Die Luft wird uns beiden gut tun.«

Er stand langsam auf. Einige Minuten später traten wir in die schwarze Herbstnacht hinaus.

Es war ein Wetter, wie es im November und Dezember die schottischen Täler, die von West nach Osten streichen, gelegentlich durchbraust. Die ganze Natur schien im Aufruhr. Der Wind kam in heftigen Stößen über das Feld. Da und dort hörte man lautes Krachen. Blätterlose, abgerissene Zweige flogen durch die Luft. Es war schwarze Nacht um uns her. Trotzdem sah man an zwei, drei Stellen ein Stückchen des blauen Himmels mit klaren Sternen, über welche zerrissene Wolken in rasender Eile hinjagten. Ich nahm Stoß beim Arm. Unter andern Umständen hätte ich es lustig gefunden, gegen den Sturm anzukämpfen. Heute beschäftigte mich zu sehr, was ich gehört hatte.

»Ein erfrischender Landwind!« schrie ich meinem Freund ins Ohr, um das Gespräch wieder aufzugreifen. [...]

Wir waren auf dem kleinen Bahnhof angelangt und konnten unter dem Schutz des Gebäudes ruhiger sprechen. [...] Der höfliche Stationsvorstand teilte uns mit, daß der aus Newcastle erwartete Zug zehn Minuten Verspätung habe, wahrscheinlich infolge des Sturms, der ihm fast in die Zähne blase. Wir setzten uns deshalb in den kleinen kahlen Wartesaal, den eine schwankende Petroleumlampe dürftig erleuchtete. Als einziger Zierat hingen an den Wänden, in schwarzen Rahmen, zwei Bibelsprüche und ein Fahrplan.

»Bedenke, o Mensch, daß du dahin mußt«, lautete der erste, der
für eine kleine Bahnstation sinnig gewählt war. Der andre erschien
mir an dieser Stelle weniger passend: »Der Tod ist der Sünde
Sold«. Eine spanische Kartause hätte kaum einen weniger erhei-
ternden Eindruck machen können. Trotzdem ließ ich mich nicht
abschrecken. *Max Eyth, Die Brücke über die Ennobucht (1909)*

Im Wartesaal der Ewigkeit

Isaak Borissowitsch Feinerman, Pseudonym *Teneromo*, war
ein jüdischer Publizist und großer Anhänger Lew Tolstois,
auf dessen Landgut in Jasnaja Poljana er ab 1885 einige Jahre arbeitete. Später schrieb er Artikel und Aufsätze über den
großen Schriftsteller. Anlässlich eines Leichenbegängnisses
in Jasnaja Poljana erzählte ihm Tolstoi 1886 eine Parabel,
die er selbst irgendwo gehört hatte.

Ein Reicher lag im Sterben. Sein ganzes Leben verbrachte er
als trockner, geiziger Mensch und erwarb große Reichtümer.
»Nein, nein,« pflegte er zu sagen, wenn man ihm seinen Geiz vor-
hielt, »im Leben ist das Geld alles! ...« Und jetzt, als er dem Sterben nahe war, dachte er: »Sicherlich ist auch in der anderen Welt
das Geld alles! Man muß sich versorgen, um nicht in Not zu geraten.« Er berief seine Kinder ans Sterbelager und befahl ihnen, ihm
in seinen Sarg einen Beutel mit Geld mitzugeben. »Kargt nicht,«
fügte er hinzu, »nur recht viel Gold.«

Diese Nacht noch starb er. Die Kinder erfüllten seinen Willen
und legten in den Sarg zu ihm mehrere Tausende in Gold. Als man
ihn ins Grab hinabließ und er auf die andere Welt kam, begannen
die gewöhnlichen Formalitäten mit den Fragen und Eintragungen
in verschiedene Bücher: Man schlug nach, verglich und quälte ihn
so den ganzen Tag. Dort gibt es auch Kanzleien, Polizeibüros und
Meldungsämter. Mit knapper Not quälte er sich bis zum Abend
durch. Wurde hungrig wie ein Wolf und bekam Durst, daß er bald
Gefahr lief, zu verbrennen. Im Hals war es trocken, die Zunge kleb-
te am Gaumen. »Ich gehe zugrunde«, denkt er.

Plötzlich erblickt er ein Büfett voll Speisen und Getränke, Schnäp-
se und Imbisse, genau so wie im Wartesaal einer großen Bahn-

station. Es wurde sogar etwas auf einer Pfanne geröstet. »Na,« sagte er zu sich selbst, »ich kann mich loben. Wie ich es doch erraten habe, daß hier alles ebenso wie bei uns ist. Und ich habe gut daran getan, Geld mitzunehmen. Jetzt werde ich mich satt essen und satt trinken.« Vergnügt betastete er den Goldbeutel und tritt zum Büfett. »Wie teuer ist das?« frägt er zaghaft, auf eine Sardine zeigend. »Eine Kopeke«, antwortet ihm der Mann am Büfett. »Billig«, denkt der Reiche. »Es kann nicht gut möglich sein, ich werde noch einmal fragen.« »Und das hier?« fragte er, auf die appetitlichen heißen Pasteten deutend. »Auch eine Kopeke«, antwortete der Mann am Büfett und lächelte. Das Staunen des Reichen schien ihm zu belustigen. »Wenn die Dinge so stehen,« befahl der Reiche wichtig tuend, »so legen Sie mir bitte zehn Sardinen, fünf Pasteten in den Teller ... und bitte noch dies ... und dies ...« Er wühlte mit den Augen in den appetitlichen Gerichten herum. Der Mann am Büfett hörte ihn, beeilte sich aber nicht. »Bei uns muß im voraus bezahlt werden«, erklärte er trocken. »Bitte, mit Vergnügen.« Und er hielt ihm eine Fünfrubelnote hin. »Hier!«

Der Verkäufer wendete das Goldstück hin und her und sagte: »Nein, das ist keine Kopeke.« Und gab ihm das Geld zurück. Er winkte einem Diener, und zwei handfeste Kellner führten den Reichen hinaus.

Dem reichen Mann wurde es traurig zumute. »Ein Malheur!« denkt er. »Wie, die nehmen bloß Kopeken?! Sonderbar! Sonderbar! Ich werde halt wechseln müssen.« Ohne sich umzusehen, eilte er zu seinen Söhnen und trägt ihnen im Schlafe auf: »Nehmt euer Gold zurück. Ich kann es nicht verwenden. Und legt mir statt dessen einen Beutel mit Kopeken ins Grab. Sonst komm ich um.« Die erschreckten Söhne taten am nächsten Tag darauf wie es der Vater befahl, nahmen das Gold aus dem Sarg und legten Beutel mit Kopeken hinein.

»Jetzt hab ich auch Kleingeld!« schreit der Reiche triumphierend und läuft zum Mann am Büfett. »Geben Sie mir rasch zu essen, ich bin schrecklich hungrig.« »Bei uns wird im voraus bezahlt!«, sagte ebenso trocken wie früher der Verkäufer. »Aber bitte, bitte!«, sagt der Reiche und hält ihm eine Handvoll neuer

Kopeken entgegen. »Bitte, aber tummeln Sie sich!« Der Verkäufer sah sich das Geld an und lächelte. »Wie ich sehe, haben Sie dort unten auf der Erde wenig gelernt. Wir nehmen nicht die Kopeken an, welche Sie besitzen, sondern die Sie verschenkt haben. Denken Sie nach. Vielleicht haben Sie jemals einem Bettler ein Almosen gegeben, vielleicht haben Sie jemals einem Armen geholfen?« Der Reiche senkte die Augen und dachte nach. Niemals im Leben hatte er einem Armen geholfen, niemals hatte er ein Almosen geschenkt. Und die beiden handfesten Kellner führten den Reichen wieder hinaus ...   *J. Teneromo, Die Legende der Bettler (1911)*

Wir haben Zeit

Der Ich-Erzähler in *Anton Presteles* Erzählung sitzt in einer Bahnhofslounge und unterhält sich mit einem fiktiven Zuhörer. Das Gespräch, eigentlich ist es mehr ein Monolog, kreist um spirituelle Erfahrungen aus einer siebzigjährigen Lebensreise. Und das passt ja zum Wartesaal eines Bahnhofes.

Ich freue mich, wenn Sie mir zuhören. Wenn nicht Sie hier sä-ßen, säße ich, wie ich mich kenne, selber da. Ich mag es, in dieser Lounge zu sein und die Menschen zu beobachten. Es geschieht nur sehr selten, dass ich mich einsam fühle. Wirklich einsam. Die vielen Menschen, schauen Sie nur, es ist ein Kommen und Gehen, ein ewiges Hin und Her, die meisten warten darauf, dass ihr Zug endlich abfährt, andere sind da, weil sie jemanden abholen wollen, sie schauen immer wieder auf die Uhr, vertreiben sich die Zeit, blättern in einer Zeitschrift, lesen Belanglosigkeiten, trinken einen Tee oder ein Bier. Nur rauchen darf man hier nicht mehr, schade, meine Pfeife fehlt mir. Ich warne Sie, es könnte ein langes Gespräch werden. Wenn ich erst mal in Fahrt komme. Und Sie müssen auch was sagen, sonst wird das ein Monolog. Ich neige zu Monologen. Wir haben einen angenehmen Platz, sitzen unweit der Heizung, brauchen nicht zu frieren, der Ober wird gleich kommen. Warten Sie einen Moment, den Mantel können wir hier über den Stuhl legen. Geht es so? Die Bedienung ist sehr flink, darf ich

Ihnen etwas zu trinken anbieten? Unsere Züge werden wir nicht verpassen, die fahren heute nicht mehr. Stimmt's? Wir haben Zeit.

Anton Prestele, Unbeschwerliche Reise (2012)

Restaurant im Münchener Hauptbahnhof (2016)

Im Wartesaal I. und II. Klasse.
Holzstich nach dem Gemälde von J. Leisten (Ausschnitt)

ZEHNTER GANG

»*Herrschaften wünschen zahlen*?«

Von Bahnhofswirten, obstinaten Obern
und anstelligen Kellnerinnen

Wer nichts wird, wird Wirt, sagt der Volksmund flapsig. Und er-
gänzt: Wer gar nichts wird, wird Bahnhofswirt. Eigentlich ein nie-
derträchtiges Wort, das nicht nur einen Berufsstand, sondern eine
gastronomische Einrichtung als ganze verunglimpft.

Denn wer kennt nicht wunderbare Wirte? Und auch in der Literatur werden zahlreiche Respekt einflößende Restaurateure be-
schrieben, die ihren Gästen die Gelegenheit bieten, sich bei Speis
und Trank restaurieren, erholen zu können – Reisenden zumal.
Auch im Film: Für seine Fernsehreihe »5 vor Talk« kreierte der
Kabarettist *Hans Scheibner* die Figur des Bahnhofswirtes Kurt, der
mit den unterschiedlichsten Gästen ins Gespräch kommt – das
heißt, eigentlich sagt er gar nicht so viel und lässt lieber die Gäste
reden: Auch das gehört zu den Kennzeichen eines guten Wirtes ...

Eigentlich sollte sich das Personal der Bahnhofsgaststätten
nicht unterscheiden von dem ähnlicher Einrichtungen – und doch
scheint sich gelegentlich die Bahnhofssituation in den Gesichtern
niederzuschlagen, vor allem die Tristesse, die sich mit manchen
dieser Etablissements verbindet: »Und die Bahnhofsrestaurants,
wenn ein Abschied bevorstand, wie viele Bahnhöfe in wie vielen
Städten. Alte traurige Bahnhofskellner, warum sind die Bahnhofskellner so alt und traurig, und sie sind doch fast die einzigen Leute gewesen, die auch mal freundlich waren, wenn es uns schlecht
ging«, befand *Christoph Meckel* in seinem Roman *Die Sachen der
Liebe.*

Die Freundlichkeit der Kellner bestätigt auch der Schriftsteller
Werner Bergengruen, der sein Buch »Baedeker des Herzens« (das
er nach einem Rechtsstreit in *Badekur des Herzens* umbenennen
musste) »dem Passauer Bahnhofskellner, der mich ›Geehrter Herr

Reisender‹ angeredet hat«, gewidmet hat. Welch eine gegenseitige Wertschätzung! Und der schon genannte *Arnold Kübler* ehrte die geschätzte ehemalige »Saaltochter« des Bahnhofsbuffets Zürich mit einem Buch: »Babette, herzlichen Gruss.«

Denn selbstverständlich begegnen auch Wirtinnen und Kellnerinnen in der Bahnhofswirtschaft – freundliche, liebenswürdige, mit denen man als Reisender gern schäkern möchte. Oder umgekehrt sie mit den Gästen. Aber leider auch solche Kellnerinnen wie jene, die *Herbert Rosendorfer* in seinem Buch *Letzte Mahlzeiten* beschreibt, die durch ihre Unverschämtheit den Zorn des Gastes herausfordert und deshalb ... Aber halt!, das gehört erst in das letzte Kapitel dieses Buches.

Der Wirt von Podwolotschyska

Podwolotschyska – was für ein Name! Er spiegelt in seiner Fast-Unaussprechlichkeit die einstige Größe des k. k. Österreich-Ungarn, das bis nach Ostgalizien an die Grenze Russlands reichte. Hier konnte man wegen unterschiedlicher Spurweiten der jeweiligen Eisenbahnen nicht durchfahren, sondern musste einen kleinen Aufenthalt nehmen. Am besten in der von *Alexander Roda Roda* genannten Bahnhofswirtschaft.

Podwolotschyska war der Grenzbahnhof der alten Kaisertümer Rußland und Österreich. Wer nach endloser Fahrt – einer Nacht, eines Tages und wieder einer Nacht – von Wien – über Krakau – Przemysl – Lemberg – in Podwolotschyska eintraf, er stürzte zunächst hungrig nach der Bahnhofswirtschaft. Und in der Bahnhofswirtschaft zwei lange Tafeln gedeckt mit leckerdampfenden Gemüsesuppen: auf der einen Tafel Borschtsch und auf der andern Schtschij. Borschtsch ist eine feine Suppe von roten Rüben, Beeten; Schtschij – eine Suppe von Weißkohl mit sauerm Rahm. Ein seigneuraler Oberkellner ging mit zweierlei Bons um, roten Bons und grünen Bons.

»Wünschen Sie, Panje, unser kleines Menü – zu vier Kronen – Suppe und Rindfleisch – – oder wünschen Sie, Panje, das große Menü, 6 K 50:

Suppe
Rindfleisch
Gansbraten
Zibebenstrudel

Jedermann wählte das große Menü, zahlte 6 Kronen 50, erhielt einen roten Bon ...

Allein, sowie das Rindfleisch gegessen war, entstand eine kleine Pause; ein Mann mit Dienstmütze und Glocke erschien in der Tür, schwang die mächtige Glocke und rief mit Stentorstimme:

»Höchste Zeit zum Zug nach Kiew, Charkow, Moskau, Jekaterinoslaw, Odessa.«

Das Volk sprang im Hui auf die Beine und hastete Hals über Kopf nach den Bahnwagen ...

So spielte sich die Szene tagtäglich ab – viele Jahre, in aller Ordnung – und nie, solange Habsburg in Podwolotschyska regierte, über 140 Jahre, hat ein sterblich Auge den Gansbraten gesehen – – – weil nämlich der Mann mit der Dienstmütze der Bahnhofswirt in Person war.

Einmal aber – und er hatte doch gerade heute besonders laut geklingelt und ausgerufen – eines Tages mußte der Wirt zu seinem Schrecken und seiner Entrüstung sehen, daß ihm drei Gäste da einfach sitzenblieben. Er ging zu ihnen hin und läutete und brüllte:

»Allerhöchste Zeit zum Zug nach Kiew, Charkow ...«

»Macht nichts«, sprachen die Herren, »bringen Sie nur den Gansbraten! Wir fahren nämlich gar nicht weiter; wir bleiben hier; wir sind die k. k. Kommission aus Lemberg, betraut mit der Prüfung der galizischen Bahnhofswirtschaften.«

Nun, das österreichische Polen ließ den Himmelsmächten stets einen breiten Raum der Betätigung. – Und was hatte Gott in diesem Fall getan? Der liebe Gott hatte die k. k. Kommission schon heute morgen aus Lemberg abreisen sehen – und in seiner Allgüte und Allweisheit hatte der liebe Gott der Bahnhofswirtin von Podwolotschyska den Gedanken eingegeben, an diesem Morgen eine Gans zu schlachten; als welche Gans allerdings zum Privatkonsum der Gastwirtsfamilie bestimmt war – nun aber, im Augenblick peinlichster Verlegenheit, den Lemberger Funktionären konnte aufgetragen werden.

Als die unersättlichen Beamten nun aber auch nach der Süßspeise verlangten, da konnte der Wirt dokumentarisch nachweisen, daß dieser »Zibebenstrudel« nicht mehr zum Menü gehörte; es war des Wirtes Unterschrift.

Der Mann hieß so.

Alexander Roda Roda, Die Gans von Podwolotschyska (1932)

Lobenswert!

1876 gründete *Peter Rosegger* die Monatsschrift *Heimgarten*, die er jahrzehntelang geleitet und zumeist selbst textlich gefüllt hat. Zuletzt übergab er die Leitung seinem Sohn, blieb aber Mitarbeiter des Blattes, für das er etwa von 1906 ab eine Art Tagebuch führte. Hier notierte er, was in der Welt geschah und was durch seine Seele ging. Etwa das Erleben eines besonderen Bahnhofswirtes.

Gerade kam ich in der Bahnhofrestauration zurecht, wie der Wirt mit dem Kellnerjungen fürchterliche Abrechnung hielt. Der Junge hatte in den Schnellzug ein Mittagessen zu tragen gehabt, war auf den Stufen gestolpert und hatte die Tasse mit allem Geschirr, mit Suppe, Braten, Gemüse, Rindfleisch, Schweinsbraten, Kompott, Torte und Wein zu Boden geschleudert, so daß die Scherben und Stücke nur so in den Suppen und Saucen herumschwammen. Der Junge bat weinend um Verzeihung; der Wirt rechnete es ihm herzlos vor: »Das zerbrochene Geschirr macht sechs Kronen, das Diner vier Kronen!« Fahrgäste mischten sich drein, er würde dem armen Kerl das Essen doch nicht um den Speisezettelpreis rechnen, höchstens um den Herstellungspreis! »Nein!« sagte der Wirt kalt und hart wie Eisen, »das Ganze wird ihm abgezogen vom Monatslohn. Er soll aufpassen lernen. Trolle dich hinaus!« Und als der Junge draußen war, zog der Wirt vor den Leuten eine Geldnote: »Welcher der Herren ist so freundlich, meinem Pikkolo unter Diskretion diese zehn Kronen zu schenken? Ich muß sie ihm abziehen, des Exempels wegen, aber er soll nicht zu Schaden kommen. Es ist von ungefähr geschehen. Nur muß er

den Ernst sehen, daß es achtgeben heißt.« Leicht fand sich einer,
den Großmütigen zu spielen auf Kosten des Wirtes, den wir loben
wollen.   *Peter Rosegger, Heimgärtners Tagebuch (1913)*

Eine gute Nachricht

Ganz sicher hätte Rosegger seine Freude auch an der folgenden Szene gehabt und sein Lob auf den Kellner ausge-
dehnt.

Kürzlich, als ich auf dem Bahnhof von Bonn auf meinen Zug
wartete, stürzte ein Kellner aus dem Bahnhofsrestaurant,
schaute sich hastig nach allen Seiten um und rannte dann zwischen
Reisenden, Koffern und Gepäckkulis durch, bis er eine Frau mit einem Rucksack eingeholt hatte, die ein Kind an der Hand führte.
Der Kellner drückte dem Kind den Stoffseehund, den er bei sich
trug, in den Arm und ging wieder ins Restaurant hinein, langsamer,
als er herausgekommen war.

Als ich am selben Abend im Radio die Meldungen über Lauschan-
griffe, Sprengstoffanschläge und NATO-Einsätze hörte, merkte ich
plötzlich, wie sehr ich die Nachricht vom Kellner vermisste, der
dem Kind seinen vergessenen Stoffseehund zurückgebracht hatte.
                    Franz Hohler, Die Nachricht vom Kellner (1996)

»Unthaten der Eisenbahnwirthe«

Ein »Courierzug« war der Vorläufer des D-Zuges und wie
dieser zwischen den großen Städten unterwegs. Zum Leid-
wesen der gastronomisch interessierten Reisenden wie etwa
des Berliner Feuilletonisten *Ernst Kossak.* Er bedauerte,
dass man »anmuthige Stationen mit belegten Butterbröd-
ten, noblen Biergläsern und verzweifelt neugierigen Klein-
städtern« durchfliegt oder gar links liegen lässt, aber den
Wirten an den Haltestationen und ihren »Unthaten« aus-
geliefert ist.

Wer ist nicht mit einem nächtlichen Courierzuge gefahren und
hätte sich nicht beim aufflammenden Morgenroth, im wehenden Tannendufte und Heugeruch der Wiesen, für einen freien
Reisenden gehalten? Wer ist nicht auf der Station des Frühkaffee's,

beim Eintreten in den Saal, sich seiner ganzen elenden Sklaverei bewußt geworden und hätte nicht den modernen Reiseteufel und das ganze Eisenbahnfegefeuer von ganzem Herzen verwünscht?

Das edle Getränk der ruhigen Orientalen, der beschaulichen Philosophen, der nach beendeter Mahlzeit heiter Rastenden, muß verschlungen werden, wie das Maul voll Wasser, das der zum Tode gehetzte Hirsch aus dem nahen Sumpfe aufschlürft. Gleich dem dürftigen Frühstück der Zuchthäusler sind auf langen Tischen Näpfchen und Kännchen aufgestellt, und alle Welt fällt mit wüthender Eisenbahnbegier darüber her. Eine weise Berechnung hat bei der Zubereitung dieses Kaffee's geherrscht und an seiner Wiege hat die milde Fee der Cichorien gelauscht. Da frisches, warmes Backwerk für sehr ungesund gilt, sind die in Massen aufgethürmten Semmeln und Kuchenportionen hochbejahrt und nur nach tagelanger Aufweichung verzehrbar. Wahrscheinlich werden sie an jedem Morgen neu aufgetischt und gehören zum eisernen Bestande des Etablissements.

Fast jeder Mensch auf Erden ist für seine Thaten verantwortlich, nur die Wirthe auf den Eisenbahnstationen lachen über das Schwert der Gerechtigkeit und das Walten der Nemesis, ihre Kellner aber sind wie die Lancasterkanonen auf dreifache Ladung von Unverschämtheit geprüft. Welche Beleidigungen der Menschheit sind unter dem Schutze der Stationsklingel und der zur Abfahrt pfeifenden Locomotive verübt worden! Sonst gab es wohl noch Beschwerdebücher hienieden! Die Unthaten der Eisenbahnwirthe zeichnet nur der unsichtbare Richter in sein Hauptbuch und wird mit ihnen abrechnen, wenn die berühmten Bilder von Michelangelo, Rubens, van Eyck und Cornelius schreckliche Wahrheiten geworden sind. Dennoch werden sie zuweilen schon bei ihren Lebzeiten gestraft und Manche wissen von Stationen voll verödeter Tische, verschmähter Gläser und Teller zu erzählen, wo die eiligen Reisenden nur Augen für die Inschriften: »Für Herren«, »Für Damen« haben.   *Ernst Kossak, Bade-Bilder (1923)*

Unverschämtheiten der Kellner

Die Unverschämtheiten der Kellner (neben den Untaten
der Wirte) beklagte nicht nur Ernst Kossak; auch in einer
anonymen Zuschrift an das Satireblatt *Würzburger Stechäpfel* aus der 2. Hälfte des 19. Jahrhunderts wurde auf grantlige
Bahnhofskellner hingewiesen (die man sich in München ja
noch gefallen ließe – aber doch nicht in Würzburg!).

Mit dem Hute in der Hand kommt man durchs ganze Land,
aber mit der Grobheit auch und oft noch weiter.

Das kann man täglich mit eigenen Augen und Ohren sehen und
hören, man braucht nur auf den Bahnhof und in die dortige Restauration zu gehen, darf aber froh sein, wenn man aus einer solchen
Inspektionsreise nicht selbst unversehens einige saftige Grobheiten
oder sonstige fette Injurien mit heimbekommt. Meistens weiß man
nicht, bei wem man sich für die empfangenen Grobheiten bedanken soll, denn der Name eines solchen Grobians ist schwer zu erfahren, bei solcher Gelegenheit kennt Keiner den Anderen, wie's ja
gewöhnlich geht. Revanche kann man sich also nicht verschaffen.
Ich theile hier einige gelungene Pröbchen mit.

Nr. 1. Ein hiesiger bejahrter Bürger setzt sich vorige Woche im
Wartesaal an einen gedeckten Tisch, bestellt Caffee, erhält von dem
Kellner die Antwort: »An dem Tisch wird kein Kaffee getrunken!!!«

Nr. 2. Ein anderer Würzburger begleitet eines seiner Angehörigen Nachts an die Bahn und läßt sich hierauf ein Glas Bier geben,
welches er auch erhält. Ein Bahnbediensteter tritt in den Wartesaal,
fährt ihn an: »Wollen Sie mit dem nächsten Zug fort?!« – Nein. –
»Dann machen's daß 'naus kommen, Sie Pfaffenhund.« (Wie wohl
ein solches Thier aussieht?)

Nr. 3. Ein Anderer trinkt vorige Woche sein Bier aus offenem
Glas im Wartesaal I. und II. Klasse. Ein Kellner macht sich die
Beschäftigung, in seiner Nähe ein halbdutzend gepolsterte Stühle
tüchtig auszuklopfen – nicht mit Abstauben zu verwechseln – er-
regt dadurch natürlich Staub in Hülle und Fülle, der unserm Gast
endlich zu dick wird.

Er macht den Kellner darauf aufmerksam, daß es mindestens
unschicklich sei, muß aber dafür die inpertinentesten Grobhei-

ten einstecken. Zum würdigen Schluß erscheint ein Bediensteter, wahrscheinlich derselbe wie oben, und schnaubt den Gast an: »Was wollen Sie?!! Wer sind Sie?!?« und erklärte ihm, daß er da- hier überhaupt das Maul halten müsse, wenn er raisonniren wolle.

Ist denn eigentlich das Publikum wegen der Bahnrestauration und der Eisenbahn da, oder diese des Publikums halber und muß man sich für sein gutes Geld auch noch Grobheiten gefallen lassen, oder hat vielleicht der hiesige Restaurateur für seine Kellner und die übrigen Bediensteten das Patent des weiland Kränkel (ehemal. Lohnkutscher in München) erworben? Das wäre freilich was an- ders, dann müßt' man schon das Maul halten.

Könnten's das nit rausbringe, Herr Redakteur?

J. T., Höflichkeit über Alles? (1865)

Maliziös impertinent

Dass bösartige Bahnhofswirte bzw. -wirtinnen einen sogar noch im Traum verfolgen, ist gewiss selten, kommt aber vor, wie *Cosima Wagner*, die alles, was ihren Mann Richard betraf, getreulichst in ihrem Tagebuch notierte.

Donnerstag, 6ten

R. träumte, dass er die 9te Symphonie zu dirigieren habe, in Dresden oder München, vorher sehr hungrig durch eine Eisenbahn- restauration gegangen, wo Frankfurter Würste, sich welche dort be- stellt; gekommen, sie zu holen, sieht er zwei Männer seine Portion essen, und die Person des Buffets maliziös impertinent, auch die Wirtin, nicht nur die Würste, sondern auch Bier ihm verweigernd; er ist heftig, dann gibt er gute Worte, alles vergebens. Endlich ver- lässt er fluchend das Lokal, kommt zum Saal, durch das Orchester, wird mit Applaus empfangen, hat aber zu klettern, verlässt sich auf seine Behendigkeit, kommt aber an eine Stelle, die zu tief ist; wo er nicht springen kann, erwacht! ...

Cosima Wagner, Die Tagebücher (6. Januar 1876)

Wirth und Köchin

Kehren wir lieber zurück zu angenehmeren Menschen. Die Schriftstellerin *Trude Marzik* verbrachte als Kind in den 1930er Jahren mehrere »Sommerfrischen« im österreichischen Kamptal. Während sich Gars am Kamp mondäner gab, wurde gerade die Behaglichkeit im kleineren Städtchen Plank von der Familie geschätzt. Nicht zuletzt war das dortige Bahnhofsrestaurant ein Ort der Geselligkeit – und vor allem dessen Köchin genoss höchsten Respekt.

Ein anderer Ort der Begegnung, ein Zentrum der Geselligkeit, war, in unmittelbarer Nachbarschaft des Bahnhofs, die Restauration Wirth. Wenn nicht zu Hause gekocht wurde, meist wenn der Vater da war am Sonntag oder während seines Urlaubs, ging man zum Wirth essen. Die Bahnhofsrestauration Wirth sah nicht anders aus als viele andere Gasthäuser der damaligen Zeit in dieser Gegend. Das Besondere beim Wirth war die gute Küche: Hausmannskost vom Feinsten.

Herr Wirth betreute die Gäste, die kleine Erni und der große Sohn halfen beim Servieren. Langsam kamen wir in ein Alter, in dem uns männliches Aussehen interessierte, und so hieß er bei uns »der schöne Herbert«.

Kiosk auf dem Bahnhofsvorplatz in Hermsdorf (Thüringen).
Der Kisok wurde bewirtschaftet von Emma und Kurt Posse.

Es gab eine Kegelbahn, noch eine zünftige, holprige, mit Holz-kegeln und mächtigen Holzkugeln. Manchmal halfen wir beim Kegelaufstellen. Das war gar nicht ungefährlich, man mußte flink sein und sich vor der heranrollenden Kugel schnell in eine Nische in Sicherheit bringen.

In meinem Planker Erinnerungsschatz gibt es eine Anzahl ge-heimnisvoller Gestalten. Dazu gehört die Köchin dieses Restau-rants, an deren Kochkünsten wir uns viele Sommer erfreuten. Ich denke noch mit Wehmut an ihren Lungenbraten mit Nudeln, an das Schwäbische mit Nockerln, ich habe noch den Geschmack der pikanten Sauce auf der Zunge, ich träume von den Torten, jede ein-zelne ein Gedicht.

Erst nachdem wir jahrelang begeistert dort gegessen hatten, zog der Wirt, auf Drängen meiner Mutter, diese wunderbare Köchin kennenzulernen, eine blasse, verlegen lächelnde Frau, ans Licht des Extrazimmers und stellte sie als Erzeugerin all der Köstlichkeiten, Mutter seiner Kinder und seine Frau vor.

Trude Marzik, Geliebte Sommerfrische (1994)

Liebenswert

Armin T. Wegner war ein bekannter Autor in der ersten Hälfte des letzten Jahrhunderts. Als bekennender Pazifist hatte er den Völkermord an den Armeniern angeprangert und sich auch für die Juden eingesetzt, wofür er in der NS-Zeit inhaftiert wurde. 1929 schrieb er einen Roman über seine kleine Tochter Sybille. Mit dem Blick für die Men-schen unten sah er hier mit ihren Augen gleichsam von un-ten auf die Welt.

Vor der Tür stehen zwei Pferde vor einem breiten Korb, jenem Korb, in dem die Großen sitzen, wenn sie wie die Kinder in einem Wagen spazieren fahren. Bis an den Hals in eine Decke ge-hüllt, hockt Moni auf dem Schoß Nanas. Die Brüder klettern auf den Bock und schreien vor Freude. Auf der Erde liegen Kastanien-blätter wie abgeschlagene Hände umher. »Los!« sagt Herr Tomal-la. Die Pferde nicken mit den Köpfen, als wollten sie ja sagen, zwei Blätter neben dem Wagen heben sich auf die Spitzen und beginnen zu tanzen. Auf einmal haben die Bäume ihre Röcke hochgehoben und rennen aus Leibeskräften. Immer schneller läuft die Welt an Moni vorbei. Ermüdet ist sie auf dem Schoß Nanas eingeschlafen.

Aber in dem fast leeren Speisesaal des Bahnhofs ist es warm und hell. Zwischen den Tischen gehen die Kellner umher; sie tragen schwarze glänzende Röcke, und ihre weißen Hemdbrüste leuchten viel schöner und strahlender als die des Vaters. Ein wildes Entzük-ken durchfährt Moni, sie läßt sich von ihrem Stuhl herab.

»Tag ...,« sagt sie und streckt furchtlos die Hand aus.

»Guten Tag, mein Fräulein.«

Eine breite warme Hand ergreift ihre kleine. Über einer lächeln-den Lippe kräuselt sich ein schwarzer Schnurrbart. Wie durch eine Gasse läuft Moni schallend zwischen den Tischen davon. Dann sieht sie sich verschämt nach dem Kellner um.

»Hier, nimm das.«

Die Stimme ist tief und klangvoll. Moni hebt den Kopf, prüfend sieht sie die Waffel an und schmeckt sie auf ihrer Zunge. Welch ein fremder und schöner Vater! »Schönen Dank, Herr Leonhard,« ruft Nana und nickt dem Kellner zu; sie kennt alle Menschen hier draußen.

»Wie alt ist sie denn?« fragt Herr Leonhard.

»Zwei Jahre,« sagt Frau Konstanze stolz.

Der Kellner ist niedergekniet, und Moni blickt in zwei glänzen-de schwarze Fenster; ein heiteres Gefühl durchrinnt ihre Brust. Draußen tönt eine Glocke. Man steigt mit allem Gepäck in einen Wagen des Zuges, einen Wagen der vierten Klasse, der wie ein klei-nes Haus aussieht, mit Fenstern und einer Tür wie ein Zimmer, an dessen Wand ganz am Ende eine Bank steht. Nana, die Eltern, die Mamsell und die Brüder nehmen darauf Platz.

Armin T. Wegner, Moni oder Die Welt von unten. Der Roman eines Kindes (1929)

Ein anstelliges Mädchen

Gelegentlich kann sich eine Kellnerin auch in einen Gast verlieben. Oder sich an eine frühere Verliebtheit erinnern, wenn sie ihn in einer Bahnhofsgaststätte wiedererkennt. Die zu ihrer Zeit gern gelesene Schriftstellerin *Anna Schieber* beschreibt ein solches Mädchen, das nicht nur angestellt, sondern auch »anstellig« ist …

Es war ein mächtiger Baum. Er reichte vom Fußboden bis an die Decke und streckte seine Äste weit in der Runde um sich her. Sein Stamm steckte in einem Holzkasten, in dessen Innerem eine Spieluhr verborgen war, und wenn die Musik spielte »Stille Nacht, heilige Nacht«, so fing der Baum an, sich um sich selbst zu drehen, langsam und schwerfällig, immer rundherum, immer rundherum. »Wie ein verrückt gewordener Tanzbär,« sagte der Stationsmeister, der auf einen Augenblick hereingekommen war, um ein Glas Pilsener zu trinken. Aber Marie zuckte nur die Achseln und warf dem Stationsmeister einen Blick zu, der ungefähr heißen konnte: »Was versteht denn so ein alter Junggesell und Familienfeind von einem Christbaum? Man läßt ihn reden, weil man muß.« [...]

Es war ein großartiger Baum. Er stand etwas im Wege, denn der Raum in der Bahnhofswirtschaft war nicht besonders groß, aber das schadete weiter nichts, das war heute wohl in mancher Familienstube auch nicht anders. Als der Baum geschmückt war, tat sich Fräulein Marie auch noch festlich an: eine blaue Sammetbluse, und einen vergoldeten Anhänger um den Hals an einem Kettchen, und das hochblonde Haar steckte sie kunstvoll auf mit drei Kämmen und einem Band aus Stahlperlen. Herr Riemenschneider sah sie befriedigt an, als sie von ihrer Kammer herunter kam und sich noch eine weiße Schürze um den schlanken Leib band, lang und breit und mit Spitzen daran.

»Sie ist ein anstelliges Mädchen,« sagte er zu seiner Frau, die am Schenktisch stand und Schinken aufschnitt. »Gefällig und anständig dabei, grad so die rechte Mitte, und sie stellt etwas vor, das muß man ihr lassen.« [...]

Sie verspürte den Wunsch, irgend etwas Schönes, Festliches zu erleben; sie hatte ihn schon am frühen Morgen an verspürt; seit sie ihr den grünen Tannenbaum in den Saal hereingestellt hatten, ging er in ihr um. Was es sein sollte, das zu erleben wäre, wußte sie nicht zu sagen, aber es mußte etwas Frohes sein, etwas wie ein Glücksgefühl. [...]

Da fuhr eben der Schnellzug in den Bahnhof ein. Es gab ein Gewimmel im Wirtschaftsraum, Koffer und Taschen wurden zusammengerafft und Mäntel über den Arm genommen und: »Fräulein zahlen!« rief es eilig aus ein paar Ecken, wo die Leute gar zu gemütlich sitzen geblieben waren. Fräulein Marie hatte genug zu tun, bis der eine Schub von Menschen draußen war und dann wieder, bis die neuen Gäste, die jetzt wieder auf die Nebenbahn warten mußten, befriedigt waren. Als es ein wenig ruhiger zuging, sah sie an dem runden Tisch in der Ecke, da, wo vorhin die jungen Herren gesessen waren, eine ganze Familie sitzen: einen blonden Mann, mit feinen schmalen Zügen, er hatte zwei Stöcke neben sich am Tisch lehnen, eine junge Frau mit einem mütterlichen Gesicht, die in einem Kleid mit sehr unmodernen Ärmeln steckte, wie Fräulein Marie sogleich sah, und zwei sehr hellblonde Bübchen. Eins davon trug die ersten Hosen, das sah man deutlich, die Hände steckten in den Taschen und das Näschen streckte sich sehr unternehmend in die Welt hinein. Das kleinste Bübchen hatte noch einen Mädelrock an und saß zwischen Vater und Mutter auf der Eckbank. Ein helles Stimmlein rief. »Guck Vater, ein Christbaum mit Lampen dran, 'lektrische Lampen, Vater.« Der Vater lächelte. Da wußte Fräulein Marie, wer die Leute waren. Sogleich wußte sie es, als sie das Lächeln sah. Das gab es sonst nicht wieder auf der Welt. Vor sechs Jahre hatte sie es gesehen, einen ganzen Winter lang, fast Abend für Abend. Es hatte dem jungen Hilfslehrer gehört, der aushilfsweise den alten, weißbärtigen Reallehrer des kleinen Städtchens vertrat. Sie war damals ein sehr junges Ding gewesen, nicht sehr weit von der Schule weg, höchstens drei, vier Jahre. Und er hatte im Lamm gegessen und seinen Abendschoppen getrunken hinter der Zeitung, im Lamm zu Gussenstadt, wo sie ihre erste Stelle hatte. Ach, was war sie damals für ein junges Ding gewesen, ein bescheidenes, einfaches, unerfahrenes. Das Haar zurückgekämmt, die schweren Zöpfe ganz einfach aufgesteckt. Und ein Kleidchen an, ein ärmli-

ches, glattes, nur so ein bisschen aufgeputzt mit einem Krägelchen
oder Schleifchen. Aber dem Herrn Hilfslehrer hatte das alles gerade gefallen. Es waren manchmal Sommergäste nach Gussenstadt
gekommen, modisch gekleidete Damen mit allem Drum und Dran.
Über die hatte er nur gelächelt. »Wenn Sie wüßten, Fräulein Marie,
wie gut Ihnen das Einfache steht. Nie möchte ich Sie so sehen, so
ein Bausch um den Kopf, und eingeschnürt und mit all dem Zeug
behängt.« [...]

Eines Tages merkte sie, daß sie ihn liebe mit ihrem ganzen, jungen Herzen. Nie hatte er ihr von Liebe gesprochen, auch nur von
ferne, weder mit dem Mund, noch mit den Augen. Aber es war darum doch über sie gekommen, sie konnte nichts dafür. Er war das
Schönste, das in ihrem Leben gekommen war, der Bote aus einer
Welt, die gerade nur diesen einzigen Boten zu ihr sandte, um ihr zu
zeigen, wie schön sie sei. Aber an dem Tag, als Marie zu sich selbst
sagte, daß er das Beste für sie sei, teilte er ihr mit, daß er versetzt
sei, weit weg von Gussenstadt, und das er morgen schon abreise.
Sie war ganz stumm dagestanden. Nun löschte also das Licht aus.
»Ich möchte sie nun noch um etwas bitten, Fräulein Marie,« hatte
er gesagt, eh' er ging. »Wenn Sie doch einen andern Beruf suchen
möchten, das wäre gut für Sie. Nicht, daß ich den Ihrigen herab-
setzte, gewiß nicht. Aber es ist mir, er könne Sie nicht befriedigen
und das Gute, Schöne in Ihnen könne sich nicht recht dabei aus-
wachsen.« [...]

Und nun saß er dort am Tisch und weckte mit einem einzigen
Lächeln alles auf, was in ihr von dieser inneren Welt lebte. Wie das
brannte! Sie kam sich wie ausgeschlossen vor, und so, mit diesem
Brennen, ging sie umher und bediente die Gäste. Die junge Frau
war selber am Schanktisch gewesen, weil die Kellnerin so beschäftigt war, und hatte sich Milch geben lassen für die Kinder. Sie selbst
und der Mann wollten nichts trinken. Sie hatten auch nur zehn
Minuten Aufenthalt. Das größere Bübchen lief im Saal umher und
kam an den Christbaum, um zu sehen, wie es käme, daß da die
'lektrischen Lampen drauf seien. Es fragte das Fräulein, das gab
ihm sogar einen Lebkuchen. Dafür erzählte es ihr mit seinem hellen Stimmlein, daß sie alle zur Großmutter führen, und daß dort

auch ein Christbaum sei. Und daß er, Martin, schon den Vater ein bißchen stützen könne, der sei immer kank. Die Mutter könne es aber noch besser, die sei anders stark. »Martin«, rief die Mutter, da entsprang er. Also so sah es aus um ihren Freund? Weib und Kind hatte er. Was mochte das für eine Krankheit sein? Er ging an zwei Stöcken und sein Bübchen stützte ihn, und seine Frau hatte ein Kleid mit altmodischen Ärmeln an, wahrscheinlich, weil sie kein Geld zu einem neuen hatte. Das war sein ganzes Glück? Sie stand eine ganze Weile unter dem Christbaum und sah zu der kleinen Gruppe hinüber. [...] Sie wollte hingehen und sagen, daß sie da sei. Er würde sie schon noch kennen, trotzdem sie anders aussah, als damals.

Aber sie tat es doch nicht. Sie sah zu, wie die liebe Gruppe verschwand, und wurde durch ein verwundertes Räuspern von Herrn Riemenschneider und durch ein Klopfen mit einem Geldstück, das ein ungeduldiger Gast vollführte, zu ihrer Pflicht zurückgerufen. [...]

Als der letzte Gast gegangen war, löschte sie die elektrischen Lampen am Christbaum aus und ließ das Musikinstrument ablaufen, daß es nun wirklich »Stille Nacht« werden konnte. Dann stieg sie in ihr Kämmerlein unters Dach hinauf und dort droben endlich konnte sie ein stilles Weilchen in die Welt hinein sehen, in der die Glücklichen von heute abend zu Hause waren – nachdem sie sich die Augen zuvor mit seltenen, heißen Tränen ausgewaschen hatte.   *Anna Schieber, Fräulein Marie (1927)*

Gleich wiedererkannt

Wegen einer dringenden Besprechung reist Dr. Kurt Kemper nach Basel. Nach alter Gewohnheit sucht er auch das Bahnhofsrestaurant auf, wo ihn die Erinnerungen an viele Aufenthalte dort umfangen. Und auch die »Saaltöchter«, wie man die Kellnerinnen in der Schweiz nennt, sind ihm noch bekannt – so wie er ihnen, selbst nach vielen Jahren.

Am Montag, in frühester Morgenstunde, steigt er in Basel auf dem Badischen Bahnhof aus. [...]

Die ihm so bekannte Frühbewegung des Bahnhofrestaurants umfängt ihn. Fast an jeden Tisch knüpft sich eine Erinnerung für ihn ... Erinnerungen, die nichts zu tun haben mit Gabriele Schorneder. Hier, in der Holznische, hat er mit seinen Eltern, nach bestandenem Abitur in Freiburg, gesessen und mit kaum zu zähmender Ungeduld den Wundern der Alpenwelt entgegengejauchzt, die ihm seine erste Schweizer Reise erschließen sollte. Da, an dem langen Tisch, hatte er später mit Geschäftsfreunden stundenlange Besprechungen gehabt, um erleichterten oder – noch beschwerteren Sinnes aufzustehen. Dort, an der Ecke des langen Mitteltisches, hatte er Toni so zur Eile angetrieben, daß sie den Inhalt ihrer Kaffeetasse über ihr neues hübsches Reisekleid ausgeschüttet, und ihnen beiden der Beginn ihrer ersten gemeinsamen Ferienreise verdorben war, weil Toni kaum noch Sinn hatte für die wechselnden schönen Naturbilder, sondern immer nur auf den handtellergroßen Fleck starrte, der ihr Kleid verunzierte. Dieses lächerliche Vorkommnis bildete den Anfang einer Kette von kleinen Ärgernissen und Mißstimmungen, an denen er in seiner Ehe so ermüdete. Hinten, im kleinen Seitenzimmer, an einem der Ecktischchen – wie oft hatte er da den Abschluß einer Reisebekanntschaft besiegelt ... und wie so manchesmal hatte er dort Theresens kaum zügelbare Vorfreude dämpfen und ihrem vorsorglichen Eifer Einhalt gebieten müssen, wenn sie ein Brötchen nach dem anderen mit Butter und dick mit Konfitüre bestrich, als Reiseproviant. Wie hatten sie dabei oft gelacht, und wie hatte er sich oft nervös umgeblickt, aus Furcht, er könnte gesehen werden – er, der Chef der Fabrik, mit einer kleinen Arbeiterin! ...

»Nur keine Angst ... oh lalà«, sagte sie dann.

Und er hörte jetzt wieder ihr silbernes Lachen.

Nein – da will er nicht sitzen! Vielleicht findet er im großen Saal einen Tisch, an den sich keine Erinnerungen knüpfen. Ja ... hier, an der großen Tür zum Bahnsteig. Ein harmloser Irrer hatte da Tag um Tag durch zwei Jahre gesessen und einen Haufen unbeschriebener Blätter bekritzelt, die er dann mit wichtiger Miene bis an das andere Ende des Saales trug, um sie darauf wieder geschäftig an seinen Stammplatz zurückzubringen ... Das ist wohl jetzt der richtige

Tisch für mich, denkt Kurt Kemper – – Er bestellt sein Frühstück.
Die meisten Saaltöchter kennen ihn. Das servierende Mädchen be-
grüßt ihn freundlich:
»War schon lang nit da, der Herr Doktor. Ware Sie krank?«

Olga Wohlbrück, Die Frau ohne Mann (um 1930)

Bahnhofsgaststätte I. und II. Klasse
Basel, Badischer Bahnhof (1913)

Belesener Bahnhofswirt

Als ihr Mann starb und die drei Kinder erwachsen waren,
setzte sich *Edith Heinemann* hin und schrieb die Geschichte ihres ungewöhnlichen Lebens auf, die Erinnerungen an
bedrückende Zeiten und quälende Ereignisse, aber auch an
Glück und schöne Begegnungen – wie die mit einem gebildeten Bahnhofswirt in Thüringen.

Nach dem Abendessen pflegten wir häufig noch zum Bahnhofsgastwirt Pfarr nach Tannroda zu wandern, eine halbe Stunde
Fußweg, von der Heilstätte eine Bimmelbahnstation entfernt, und
das kleine Restaurant lockte zu bescheidenen Genüssen.

Dr. Olden war dort Stammkunde, und zum Schoppen bekamen
er und einige wenige seines Standes immer etwas dazu, vom belegten Brot mit »Truthahn«, welcher sich als delikater Thüringer
Stangenkäse herausstellte, bis hin zur gebratenen originalen Ilmfo-
relle.

»Diese Dame lege ich Ihnen warm an ihr fürsorgliches Herz, mein guter alter Freund, zeigen Sie ihr, was man noch machen kann in diesen beschissenen Zeiten.«

»Ja, Herr Doktor, wird immer weniger, fast drei Jahre Karten, aber Ihre Freundin soll keine Not leiden, meine Alte kocht so gut wie Christiane, der Küchenschatz, das wissen Sie ja, Doktorchen. Nehmen S' mal Platz, heute aber kann ich nur Spiegeleier bieten und einen Schoppen Hausmarke, is' recht, gelle? Oder«, er zögerte, »wie wärs zur Begrüßung der Dame mit einem Fläschchen Würzburger Stein?«

Der große stämmige Kerl in seinem karierten Hemd mit der blauen Werkschürze blinzelte aus vergnügten Augen und zog genüßlich seine schmalen Lippen zusammen:

»Wird doch nicht immer geküßt, es wird auch vernünftig getrunken.«

Hinter vorgehaltener Hand ziemlich laut geflüstert kam dann noch: »Und nachmittags am Sonntag gibt's Kräppel, ganz frisch.«

Dann drehte er sich um und begrüßte die eintretenden alten Holzarbeiter und nahm später an ihrem Feierabend mit freundlichen Reden teil.

Mir gefiel es hier, alles war einfach und sauber, die Diele gescheuert, Tische und Stühle aus Tannenholz, der Wirt ein offener Mensch. Was sagte er vom Küssen und Trinken, wo war mir das schon begegnet? »Wird doch nicht immer geküßt, es wird vernünftig gesprochen.« Ja, in den »Römischen Elegien«! Und hier zitierte die Worte ein Bahnhofsgastwirt! Ist es möglich? Ich sinnierte wieder auf Abwegen.

»Zum Wohl!« sagte der Gastwirt, mit einem Schluck auf unsere Gesundheit.   *Edith Heinemann, Der Weg zurück an meiner Seite.*
Erinnerungen 1924–1945 (1995)

Gern gelesener Bahnhofwirt

Privatdozent Schöllkopf reist zur Kur in das Gotthardmassiv und lernt dort auch das Bahnhofsrestaurant von Göschenen kennen, in dem einst der Schweizer Schriftsteller Ernst Zahn und sein Vater als Wirte fungierten. Jetzt ist es Mutter Inäbnit, die als Wirtin dem Herrn Dozent das Essen serviert und ihn über die legendäre Vergangenheit der Restauration und »die goldene Venticinqueminutidifermata-Zeit« aufklärt.

Langen Sie zu, Herr Dozent, das hält Leib und Seele zusammen, wir werden es doch mit der Table-d'hôte-Legende aus dem neunzehnten Jahrhundert noch aufnehmen können. [...]

Aber wissen Sie, Herr Dozent – dass Sie nur die Forellenbäcklein verspeisen, das ist mir wahrlich noch nicht untergekommen – damals, als Vater Zahn und sein Sohn hier wirteten, der berühmte Dichter, Ehrendoktor der Universität Genf, ich habe praktisch alles von ihm gelesen, muss ja Bescheid wissen, wenn die Ernst-Zahn-Gesellschaft hier tagt, vor sieben Jahren fand die berühmte Centenarfeier statt, wenn Sie mich fragen, stelle ich »Lukas Hochstrassers Haus« weit über »Herrgottsfäden«, auch über den Hebammen-Roman »Die Clari-Marie«, weil dort zwei Generationen aufeinanderprallen, auf der einen Seite der Greis, auf der anderen die vier Söhne, von denen der erste sich in die Politik verstrickt, der zweite aus Strafe für seine Habsucht sich selber richtet, der dritte einer fahrenden Italienerin nachläuft und der vierte ein unberührtes Mädchen in den Tod treibt und seine eigene Braut vergewaltigt – dagegen kommt eigentlich nur noch der Don Juan der Berge auf, Severin Imboden, wobei natürlich auch die stolze Frau Sixta nicht ohne ist, welche ihrer Altersliebe zum zweiten, dreißig Jahre jüngeren Mann entsagt, als sie ihn mit ihrer Tochter aus erster Ehe im Bett überrascht –; kurz: vor dem Ersten Weltkrieg, genauer vor der Elektrifizierung der Gotthardbahn, zählte das Buffet zu den renommiertesten Gaststätten Europas, und zwar hat es Vater Zahn einzurichten gewusst, in den fünfundzwanzig Minuten, die zum Auswechseln der Dampflokomotiven benötigt wurden – denn im Tunnel konnte ja nicht dieselbe Maschine verwendet werden, welche, in Doppeltraktion, von Erstfeld nach Göschenen hochqualmte –, ein komplettes Menü von sechs Gängen zu servieren: die Mehlsuppe, eine schmackhafte Fischplatte mit Sauce und Kartoffeln, das obligate Roastbeef mit Gemüse und Beilage, Braten und Salat sowie eine Süß-Speise und obendrein ein Dessert, und dies im Restaurationssaal Première Classe inclusive Couvert und eine halbe Flasche Wein für Franken drei fünfzig, die Table-d'hôte Karten waren im Zug zu lösen und nach Einnahme der Plätze abzugeben ... und die Kondukteure in den von Chiasso kommenden Zügen riefen Venticinque minuti di fermata, Herr Dozent, es war die goldene Venticinqueminutidifermata-Zeit für das Bahnhofbuffet Göschenen, das sogar einmal den italienischen König bewirten durfte, neben den Bundesbehörden und der Ürner Regierung erschien auch der italienische Botschafter in sizilianischer Aufregung und fuchtelte Ernst Zahn ins Gesicht, dass sein Koffer mit dem Festfrack aus Versehen im Zug geblieben sei und weiter nach Süden dampfe, worauf der Wirt, damals Präsident des Ürner Landrates, einen Kellner von der Statur des Botschafters herbeipfiff und Ordre gab, er solle Seine Majestäten im Sakkoanzug Seiner Exzellenz, Seine Exzellenz die Königlichen Herrschaften im Kellnerfrack empfangen, was auch tadellos klappte; und auch der Dichter Carl Spitteler sei des Lobes voll gewesen über diese Gaststätte, habe er doch in einem seiner Bücher geschrieben, auf einem Berg müsse man tüchtig essen, die Bergluft mache sich in dem weiten, frischen Speisesaal des Göschener Bahnhofbuffets dermaßen kräftig geltend, dass der kurze Aufenthalt zu einer eigentlichen Luft- und Appetitkur werde, man sei nach den Kehrtunneln von Wassen so sehr ausgehungert, dass man meinen könnte, man habe als Dampflokomotive den Zug schleppen helfen, und der seelische Reiz eines Haltes dicht vor dem finsteren Tor, welches aus den deutschsprechenden Landen direkt in arkadische Gefilde führe, untermale die Gaumenfreuden zusätzlich ...

Hermann Burger, Die künstliche Mutter (1982)

Kaffeekännchen aus dem Bahnhofsrestaurant Hannover
(2. Hälfte 20. Jahrhundert)

ELFTER GANG

»Die Goschen halten und servieren!«

Von erlesenen Speisen, belebenden Getränken
und merkwürdigen Genüssen

Die Restaurants der großen Bahnhöfe waren früher durchaus kulinarische Anlaufpunkte. Das »Diner über den Perrons« konnte sogar den Geschmack nachhaltig beeinflussen. Der Komponist *Ernst Krenek* erinnerte sich an ein Restaurant im Bahnhof von Deutschbrod zwischen den Gleisen mit Blick auf die Züge. Hier wurden geschmorte Birnen von einem eigenartigen rosa Farbton serviert. »Ich assoziierte sie so vollständig mit dem Vergnügen dieses außergewöhnlichen Mahls, dass ich nie wieder mit irgendwelchen rosafarbenen Birnen zufrieden war, die meine Mutter mehrmals besorgte, wenn ich sehnsüchtig von diesem einzigartigen Erlebnis sprach.«

Auch der Schriftsteller *Jean Egen* hatte als Bub seine Freude beim Reisen vor allem am Speisen. Wenn die Familie an Ostern ins Elsaß fuhr, bedeutete das ein erstes Umsteigen in Montbéliard: »Wir sausen zum Bahnhofsrestaurant, und Papa spendiert uns einen Milchkaffee mit einem Butterhörnchen.« Zweites Umsteigen dann in Belfort: »Wir stürmen zum Bahnhofsbuffet, dort sind belegte Brote zu haben.« Ein weiterer Aufenthalt in Mülhausen: »In der Bahnhofsgaststätte gibt es alleweil frische Brezeln, nichts ist besser dazu als frisch gezapftes Bier.« Und der letzte Umstieg schließlich in Bollwiller: »Dort sollte man in der Bahnhofsgaststätte sehen, wie die elsässischen Meister der Würste das gewöhnlichste Fleisch zu Köstlichkeiten verwandeln, ganz breite Teller voll, umgeben mit Gelee, Pistazien, Gurken, und selbst Trüffel sind in der Leberwurst ...«

So konnte das Bahnhofsrestaurant Ziel eines besonderen Genusses sein, das bewusst angesteuert wurde: Erzherzog Rainer zog es mit seiner Gattin manchmal schon vormittags in das Restaurant

des Wiener Südbahnhofs auf ein köstliches »Schlumpelkraut«.
Der Marburger Literaturwissenschaftler *Ernst Robert Curtius* litt
maßlos, so heißt es, »unter dem kleinkarierten Zuschnitt von
Marburg. Wenn er sich etwas Gutes tun wollte, nahm er sich eine
Fahrkarte und fuhr nach Gießen, um dort im Hauptbahnhofrestau-
rant gut zu essen.« Natürlich gibt es wie in jeder Art Gastronomie
auch Enttäuschungen. *Ernst Jünger* freute sich im Leipziger Bahnhofsrestaurant schon auf den »Karpfen auf polnische Art«, den
er als Prunkstück östlicher Tafeln und Festschmaus bei jüdischen
Hochzeiten in Erinnerung hatte, der sich dann aber als lappig und
ungenießbar herausstellte. Viele Menschen assoziieren mit dem
Begriff »Bahnhofslokal« ohnehin keine besonders gute Küche.
Die Erzählerin in *Gabriele Wohmann*s Roman »Ernste Absichten«
erinnert sich an sumpfige Brötchen, unbekömmlichen Kaffee und
»vorschriftswidrig veralteten Kartoffelsalat«.

Aber den lassen wir lieber zurückgehen (wahrscheinlich nicht
das erste Mal ...)

Berühmt in der ganzen Welt

Zu der Zeit, als der Journalist und Reiseschriftsteller *Victor Auburtin* 1870 geboren wurde, entwickelte sich das
Städtchen Pasewalk in Vorpommern allmählich zu einem
Bahnknotenpunkt in Vorpommern. Er ist es bis heute – ob
es allerdings noch so leckere Schinkenbrötchen im Bahnhofsrestaurant gibt wie sie Auburtin schätzen gelernt hat,
muss vom Leser resp. Reisenden selbst überprüft werden ...

Ich komme jedes Jahr mindestens einmal mit der Eisenbahn
durch Pasewalk gefahren und habe fünf Minuten Aufenthalt in
dieser Stadt, die über einen so wohlklingenden Namen und über so
große Erinnerungen verfügt.

Die Erinnerungen Pasewalks sind zwiefacher Art: die Schinkenbrötchen und die Kürassiere.

Die Schinkenbrötchen des Pasewalker Bahnhofs waren vor dem
Krieg berühmt in der ganzen Welt; auf keinem Bahnhof der Erde
hat es jemals solche Schinkenbrötchen gegeben wie in dem Bahnhofsrestaurant Pasewalk.

Was aber die Pasewalker Kürassiere anbetrifft, so konnte man sie oft bei der Durchfahrt in dem Bahnhof stehen sehen. Sie trugen hohe Stiefel, und ihre Augen sagten: Euch werden wir es schon zeigen.

Und nun sind sie beide dahin und sind alte Geschichte geworden wie Babylon und der König Hammurabi: und ich kann gar nicht sagen, wie leid es mir um diese Schinkenbrötchen tut.

An dem Tisch, auf dem früher die Brötchen lagen, wird jetzt Kaffee verschenkt, und ich trete melancholisch heran und bestelle mir eine Portion. Und melancholisch reicht mir das Fräulein die Tasse.

Wie? Sollte auch diese junge Dame der großen Zeit nachsinnen? Gewiß, das tut sie sicherlich. Aber sie ist nicht so schüchtern wie ich, sie denkt nicht an die Schinkenbrötchen, sondern sie träumt von den großen Stiefeln. Denn diese jungen Mädchen haben noch Poesie.

Aber um Pasewalk herum, durch ganz Pommerland, ist jetzt die Heuernte im Gange. Unser Zug kommt an einem einsamen Heuhaufen vorüber, in dem ein Jüngling und eine Jungfrau zärtlich umschlungen liegen. Offenbar haben wir die beiden in etwas gestört, denn sie blicken uns mißbilligend an; auch scheinen sie ungeduldig, weil der Zug so lang ist und gar kein Ende nehmen will.

Ich segne euch, liebe Kinder. Mögen die Herrscher vergehen mit ihren Janitscharen, wenn nur die Heuernte immer fruchtbar gerät.

Victor Auburtin, Pasewalk (1922)

Das Übliche? Das Übliche!

Alf Schneditz ist in Österreich aufgewachsen und lebt in Italien – von daher ist ihm die Bahnstrecke Mailand – Verona – Innsbruck wohlbekannt: Alle Wege von Süden nach Norden und umgekehrt führen auch über das Innsbrucker Bahnhofsrestaurant und die dort bestellte Leibspeise und ein kleines Bier dazu. Die Heimat, die wahre, sie geht durch Magen und Bauch!

Der immer aufgehenden Sonne entgegen und an ihrem Ursprung landend wie am Ende des Regenbogens, bist du in deiner neuen Heimat angekommen. Die Heimat haben wir öfter gewechselt als die Hemden, sagt der Dichter. Aber was das ist, die Heimat, das sagt er uns nicht. Ein längerer Aufenthaltsort eben, ohne Zweifel, an den man sich gern oder ungern erinnert. Spiele, Ängste, Küsse und Schläge. *Würstel mit Senf. Hendlhaxen im Gastgarten.* Das k. u. k. Reich der *Kartoffel und Knödel*, das war die Heimat! So ging es dir durch den Kopf auf dem Bahnsteig des Innsbrucker Hauptbahnhofs. Denn alle Wege von Norden nach Süden führten dich immer durch den Innsbrucker Hauptbahnhof. Die Nordkette. Jugendkulturwochen. Artmann und Rühm sitzen im Gastgarten. Elfriede, die Königin. Barbara verteilt die Klostersuppe. Da hat auch die Teuffenbachin (Ritter, Tod und Teufel) gewohnt. Setzen wir ihr ein Denkmal der Gegensätze!

Aber dann, endlich, das Innsbrucker Bahnhofsrestaurant. *Schweinsbraten mit Knödel und Sauerkraut.* Jahrelang immer dasselbe. *Schweinsbraten, Knödel, Sauerkraut und ein kleines Bier.* So verging die Zeit, die uns bis zum nächsten Zug gegeben war, sagt der Dichter. Fünf Jahre lang hast du schon Tage, nein Wochen vorher daran gedacht: Ich steige am Mailänder Hauptbahnhof in den *Leonardo da Vinci.* Durch die nebelverhüllte oder dunstglühende Poebene geht es nach Verona. Dort wendest du dich nach Norden, links und rechts die Burgen an Etsch und Eisack. Endlich funkeln die Brennersterne freundlich herab. Schon siehst du die Schanze und fährst ein. Innsbruck Hauptbahnhof. Das Bahnhofsrestaurant. Preiswerte Hausmannskost. Die Bedienung ist stets rasch und freundlich. Schweinsbraten mit Knödel und Sauerkraut. Ein Seidel Bier. Der Magen ist, stellen wir heute fest, eines jener Organe des männlichen Körpers, der zur Selbständigkeit drängt. Was das bedeutet, kann in seiner Folgenschwere so recht eigentlich nur der Mann erfassen. Die Frau als in sich geschlossenes Wesen braucht aus ihrer Natur kein Hehl zu machen. Der Mann hingegen ist bruchstückhaft zusammengesetzt: Gehirn, Geschlecht, Gedärm. Das sind freilich asiatische Gedankengänge, die im Innsbrucker Bahnhofsrestaurant ungedacht bleiben müssen. Und doch: Liegt nicht gerade im Innsbrucker Bahnhofsmenü, in der Dreifachheit von *Schweinsbraten, Knödel und Sauerkraut* das Geheimnis unserer menschlichen Natur verborgen? Dass sie sich nämlich nicht bändigen läßt. Wir wollen es, aber wir können es nicht. Längst haben wir die fremde Sprache erlernt, haben die Meisterwerke der Kunst, die Vergnügungen des Komödiantentums uns zu eigen gemacht, in Museen, Kirchen, Opernhäusern und Fußballstadien. Wir loben die *Mailänder Küche* und behaupten, sie der *Wiener Küche* vorzuziehen, wie schon der reisende Goethe die Mailänderin der Römerin vorgezogen hat. In der Römerin fürchtete er die Natur, in der Mailänderin liebte er die Zivilisation. Wir essen *das vorzügliche Risotto* oder *die üppige Casöla, die weltberühmte Cotelletta Milanese,* besser bekannt als das Wiener Schnitzel, und *die köstliche Meneghina.* Nicht daß wir etwa *die schaumgeschlagenen Salzburger Nockerln, die elegante Sachertorte* oder gar *die einfache Burenwurst* einfach vergessen hätten! Nicht zu reden vom *Fiaker- und Herrengulasch* oder gar von dem *aus Szegedin,* das du in Szegedin vergeblich wirst suchen müssen. Doch der Magen, er hat seine eigenen Erinnerungen. Er träumt von *Schweinsbraten mit Knödel und Sauerkraut,* gekocht, serviert und verzehrt im Innsbrucker Bahnhofsrestaurant. Er befiehlt dir: Steh auf, verlaß die Orte der Leichtlebigkeit, der regellosen Vielfalt, der zügellosen Täuschung, das weinselige Reich der Nepper und Nudeln ... Steh auf, wirf alles hin und bring mich nach Innsbruck!

So sprach der Magen fünf Jahre lang. Knurrte die Kellnerin an, wenn es nicht schnell genug ging, aber die verzog keine Miene. Doch eines Tages – war es nicht gerade der zum fünften Mal sich jährende Tag deiner Flucht? – blickte die Kellnerin (sie war nur unmerklich gealtert) dich erwartungsvoll an, als hättest du nicht wie immer »Das Übliche!« gesagt. »*Schweinsbraten mit Knödel und Sauerkraut und ein kleines Bier bitte*«, hast du ruhig nachgesetzt, die Worte jedes für sich setzend, wie es Ausländer tun, die Sprachen nur nach Büchern lernen. »Das Übliche«, sagte die Kellnerin und sah sich im Weggehen noch einmal um. Hatte sie dich etwa nicht gleich erkannt, hatten die ausländischen Jahre dich zur Unkenntlichkeit verändert? War nicht der *Leonardo da Vinci* wie immer durch die Lombardei, Trient und Südtirol wie auf Flügeln geflogen, an der Bergiselschanze vorbei zu Tal gestürzt, in den Innsbrucker Hauptbahnhof eingerollt? War ich nicht sofort ausgestiegen, hatte ich etwa meine Schritte nicht eilig zum Bahnhofsrestaurant gelenkt? Er aber, der Magen, schwieg. Er knurrte die Kellnerin nicht ungeduldig an. Sie stellte Speise und Trank mit einer melancholischen Bewegung auf den Tisch.

Der Magen schwieg. Erst auf der Rückfahrt in den Süden begann er wieder zu singen. Ein lächerliches Lied von *Spaghetti, Asparagi, Risotti, Panzerotti*. Er war sich selbst untreu geworden. Hat dich heimatlos gemacht mit seinem Verrat. Doch zugegeben, es lebte sich nicht schlecht in der neuen Heimat deines Magens, in dieser Wolke aus Küchengerüchen, in der du dich häuslich eingerichtet hattest. Was sind schon Sprachen! Was Kunst, was Musik, was Literatur! Schall und Rauch. Die Heimat, die wahre, sie geht durch Magen und Bauch! So reimt es sich jetzt, im Rückblick aus dem Reich der Sonne. Papst Gregor der Zehnte, der Essen und Trinke liebte wie nur wenige große Männer seines Jahrhunderts (– du beugst dich zum Nebentisch und hebst die Teeschale –) starb, bevor er Rudolf von Habsburg zum Kaiser krönen konnte. Allerdings fand er gerade noch die Zeit, um Marco Polo, der schon die Segel gesetzt hatte, zurückzurufen und ihn zu bitten, er möge doch aus dem Reich der Mitte die Nudeln mitbringen ... *Alf Schneditz, Schweinsbraten mit Knödel und Sauerkraut (2001)*

Vernichtung eines Sülzkoteletts

Die Bahnhofsgaststätte: letzter Hort nicht nur eines kühlen Bieres, sondern auch einer warmen Mahlzeit, selbst wenn die in ihrer »chemischen Frische« kaum nach etwas schmeckt, wie *Günter Grass* über die Sülzkotelettorgie von Lena Stubbe in seinem Roman *Der Butt* schreibt.

Manchmal geht sie spät in der offenen Bahnhofsgaststätte ein Sülzkotelett essen. [...]

Ihre datierten Rezepte: Hasenpfeffer und Gänseklein, Pomuchel in Dill und Rinderherzen in Braunbier, Amandas Kartoffelsuppe, Lenas Schweinenierchen in Mostrichtunke; das alles ist nicht mehr zu haben, ist außer der Zeit. In einer spät offenen Bahnhofsgaststätte will sie dem Sülzkotelett und seiner chemischen Frische (wie gaumenlos) Abbitte tun.

Lena, Amanda, die dicke Gret? Da sitzt sie in ihrem zu engen
Mantel und schneidet sich Stück nach Stück. Mitternachtszüge
werden ausgerufen. (Rheinische, hessische, schwäbische Durchsage.) Ob in den Bahnhofsgaststätten Bielefeld, Köln, Stuttgart,
Kiel oder Frankfurt am Main: sie winkt dem Ober, der langsam, als
wolle er ihr Jahrhundert verzögern, zwischen den leeren Tischen
kommt und endlich (ich bin es) da ist.

Ein zweites Sülzkotelett ohne Kartoffelsalat, Brot oder Bier. (Womöglich die Nonne Rusch geschickt verkleidet?) Befragt, nenne ich
ihr die Konservierungsmittel. Sie schneidet zu, gabelt auf und ißt in
sich rein, als müsse sie Schuld abtragen oder ein Loch füllen oder
jemanden (noch immer Abt Jeschke?) vernichten, der sich als Sülzkotelett nach Güte spätoffener Bahnhofsgaststätten getarnt hat.

Ich bin nicht sicher, ob ich Amanda oder Lena bediene. Nur
Dorothea würde ich mit Schrecken erkennen. Manchmal sage ich
beim Servieren Fangworte wie »Liebgottchen« oder »Nagel und
Strick«. Aber sie schneidet sich ohne Gehör zu. Wenn Lena oder
Amanda Gast bei uns ist und ihre Bestellung macht, bin ich emp-
findlich: Mir wird die Zugluft bewußt, die alle Wartesäle mit Gast-
stättenbetrieb weit offen und zeitlos macht. Da sitzt sie für sich.
Eine einfache Frau, die vieles (und immer wieder mich) hinter sich
hat.

Ich bringe Lena ein drittes, in Gelatine zitterndes Kotelett – es
mangelt ja nicht – und mache Umwege zwischen den leeren flek-
kigen Tischen, damit sie, ganz außer mir, ihre Zeit hat, mich kommen, immer wieder auf neuen Umwegen kommen sieht. [...]

Bevor wir schließen müssen – weil ja auch Bahnhofsgaststätten
schließen –, wird sie ein viertes Sülzkotelett ohne alles, in eine Pa-
pierserviette gewickelt, mitnehmen wollen: wohin? Wenn sie in ihrem zu engen Mantel – wie rund ihr Rücken ist – geht und in der
Drehtür unscheinbar wird, frage ich mich, warum sie mir niemals
Trinkgeld gibt. Kann es sein, daß Lena mich achtet, trotz allem,
was war und noch wird?   *Günter Grass, Der Butt (1987)*

Kulinarische Vorahnung

Hermann Freiherr von Eckardstein war als deutscher Diplomat in der Bismarckzeit und danach unter anderem in Washington, Madrid und London tätig. In seinen Lebenserinnerungen beschreibt er auch kulinarische Denkwürdigkeiten, die ihn auf Reisen bis in die Träume verfolgten. Und dann später sogar wahr wurden. Vorahnungen können in der Diplomatie sehr nützlich sein.

Gegen neun Uhr abends ging der Zug, mit dem ich den Knotenpunkt an der Strecke Sevilla – Madrid erreichen wollte, ab. Am Bahnhof traf ich die schöne Kubanerin in Begleitung des Pfarrers. Sie beabsichtigte, ebenfalls nach Madrid weiterzufahren. [...]

Da ich immer noch sehr müde war, zog ich es vor, nicht in demselben Kupee wie die schöne Kubanerin Platz zu nehmen, sondern wählte mir ein leeres Abteil, um ruhig schlafen zu können. Bald schlief ich ein und fing an zu träumen. Ich träumte und träumte, aber nicht etwa von der schönen Kubanerin, sondern von ganz etwas anderem. Die schlechte spanische Küche in Jaën hatte mir nämlich gar nicht geschmeckt und ich war sehr hungrig. Als ich nach einigen Stunden aufwachte, wurde mir bewußt, daß ich von Pellkartoffeln und Heringschwanz geträumt hatte. Ich weiß nicht, wie ich in meinen Träumen gerade auf dieses altbackene deutsche Hausgericht verfallen war, jedenfalls hätte ich aber alles darum gegeben, wenn ich beim Erwachen eine oder mehrere Portionen hätte haben können. Es war bereits nach Mitternacht, als ich erwachte, und der Zug mußte bald auf dem Knotenpunkt an der großen Strecke Sevilla – Madrid eintreffen. Ich konnte schon gar nicht mehr erwarten, dort anzukommen, in der Hoffnung, noch etwas zu essen zu erhalten.

Gleich nach meiner Ankunft begab ich mich in die Bahnhofsrestauration. Kaum war ich dort angelangt, so hörte ich, wie eine Frau hinter dem Büfett zu einem blonden Mädchen in Deutsch etwas sagte. Ich trat an das Büfett heran und fragte in Deutsch, ob ich vielleicht Pellkartoffeln und Heringschwanz haben könne. »Jawohl,« war die Antwort, »wir haben heute zu unserem eigenen Abendbrot Pellkartoffeln und Heringschwanz gegessen, und es sind noch einige Portionen davon übriggeblieben.« Seit dieser Begebenheit glaube ich an Vorahnungen der Seele!

Hermann Freiherr von Eckardstein,
Lebenserinnerungen u. Politische Denkwürdigkeiten (1919)

Genusserinnerung

Der Oberleutnant der Zarenarmee Wassilij Danilowitsch Dibitsch befindet sich im Frühsommer 1919 auf dem Heimweg aus deutscher Kriegsgefangenschaft in seine Vaterstadt Chwalynsk, eine Kreisstadt an der Wolga. Er ist durch eine überstandene Ruhr-Erkrankung noch sehr geschwächt. Umso mehr setzen ihm die Küchengerüche an den Unterwegsbahnhöfen zu.

Dibitsch saß in der offenen Tür des Güterwagens und ließ die mageren Beine in den blaugrauen österreichischen Wickelgamaschen hinaushängen. Er sah auf die Erde, die vorüberzog in trägem Wechsel von umgepflügten Äckern, schwärzlichen kleinen Dörfern, steilen Bahnböschungen und vom Regen verwaschenen Telegrafenstangen, auf deren schlaff hängenden Drähten hier und da ein einsames Rotkehlchen sein Lied schmetterte. Es war sein achtundzwanzigster Lenz, und er freute sich dessen. [...] Den Kopf voll unruhiger, verwirrter Gedanken, schlief Dibitsch schließlich im kalten Rasseln und Rütteln des Wagens ein.

Einmal, als er frühmorgens aufwachte und hörte, daß der Zug auf dem ihm wohlbekannten großen Umsteigebahnhof Rtischtschewo hielt, durchflutete ihn ein fast sinnbenehmender Anfall von Hungerübelkeit. Er war vor dem Krieg mehrmals durch diesen Ort gekommen und hatte jedesmal die Bahnhofsrestauration besucht, deren Güte berühmt war. Zur Ankunft des Zuges pflegten schon die Teller mit heißem Borschtsch auf den langen Tischen bereitzustehen, und lieblich duftende Dampfwölklein züngelten in Spiralen über ihnen auf. Auf dem Bahnhof war eine Kellnerschule, in der kleine Tatarenjungen aus den benachbarten Tatarendörfern im Servieren ausgebildet wurden, und alles war in einer besonderen Weise appetitlich, einladend und von vortrefflicher Qualität.

Kaum war der Name der Station an Dibitschs Ohr gedrungen, als er sofort wie in einem frisch geputzten Spiegel die lange, sich perspektivisch verjüngende Reihe der Teller mit den gelbroten Kreisflächen des Borschtsch vor sich sah, mit gelben Medaillons von zerflossenem Fett, von trägem Dampf überkräuselt. Neben jedem Teller wölbten sich rosig die in Fett gebackenen Pastetchen, und hinter den Blumenstöcken schimmerten die weißen, großporigen Brotscheiben hervor. Kleine Tataren mit der Serviette überm Arm schoben mit den Knien die altmodisch schweren Stühle zurück und forderten die angeregt zu Tisch eilenden Passagiere zum Platznehmen auf.

Ein Hungerkrampf packte seinen ganzen Körper.

Konstantin Fedin, Ein ungewöhnlicher Sommer (1959)

Braten à la Dienstgrad

Lange bevor das »Zigeunerschnitzel« von den Speisekarten verschwand, wurde bereits der »Kondukteursbraten« inkriminiert. Möglicherweise hat der ebenfalls beanstandete »Führerbraten« aber später noch einmal eine Renaissance erlebt ...

In der Restauration des Bahnhofes in Kempten ist eine kuriose Mode eingeführt, welche man doch in der ganzen Welt nicht mehr finden wird. Abgesehen davon, daß z. B. der Kaffee das ganze Jahr einem bereits kalt hingestellt wird, so ist dort der Braten in gewiße Categorien eingetheilt. Nemlich, da gibt es also:

Heizerbraten,

Bremserbraten,

Führerbraten,

Kondukteurbraten,

Hrn. Oberkondukteurbraten,

und endlich einen Fremdenbraten.

So wird in die Küche hinaufgerufen und wenn der Braten dann herunterkommt, so sieht er auch der bestimmten Categorie ganz ähnlich und ist auch in seinen Dimensionen darnach eingerichtet. Wohl bekomm's, Heizerbraten, dieses ist natürlich der Schlechteste und dann kommt der Fremdenbraten, denn, wer weiß, wenn der wieder einmal nach Kempten kommt. Da wäre es doch besser, man würde in solchen Restaurationen eine Veränderung treffen, weil sie eben nichts taugen, und die guten belassen, wie z. B. in Kaufbeuern. Alles, was recht ist, ist Gott lieb, aber eine solche Auseinandersetzung der verschiedenen Branchen ist doch aus der Weise, denn sicher ist zu glauben, der Sechser vom Heizer und Bremser ist gerade so gut, wie der vom Hrn. Oberkondukteur.

Ein Unparteiischer.

Aus: Die Stadtfraubas. Ein freimüthig humoristisch-satyrisches Wochenblatt für Augsburg und Umgebung (1865)

»Die Goschen halten und servieren!«

Beim Staatsbesuch des Schahs von Persien in Wien fällt dem Rittmeister Baron Taittinger angesichts der amourösen Wünsche des orientalischen Herrschers eine heikle Aufgabe zu, die er scheinbar mit Geschick löst. Aber letzten Endes hat sie fatale Folgen für alle daran beteiligten Personen. – *Joseph Roth* zeigt in Taittinger einen Repräsentanten der absterbenden Habsburger Monarchie und ihrer müden Dekadenz, die auch in der sorgfältig aufrecht erhaltenen kulinarischen Etikette im Bahnhofsrestaurant zu Tage tritt.

Sonst pflegte Taittinger in der Eisenbahn sofort einzuschlafen. Heute las er in den Heftchen Laziks, und sogar in der ersten Nummer, die ihm der Verfasser ja bereits vorgelesen hatte. Er stelle sich vor, daß alle Welt diese Heftchen mit dem gleichen begeisterten Behagen lesen müßte. Morgen wollte er im Regiment von seiner literarischen Entdeckung erzählen und eventuell im Kasino einiges vorlesen, freilich in Abwesenheit des Obersten. Unter solch heiteren Gedanken verging die Zeit bis zur Ankunft in der Garnison.

Es war Abend, als er ausstieg. Ein dünner, langweiliger und kalter Regen rieselte sacht und zudringlich hernieder und umgab die armseligen gelblichen Petroleumlampen auf dem Perron mit einem nassen Dämmer. Auch im Wartesaal erster Klasse lauerte eine seelenbedrückende Trübnis, und die Palme auf dem Büfett ließ die schweren, schlanken Blätter hängen, als stünde auch sie im herbstlichen Regen. Zwei Gaslampen, Neuerung und Stolz der Bahnstation, hatten schadhafte Netze und verbreiteten ein ewig wechselndes grünlich-trübes Licht. Ein jämmerliches Surren ging von ihnen aus, ein Wehklagen. Auch die weiße Hemdbrust des Obers Ottokar zeigte verdächtige Flecke unbekannter Herkunft. Der metallene Glanz des Rittmeisters brach siegreich in all diese Trübsal. Der Ober Ottokar brachte einen Hennessy »zur Erwärmung« und die Speisekarte.

»Heut gibt's Suppe mit Leberknöderln, Herr Baron!« – »Halten S' die Goschen!« sagte Taittinger fröhlich. Immer, wenn er dergleichen sagte, wünschte er eigentlich das Gegenteil, und das wußte Ottokar auch. Deshalb bot er auch noch ein mürbes Beinfleisch mit Kren an und Zwetschkenknödel, extra gekocht. »Die Goschen halten und servieren!« sagte Taittinger. Der Cognac erheiterte ihn noch mehr und verstärkte seinen Appetit. [...] Er aß mit gesundem Vergnügen, fand das Beinfleisch »famos« und die Zwetschkenknödel »direkt interessant«, trank zum Schwarzen einen Sliwowitz und beschloß, vorläufig im Wartesaal sitzenzubleiben bis zur Ankunft des Wiener Abendzuges, der erst um 11 Uhr 47 kam ... *Joseph Roth, Die Geschichte von der 1002. Nacht (1939)*

Versunkene Genusswelten

Die in Reval geborene Schriftstellerin und Journalistin Theophile von Bodisco beschrieb in ihren Erinnerungen viele Reisen, die sie unternahm. Unter anderem Anfang des 20. Jahrhunderts einmal nach Pokrovskoje zur Fürstin Schachovskoj, ihrer Taufpatin. Eine lange Fahrt, für die junge Frau aber höchst interessant.

Allein die Reise machte mir schon Spaß. Ich freute mich über das herrliche Buffet in Tver, das so reichhaltig war, wie ich es auf meinen vielen Reisen noch nie gesehen hatte. Im gewaltig großen Bahnhofssaal erster und zweiter Klasse standen Riesentische, die ganz bedeckt waren mit fertigen Speisen. Es gab da gebratenes Haselhuhn, Hühner, Eier, Piroggen, Kuchen, Salate, viel herrlichen Fisch, wie immer in Rußland, wo die großen Ströme sind, die so

wunderbare Fische haben, und bei jedem Gericht lag ein Zettel,
was die Speise kostete. Ich trank Boullion mit Piroggen dazu, aß
kaltes Wild mit süßem Salat. Zu allem hatte ich Zeit, da hier der
Schnellzug länger hielt. Das war mein Abendessen. In der Mitte
dieser Tische standen hohe Vasen mit künstlichen trockenen Blumen und Glasschalen mit den langen, russischen Zwiebacken, von
denen man essen konnte, so viel man wollte.

Theophile von Bodisco, Versunkene Welten.
Erinnerungen einer estländischen Dame (1997)

Festschmaus für einen armen Teufel

Ein Mäzen ist der fiktive Gutsherr Graf Wulff Gadendorp in
Detlev Liliencrons gleichnamiger Erzählung. Auf dem Sterbebett macht er eine große Stiftung für verarmte deutsche
Dichter und Schriftsteller. Er war aber zeitlebens schon
großherzig, das zeigte sich auch an einer kleinen Begebenheit in einem Wartesaal.

Ich weiß nicht, wie lange es her ist; ich hatte irgend einem armen
Schlucker geholfen. Am Tage darauf saß ich auf dem Dammtor-
bahnhof in Hamburg und las, sie in beiden Händen haltend, in einer großen Zeitung. Ich war so vertieft, daß ich einen Eintretenden
in dem sonst leeren Wartesaal nicht bemerkt hatte. Aber als dieser
mit dem Kellner zu sprechen begann, hörte ich die Stimme dessen, dem ich tags zuvor das Geld gegeben hatte. Er bestellte sich
ein Diner von nicht wenig Platten und eine Flasche Rotwein. Hätt
ich nun mich, aus meinem Blatte aufsehend, bemerkbar gemacht,
wär es eine Verlegenheit für ihn gewesen. Ich war also gezwungen,
der unfreiwillige Zeuge seiner Essensbefriedigung zu sein. Und
ich muß gestehn, es dauerte fast eine Stunde. Ich saß ruhig und las
immer wieder dieselben Seiten von der Reise des Lords Churchill
nach Petersburg an bis Warners Safe Cure. Immer blieb mein Kopf
hinter der papierenen Wand. »Sagen Sie, Kellner, hier steht Hecht
mit Sauerkraut.« »Zu dienen, mein Herr.« Später: »Haben Sie
noch von dem Lammrücken, den ich hier verzeichnet finde?« »Zu
dienen, mein Herr.« »Bitte vorher noch Nierenschnitte mit jungen
Erbsen.« »Zu dienen, mein Herr.« »Was können Sie mir für ei-

nen Pudding empfehlen? Bringen Sie mir portugiesischen.«»Sehr wohl, mein Herr.«

Und wies ihm schmeckte. Und wie mir die Arme lahm wurden. »Bitte um einen Persiko.«»Zu dienen, mein Herr.«»Und halt, eine Ihrer besten Zigarren.«»Zu dienen, mein Herr.«

Nun erhob er sich, knöpfte einen Westenknopf auf, trat an den Spiegel, zupfte sich zurecht wie zu allerlei andern kleinen Abenteuern, die man so nett ungesehn in großen Städten haben kann, und sagte endlich mit nachlässiger Vornehmheit: »Macht?«»Zwölf Mark siebzig, mein Herr.« Anstandslos wurde die Börse gezogen. Der Kellner schien, nach dem Bückling zu urteilen, den ich verstohlen beobachtete, höchst zufrieden mit dem Trinkgeld.

Ich war indessen beinahe ohnmächtig geworden von dem langen Stillsitzen und fand große Erleichterung, als ich mich erheben konnte. Bis zum heutigen Tage freue ich mich, daß er mich nicht bemerkt hat. Und innige Befriedigung hab ich gehabt, daß es dem armen Teufel so gut geschmeckt hat. Wie lange mag der ein solches Mittagessen entbehrt haben. *Detlev Liliencron, Der Maecen (1904)*

Das Freitagsopfer

Für einen katholischen geistlichen Würdenträger ziemte es sich früher, das mit kulinarischer Zurückhaltung und fleischlicher Abstinenz verbundene Freitagsgebot in einer Gaststätte – zumal in Süddeutschland und besonders in der Öffentlichkeit eines Bahnhofsrestaurants – gut zu beachten. Der Frankfurter Feuilletonist und Schriftsteller *Rudolf Geck* hat dies in eine kleine Geschichte gepackt, die zeigt, wie Verzicht bereichern kann.

An einer süddeutschen Eisenbahnstation, die zwar zu keiner großen Stadt führt, aber als Knotenpunkt wichtig ist, da auf ihr Reisende nach Seitentälern aller Himmelsrichtungen umsteigen, nicht zu gedenken ihres bedeutenden Güterumschlags, war an einem der letzten heißen Tage besonders starker Betrieb. Außer den normalen Zügen rollten Feriensonderzüge aus und ein, darunter solche mit unkundigen Insassen, die aufgeregt ihre Anschlüsse suchten und wie Ameisen umherwimmelten. Der Beamte an der Sperre des kleinen Bahnhofs hatte viel Mühe mit Knipsen, Eintragen von Vermerken und Auskunfterteilungen an drängende Frager. In seiner engen Uniform, die Mütze auf dem Kopf, saß er zu glühender Mittagsstunde mit hochrotem Gesicht in seinem Häuschen und war die Geduld in Person. Unermüdlich erteilte er Rat, wies Bahnsteige an, nannte Anschlüsse, beruhigte mit viel Gepäck segelnde Frauen, die Angst hatten, ihren Zug zu versäumen. Er war das Bild deutscher Gewissenhaftigkeit, aber er schwitzte erbärmlich.

In der buntscheckigen Schlange, die sich dem Häuschen des Beamten an der Sperre zuwandte, war auch ein geistlicher Herr, ein Herr von hohen Jahren, dessen schwarzes Gewand aus der Grellheit der Reisekleider sonderbar heraustach. Auch ihm war in dem glatt anschließenden und vielknöpfigen Rock, dem strenggeschlossenen Kragen und unter dem schwarzen Filzhut reichlich warm, dazu war er mit beträchtlicher Leibesfülle gesegnet. Die Würde seines Standes ließ ihn jedoch die Hitze gelassen hinnehmen, und wenn ihm das Übermaß der Sonnenkräfte zu dieser Stunde nicht eben preislich erscheinen mochte, so verriet doch kein Zug seines vornehmen, bebrillten, rosigen Gesichtes ein Mißvergnügen. Nachdem er in Ruhe abgewartet, bis er an das Gehäuse des Sperrbeamten treten konnte, begab er sich nach erfolgter Abfertigung und einem freundlichen Wort an den schwitzenden Mann mit anderen Reisenden in die mit wenigen Schritten zu erreichende Bahnhofswirtschaft.

Diese hatte für die Feiertage gut vorgesorgt und hielt für die Durchreisenden die verschiedenen Mittagessen bereit. Wie wir anderen, die hungrig und vor allem durstig über die Tische herfielen, ein erregter Schwarm mit viel Geräusch, Schreiende darunter, die sich anstellten, als seien sie dem Tode nahe, nahm auch der Geistliche Platz. Nach einiger Zeit gewann er die Speisekarte, stellte fest, daß für das »große« Mittagessen Suppe, Fisch, Braten und Eis vorgesehen waren, bedachte, daß Fleisch für ihn nicht in Frage kommen könnte, denn es war ein Freitag, und bestellte das mittlere Essen: Suppe, Fisch und Eis. Es ist anzunehmen, daß auch Geistliche sich auf Reisen gern etwas Gutes gönnen, und der, von dem die Rede ist, sah nicht aus, als ob er die wohlschmeckenden Güter des Daseins verachtete, jedoch es war Freitag. Um aber nun doch etwas Besonderes für seine Atzung zu tun, sagte Hochwürden zum Kellner, er wünsche nicht den auf der Karte verkündeten Schellfisch, sondern eine Forelle. Auch bestellte er ein Glas Rheinwein, nicht das Viertel des landesüblichen. Der Kellner verbeugte sich und raste davon. Ich meinerseits billigte den Entschluß meines Gegenüber, sowohl die Forelle wie den Wein betreffend.

Meine Vermutung, daß der geistliche Herr kein schlichter Landpfarrer, sondern ein hoch Emporgestiegener sei, bestätigte sich, als er der vollschlanken Forelle zu Leibe ging. Nur Kenner würdigen so. Die Art, wie er sie zerlegte, mit zerlassener Butter begoß und zu gelben Kartoffeln verspeiste, machte es mir zur Gewißheit, daß Hochwürden schon manche Forelle sich einverleibte. Noch eindrücklicher wurde mir seine Eignung für Tafelgenüsse klar, als er den grünen Römer erhob, die Blume des Weines zog, die goldene Farbe aus einiger Entfernung anblinzelte und bedachtsam den ersten Schluck nahm. Als er das Glas niedersetzte, sah er über die Gäste hinweg in die Ferne, versonnen, versunken, in Harmonie mit der Welt. Kein Zweifel: Hochwürden wußte Bescheid, um was es beim Wein geht, diesem aus Sonne, Fels und Schiefer und Regen und Erde gekochten Trank, kein Zweifel auch: er war ein herzensguter Mensch wie die meisten Zecher.

Ich hatte recht, Sie werden es gleich hören. Nachdem mein Nachbar die Forelle erledigt, brachte der Kellner das Eis, rotes Himbeereis, wie ich denke, mit darübergelegter Waffel. Kühl und süß leuchtete es aus dem Glase, so daß der Anblick schon lechzte. Hochwürden sah auf das lockende Glas. Er zögerte. Dann kam ihm ein Einfall, wohl hervorgegangen aus dem Wissen, daß es Gott gefällt, wenn der Mensch auf eine ihm zustehende Erquickung freiwillig Verzicht leistet. Hochwürden stand auf, nahm das Glas mit dem Eis, durchschritt die von Stimmen, Gläsergeklirr und Tellergeklapper erfüllte Wirtschaft und begab sich nach dem Bahnsteig zu dem Beamten an der Sperre.

Der hatte gerade eine Pause bis zur nächsten »Hochkonjunktur« und saß abgespannt und heiß in seiner Klause. Er war nicht

wenig erstaunt, als Hochwürden mit dem Himbeereis vor ihn trat
und das Glas auf das amtliche Brett setzte und den Mann fragte,
ob keine Dienstvorschrift dagegenstünde, wenn er jetzt das Eis zu
sich nehme. Es stand keine dagegen, und so schob der Uniformierte
seine Knipszange zur Seite, bedankte sich höflich und schloff gie-
rig los. Es sah ein wenig komisch aus, als die breite Hand das Löf-
felchen führte, aber das tat dem schönen Vorgang keinen Eintrag.
Hochwürden lächelte dazu und wartete das Ende der Erfrischung
ab, trug das Glas wieder zurück, faltete die schwarzen Rockschö-
ße auseinander, setzte sich wieder und bestellte einen guten Kaffee.   *Rudolf Geck, Büdchen (1936)*

Der Appetit war ihm vergangen

Forelle ist nicht gleich Forelle. Das erfährt auch Bernhard
Stove, der mit seiner Freundin in Bad Doberan Urlaub machen wollte. Aber sie war nach ein paar Tagen am Balaton –
es ist das Jahr 1989 – im Westen geblieben. So fährt er allein
in die Ostseestadt. Nicht nur die Situation mit Monika liegt
ihm im Magen, als er das Bahnhofslokal für einen Schnaps
betritt. Aber hier gefällt es ihm und er besucht es öfter.

Das Bahnhofslokal erwies sich als reinliche Gaststätte mit
nachgedunkeltem, alten hölzernem Mobiliar. Ein Stammtisch
vor dem Tresen, frische gelbe Stiefmütterchensträuße neben den
Salzstreuern. Der Stohnsdorfer, den Bernhard Stove bestellte, stand
sofort vor ihm. Er stürzte ihn hinunter. Wenig später fühlte er erleichtert: Die Gefahr, daß sein Magen das Aufgenommene wieder
herausschleuderte, war gebannt. Er lehnte sich zurück und betrachtete die Fotografien an den Wänden. Braunstichige Aufnahmen,
die den Badeort am Anfang des Jahrhunderts zeigten. [...]

Königsberger Klopse, Hamburger Schnitzel, Bauernfrühstück
und Bratkartoffeln mit Spiegelei erschienen regelmäßig auf der
Speisekarte des Bahnhoflokals, seltener Leber und das begehrte
Thüringer Rostbrätl mit gedünsteten Zwiebeln.

Auf der Speisekarte stand heute als wechselndes Tagesgericht:
Mastforelle blau mit Meerrettich und Kräuterbutter. Bernhard Stove bestellte sich eine Portion.

Die Kellnerin brachte ihm ungefragt ein kleines Bier, sie hatte ihn nach wenigen Besuchen zum Stammgast erkoren und hielt ihm seinen Platz in der Ecke neben dem Garderobenständer frei. Trotz des Urlauberandranges in der Hauptsaison waren mehrere Tische nicht besetzt. Sie würden sich erst füllen, wenn der Molly gegen zehn Uhr die letzten Passagiere ausspuckte. Das etwa zehnjährige Mädchen, das dem Studenten bei seinem ersten Besuch aufgefallen war, räumte leeres Geschirr ab und wischte die Aschenbecher mit einem Pinsel sauber. Zwischendurch lümmelte sie sich an den für das Personal reservierten Tisch – offenbar die Tochter der Serviererin. Das Mädchen stellte den Teller mit der Forelle vor Bernhard Stove hin und sagte: Dann laß es dir man schmecken. Und keine Gräten verschlucken! Es lag ein gönnerhafter Tonfall in ihren Worten, worüber er sich ärgerte. Außerdem war er erwachsen genug, um von einem Kind nicht geduzt zu werden.

Behutsam trennte er den Fisch an der Mittellinie durch und schob das Fleisch von den Gräten. Es schmeckte dumpf und muffig, auch der Zitronensaft schaffte es nicht, den unangenehmen Beigeschmack zu überdecken. Während er aß, verspürte er plötzlich das Bedürfnis, jemandem mitzuteilen, daß die Forelle nicht hielt, was er sich versprochen hatte: feinwürziges, leicht nussiges, saftiges Fischfleisch. Das Naheliegendste war, die Kellnerin heranzuwinken und die modrige Forelle zurückgehen zu lassen. Nicht nur, weil er sie damit verärgern könnte, erschien ihm der Gedanke abwegig. Ich will ja nicht reklamieren, entschuldigte er sich vor sich selber, ich möchte über den Geschmack der Forelle reden, mit jemand, der etwas davon versteht. Ich muß überhaupt mal wieder mit jemand reden, begriff er. Gleichzeitig schossen ihm im Bruchteil einer Sekunde Tränen in die Augen. Meingott, das fehlt noch, daß ich hier losflenne, dachte er. Er putzte sich die Nase, trank einen Schluck Bier und fühlte, daß die Anwandlung sich verzog. Er stocherte im Essen. Der Appetit war ihm vergangen. *Jutta Schlott, Boxer und Schönheit (2006)*

Bahnhofsgaststätte Alfeld (1955)

Fischpudding

1943 erlebte der 15-jährige *Franz Marheineke* aus dem ost-friesischen Weener eine Schreckensfahrt mit dem Zug im Rahmen der Kinderlandverschickung nach Bad Podiebrad. Umleitungen wegen nächtlicher Bombenangriffe, eine Verhaftung. Dazu erlebte er noch eine herbe Enttäuschung in einer Bahnhofsgaststätte beim letzten Umsteigen in Prag, das wegen Überfüllung des Zuges fast nicht geklappt hätte.

Aber alles half nichts: Ich mußte ja raus. Schließlich habe ich das Fenster geöffnet, den Pappkoffer beim Handgriff angefaßt, und dann sprang ich mit den Füßen voran aus dem Zug. Aber oh, großer Gott, der Handgriff riß, der Koffer flog zurück ins Abteil und ich landete draußen neben dem Zug auf dem Bahnsteig. Das Schlimme war auch noch, dass der Bahnsteig nicht so, wie bei uns in Deutschland, höher als die Schienen lag, nein er lag ca. dreißig Zentimeter tiefer als die Gleise. Ich schrie um Hilfe und ein Mann hielt mir aus dem Abteil die Hand entgegen. Irgendwie gelang es mir, wieder in das Abteil zu kommen. Aber, oh weh! Die Kofferschlösser waren aufgesprungen und der ganze Inhalt lag im Abteil verstreut auf dem Boden. Unterwäsche und Waschzeug war den Reisenden zum Teil vor die Brust und auf den Schoß geflogen; und nun versuchten sie, alles wieder in den kaputten Koffer zu kriegen.

Jeden Moment konnte sich der Zug ... wieder in Bewegung setzen. So schnell wie ich nur konnte, schnappte ich dann den Koffer, ein Schloss funktionierte Gott sei Dank wieder, und dann raus mit dem Koffer durchs Fenster so vorsichtig, wie es eben ging, auf den Bahnsteig damit. Dann mußte ich ja auch selbst noch hinaus. Ich fiel zwar hart auf das Pflaster, verletzte mich aber Gott sei Dank nicht. Natürlich mußte ich aber erst einmal wieder die Siebensachen zusammen suchen, nahm den Koffer unterm Arm und ging damit in den nächsten Wartesaal.

Dort habe ich mich von meinem Schrecken erholt, und bevor es dann mit einem Bummelzug nach Bad Podiebrad weiter ging, auch versucht, etwas zu essen zu kriegen. Meine Augen liefen fast über, als ich die Kellner das Essen an den Tischen servieren sah. Schöner gelber Pudding in einer Fischform als Augenschmaus garniert, das war es, was am meisten gegessen wurde. Natürlich habe ich mir davon auch sofort eine Mahlzeit bestellt. Es dauerte eine geraume Zeit, bis dass man mir den Pudding endlich brachte. Doch – wie der Mensch sich irren kann! Kaum hatte ich die bei uns nur als Dessert bekannte Speise probiert, verging mir der Appetit. Der Pudding entpuppte sich als einfaches Kartoffelpüree, im Gegensatz zu der bei uns gängigen weißen Farbe dieses einfachen Gerichtes, war es hier wohl aus fast quittengelben Kartoffeln hergestellt. Aber lange Zeit zum Grübeln gab es nicht. Plötzlich wurde aus verschiedenen Richtungen gerufen: Lásné Podibraády! Der Zug nach Bad Podiebrad stand abfahrbereit und schnell hieß es, den Koffer schnappen und weiter zur nächsten Station meiner Irrfahrt.

Franz Marheineke, Abend in der Frühe (2002)

Falscher Hase

Mit Dampfschiff, dem Ballon, einem Elefanten und natürlich mit der Bahn ist der exzentrische Phileas Fogg in *Jules Vernes* Roman unterwegs, um in 80 Tagen um die Welt zu reisen und damit eine Wette zu gewinnen. Da gilt es, nicht allzu viel Zeit zu verlieren und auch einmal in einen Braten zu beißen, der nicht nach dem schmeckt, was er vorgibt ...

Um halb fünf Uhr Abends waren die Passagiere des *Mongolia* zu Bombay gelandet, und der Bahnzug ging präcis acht Uhr nach Calcutta ab.

Herr Fogg verabschiedete sich also von seinen Spielgenossen, verließ das Dampfboot, gab seinem Diener Auftrag einige Ankäufe zu machen, empfahl ihm ausdrücklich, sich vor acht Uhr am Bahnhof einzufinden, und ging dann seinen regelmäßigen Schritt, der gleich dem Pendel einer astronomischen Uhr die Sekunde schlug, geradeswegs auf's Paßbureau. [...]

Als Phileas Fogg wieder aus dem Paßbureau kam, begab er sich ruhig zum Bahnhof und ließ ein Diner auftragen. Der Wirth glaubte ihm unter anderen Gerichten ein Fricassée von Lapin *[Kaninchen]* empfehlen zu sollen, und rühmte es außerordentlich.

Phileas Fogg ließ es auftragen, kostete es sorgfältig, fand es aber trotz seiner pikanten Sauce abscheulich.

Er läutete dem Gastwirth.

– Mein Herr, sagte er, und sah ihm scharf in's Gesicht, das ist Lapin?

– Ja, Mylord, erwiderte keck der Schelm, Lapin von den Schilfwiesen.

– Und dieser Lapin hat nicht gemiaut, als man ihn todt schlug?

– Gemiaut! O, Mylord! Ein Lapin! Ich schwöre ...

– Herr Wirth, versetzte kalt Herr Fogg, schwören Sie nicht, und erinnern Sie sich, was ich Ihnen sage: Vor Zeiten hat man in Indien die Katzen als heilige Thiere angesehen. Das war eine bessere Zeit.

– Für die Katzen, Mylord?

– Und vielleicht auch für die Reisenden!

Nach dieser Bemerkung fuhr er ruhig fort zu speisen.

Jules Verne, Reise um die Erde in 80 Tagen (1873)

Antoine Gustave Droz, Un Buffet de Chemin de Fer (Bahnhofsbuffet), 1864.

ZWÖLFTER GANG

Bahnhofsgaststättenvorfall

Von durchbrechenden Zügen
und anderen Ereignissen

Es geht nicht immer um Essen und Trinken im der Bahnhofsgaststätte oder um Begegnungen froher wie trauriger Art – mitunter
ereignen sich hier auch besondere Vorkommnisse, wird das Bahnhofsrestaurant oder der Wartesaal zum Schauplatz eines großen
Glücks oder auch Unglücks. Wie 1980 in Bologna, als im vollbe-
setzten Bahnhofs-Wartesaal eine Bombe explodierte und 85 Menschen tötete. Es gibt dramatische und komische, merkwürdige oder
auch phantastische Ereignisse, wirklich wie literarisch: »Gegen
Mittag trat ein stattlicher Mann in den Wartesaal des Bahnhofs. Er
trug einen verschossenen Anzug und eine Krawatte. An den Umsit-
zenden vorbei ging er zur hintersten Ecke des Wartesaals. Dort angekommen, setzte er den grünen Rucksack ab und legte ihn auf den
schmutzigen Parkettfußboden, dann bat er die Leute, die auf der
nächsten Bank saßen, anderswo Platz zu nehmen. Die leere Bank
zog er in die Ecke. Danach nahm er ein Buch aus seinem Rucksack, stieg auf die Bank und begann mit rezitierendem Pathos zu
lesen. So laut, dass ihn alle Reisenden, die sich im Wartesaal aufhielten, hörten.« In *Arvo Valtons* Kurzgeschichte lässt sich dieser
Mann bei seiner täglichen Lesung im Wartesaal von niemandem
aufhalten und bringt damit das Bahnhofspersonal und die Bahn-
hofsgesellschaft durcheinander, die sich nicht anders zu wehren
weiß, als ihrerseits Lesungen im Wartesaal anzubieten, was ja nicht
die schlechteste Idee wäre – z. B. mit diesem Buch ...

So klingen manche Geschichten unwahrscheinlich und absurd,
sind aber teilweise historisch verbürgt. Mal kommen sie mit großem Getöse daher oder begleitet von einem lautem Knall; mal
geschehen sie mit der überirdischen Hilfe eines Heiligen oder es

kommt zu anderen besonderen Erscheinungen. Bisweilen geht es um Leben oder Tod – ja sogar Mord: wie bei *Reinhard Mey*, der in einem Lied die »millionenschwere Erbtante« im »örtlichen Bahnhofsbüffet« durch Gift ums Leben kommen lässt, das wohl von einem Gärtner verabreicht wurde … Aber auch neues Leben beginnt gelegentlich in einer Bahnhofsgaststätte – oder das einer neuen Idee, die bis heute lebt.

Eine banale Wette um einen Stuhl kann – je nach Zeit und Ort – sehr gefährlich werden, wohingegen die Auseinandersetzung um die besten Plätze auf Nichtbetroffene erheiternd wirkt. Dass es auch um das Essen und Trinken zu Differenzen kommen kann, ist wiederum so ungewöhnlich nicht, vor allem, wenn Alkohol mit im Spiel ist. Ein Streit um Kekse hingegen lässt sich vermeiden, wenn man, wie der Erzähler der letzten Geschichte, sich entsprechend zu verhalten weiß.

Durchbruch mit Ansage

Manchmal geschehen besondere Ereignisse auch wirklich und werden später literarisch, wie jene »Nikolausbescherung« im Frankfurter Hauptbahnhof, als am 6. Dezember 1901 kurz vor fünf Uhr morgens der Orientexpress aus Ostende mit überhöhter Geschwindigkeit einfuhr und sich vom Prellbock nicht stoppen ließ. Die Lokomotive rollte über den Querbahnsteig, durchbrach eine Wand des Empfangsgebäudes und kam erst im südlichen Wartesaal 2. Klasse zum Stehen, was allerdings der frühen Uhrzeit wegen zu keinen Toten führte.

Adolf, ich lade Dich für morgen zum Souper ein; es steht Dir dabei eine Ueberraschung bevor!« Adolf war furchtbar neugierig, doch verrieth ich natürlich nichts. »Wo soll ich mich denn einfinden?« fragte Adolf.

»Im Bahnhofsrestaurant, natürlich im Wartesaal erster Klasse.« Das Restaurant der mittelgroßen Bahnstation war in den Abendstunden ein äußerst gemüthliches, von uns beiden häufig besuchtes Lokal, da wir in der Nähe wohnten. Freilich saßen wir in der Regel bescheidentlich im Wartesaale dritter Klasse. Adolf meinte

*Unfall mit Ostende-Wien-Express im Frankfurter Hauptbahnhof
am 6. Dezember 1901*

denn auch: »Hm, hm, erster Klasse!« Und seine Spannung stieg
auf's höchste. Am nächsten Abend saßen wir Punkt acht Uhr an
der verabredeten Rendezvousstätte, Adolf musterte in hellem Erstaunen die erlesenen Speisen und den theuren Wein. »Mann, was
ist denn eigentlich los, nun rücke endlich heraus mit Deiner Ueberraschung!« Aber ich ließ ihn noch zappeln. »Nur Geduld, die
wird gleich kommen.« In diesem Augenblick hörten wir das Rollen
des fälligen Schnellzuges. Gleich darauf ertönten Mark und Bein
erschütternde, gellende Pfiffe – das Nothsignal! Erschreckt fuhren
alle im Wartesaale Anwesenden in die Höhe. Draußen ein Poltern.
Dröhnen, Schreien – ein dumpfer Krach! Die am Bahnsteig ste-
hende Wand gerieth in's Wanken, Mauerputz, Steine stürzten: im
nächsten Moment eine weitklaffende Lücke – und langsam fuhr
die Schnellzugslokomotive in den Wartesaaal. Mein Freund starrte
bleich, entgeisterten Blickes auf das schwarze Ungethüm und die
Verwüstung, welches es angerichtet: dann tönte es halb mechanisch
von Adolf's Lippen: »Die Ueberraschung ist gut – aber wie konntest Du das vorher wissen?« *Aus: Illustrierter Familienkalender (1906)*

Vierfachmord an Bratkartoffeln

Ein Sonderling war nicht nur *Robert Walser*, sondern auch der Mann in einer seiner Geschichten, der inmitten eines Doppelmordes im Bahnhofbüffet seelenruhig seine Bratkartoffeln verzehrt. Vielleicht die beste Weise, mit einem absonderlichen Geschehen fertig zu werden.

Im Bahnhofbüffet, worin unter andern auch ich mich aufhielt, kam es kürzlich zu einem zweifellos nicht belanglosen Auftritt. Vier Menschen verschiedenartigen Wertes sollten bei diesem Anlaß ihr Leben aushauchen. Die Person, um die sich die Aktion drehte, verhielt sich zuschauend, indem sie sich eine sorgsam zubereitete Bratkartoffelnportion zu Gemüt führte, d. h. schmecken ließ.

Mit den Worten: »Du willst sie nicht aus Deiner Seele entlassen; Du liebst sie, ihr Bild bezaubert Dich. Ihr beständiges Gegenwärtigsein hindert Dich an der Ausübung Deiner feineren Pflichten. Jetzt züchtige ich sie«, schoß eine Hervorragende auf eine Gewöhnliche mir nichts, dir nichts eine Revolverkugel ab, um sich hierauf denselben Dienst zu erweisen, dermaßen, daß zwei Schönheiten von verhältnismäßig weit auseinandergehender gesellschaftlicher Eingeordnetheit, geknickten Blumen ähnlich, scheinbar für immer beruhigt, am Boden lagen.

Nicht genug, dass sich diese beiden Allerliebstheiten brüsk aus dem Vorhandensein weggebegeben hatten, tat jetzt, eine gleichsam stadtbekannte Kleinlichgesinnte mit großer Flink- oder Promptheit einer Spirituellen an, was der Demütigen von der Anspruchsvollen zuerteilt worden war.

»Als wenn ich zugeben dürfte, dass er durch Dich verdrießlich gemacht wird, dem jeweilen in meinem Beisein das Essen vortrefflich mundet«, rief die Überlegene aus, bevor sie sich zur unüberlegten Handlung hatte hinreißen lassen.

Auch diesmal strafte eine Strafende sich selbst, indem sie sich mittels eines Knalles oder Schusses, den sie für ihr Eigenleben aufsparte, in die Gefilde zu schweben zwang, die man auf vielleicht etwas leichtfertige Art die seligen nennt.

Der, der Ursache zu genannten bemerkenswerten Vorkommnissen gab, verhielt sich, wovon ich gebührend Notiz nahm, gegenüber der Doppel-Unannehmlichkeit insofern denkbar still, als er weiterfuhr, sich mit nicht mißzuverstehender Angelegentlichkeit mit seinen gebratenen Kartoffeln zu befassen, deren Verbrauch von Wichtigkeit für ihn zu sein schien. »Bratkartoffelüberschätzer« rief ich ihm zu. Die Anwesenden benahmen sich übrigens mit gleichsam beinahe vollendeter Mustergültigkeit. Der Verantwortliche für diese Zeilen empfiehlt sie einem freundlichen Verständnis.   *Robert Walser, Bahnhofhallenvorfall (1928)*

Tod einer Bahnhofskellnerin

In seinen grotesken *Letzten Mahlzeiten* beschreibt *Herbert Rosendorfer* auch das Schicksal von Gustav Willibald Schüttelgrütz, der im Alter von 19 Jahre auf einem Bahnhof erkannte, dass er die Gabe des Totbetens besaß, die er später mehrfach erfolgreich einsetzen konnte (vor Vollzug des Todesurteils auch gegen sich selbst ...).

Schüttelgrütz, der sich auf dem Weg nach Köln befand, um sich nach dem Willen des Vaters zum Karnevalisten ausbilden zu lassen, aß in der Wartezeit beim Umsteigen in der Kreisstadt in der Bahnhofsgaststätte zwei Eier im Glas, für die die Kellnerin den nach damaligem Geldwert horrenden Preis von 1 M 50 verlangte. »Auf der Karte steht: 50 Pf.!« begehrte Schüttelgrütz auf. Die Kellnerin begann zu schimpfen, ein dieser offenbar nahestehender Auswurf der Gesellschaft packte den tobenden Schüttelgrütz am Kragen und beutelte ihn, bis er zahlte. Schüttelgrütz verließ, an allen Gliedern schlotternd, die Bahnhofsgaststätte, bemerkte, daß er durch den Vorfall den Anschlußzug versäumt hatte, ging, da der nächste Zug erst in drei Stunden abfuhr, in die nahegelegene Ambrosius-Kapelle und betete achtundvierzig heiße Gebete zu dem Heiligen, daß er diese Ungerechtigkeit bestrafen solle.

Als Schüttelgrütz zum Bahnhof zurückkehrte, um die Gaststätte einen weiten Bogen machte, aber diese doch aus der Ferne beobachtete, sah er, wie die betrügerische Kellnerin und der gewalttätige Auswurf vor die Tür traten, offenbar, um sich dort voneinander zu verabschieden. Der Auswurf ging der Kellnerin ans Mieder, worauf Schüttelgrütz leise sagte: »Ambrosius: jetzt!«

Da kam entgegen der üblichen Gewohnheit bei Blitzen ein solcher ganz langsam aus einer niedrigen Wolke, fuhr erst dem Auswurf in die Nase, verschwand in ihm, blähte ihn auf, fuhr aus dem Hosenschlitz wieder heraus, von unten der Kellnerin in den Rock, sprengte ihr die Kleidung vom Leib, der, nun völlig nackt, zu glühen begann, sich gleichfalls blähte und dann zersprang. Die Sekunde darauf zersprang auch der Auswurf. Zwei Aschenhäufchen blieben auf dem Pflaster liegen.

Schüttelgrütz erschrak, wie man sich denken kann, war im Grunde genommen aber befriedigt, obwohl er bedauerlicherweise das zuviel bezahlte Geld nicht zurückbekam.

Herbert Rosendorfer, Letzte Mahlzeiten.
Die Aufzeichnungen des königlich bayrischen Henkers
Bartholomäus Ratzenhammer (2010)

Mundraub in Ulm

Dass der schiere Hunger Menschen zu kriminellen Taten treiben kann, ist erwiesen. Bei dem folgenden von der Ulmer Zeitung berichteten Vorfall von 1851 wurde jedoch mit gleicher Münze zurückbezahlt ...

Gestern Nachmittag passirte eine englische Familie den Ulmer Bahnhof. Als der 4-Uhr-Zug von Friedrichshafen ankam, stürzte plötzlich aus einem der Wagen eine Dame in das Büffet, ergriff hier ein Messer und schnitt mit demselben von einem ausliegenden Schinken mehrere Stücke von einer Größe herunter, welche zu der Annahme berechtigten, die Lady wolle sich zu einer kleinen Nordpolexpedition verproviantiren. Ohne ein Wort zu sprechen, wickelte sie das Abgeschnittene in ein Papier und verschwand ohne Zurücklassung irgend einer landesüblichen Münzsorte, eben so schnell, als sie gekommen, in den Wagen zurückeilend. Als die im Büffet Anwesenden aus ihrer Verblüffung ob dieser englischen Erscheinung sich erholt, eilte der Kellner an den Wagen, um das Geld für den entführten Schinken zu verlangen, allein die Dame antwortete lakonisch: »Nichts Geld!« Der Kellner eilte nun zum

Kondukteur, allein weder diesem, noch dem herbeigeeilten Bahn-
hof-Inspektor wollte es gelingen, die englische Familie zum Zahlen
zu bewegen. Selbst des Letztern Vorstellung, daß man die Sache
als einen Diebstahl betrachten könne, blieb erfolglos. Da endlich
riß dem Kondukteur die unergründliche deutsche Geduld, er rief:
»Heraus aus dem Wagen, Sie sind arretirt!« und machte Miene,
die Ausführung dieser Aufforderung thatkräftig zu unterstützen.
Jetzt griff Mylord in den Sack und holte, nach dem Preis des Schin-
kens fragend, einen Beutel mit glänzenden Dukaten hervor, von
denen er eine zur Bezahlung übergab. Der Schinken kostete 1 fl.
30 kr. Unterdessen hatte es jedoch bereits das Drittemal geläutet,
und ehe man herausgeben konnte, setzte sich der Zug in Bewegung.
Vergebens war das Protestiren Mylords, der sich denn auch mit der
Versicherung beruhigen mußte, daß man ihm das guthabende Geld
sogleich übersenden werde, wenn man per Telegraph seine Stutt-
garter Adresse erfahren habe. Bis jetzt hat man von der ambulanten
Schinkenesserin und ihren Begleitern noch nichts gehört.

Aus: Erheiterungen. Blätter für Unterhaltung und Belehrung (1851)

Die Einsegnung im Gewitter

Am 28. Juni 1914 wurden der österreichische Thronfolger
Franz Ferdinand und seine Frau Sophie in Sarajevo Opfer
eines Attentates. Da ihre Ehe nicht standesgemäß war, hatte
man für die Beisetzung die Gruft des Schlosses Artstetten
an der Donau vorgesehen. Die Überführung der Särge vom
Zug zur Fähre gestaltete sich wegen des Wetters als äußerst
schwierig. Der Bahnhof Pöchlarn wurde zum Ort einer
denkwürdigen Einsegnung, das Bahnhofsrestaurant sah
seltsame Trauergäste.

Der Zug, der die Leichen und die Trauergäste nach Pöchlarn,
der letzten Bahnstation vor Artstetten, brachte, kam um zwei
Uhr nachts an. Die Nacht war heiß und schwül. Die Einsegnung
der Leichen sollte auf dem Platz vor dem Bahnhof stattfinden. Alle
Veteranen- und Feuerwehrvereine aus Pöchlarn und den umliegenden Ortschaften hatten sich vor dem Bahnhof versammelt, Fackeln
flackerten in der Finsternis, über den Bergen stand ein Gewitter.

Der Waggon, der die beiden Särge barg, wurde auf ein Nebengeleise
gerollt, die Schiebetüren wurden geöffnet, die beiden Särge wurden
herausgehoben. Während die Angestellten der Wiener städtischen
Leichenbestattung sich anschickten, die Särge über die Geleise zu
tragen, brach ein Unwetter los, wie es diese Gegend seit vielen Jahren nicht erlebt hatte. Plötzlich war ein ungewöhnlich heftiges Gewitter über dem Bahnhof, die Fackeln erloschen, die herabstürzen-
den Wassermassen trommelten auf die Särge. Die Sargträger, im Nu
bis auf die Haut durchnässt, stellten die Särge nieder und entliefen
dem Wolkenbruch unter das schützende Bahnhofsdach.

Zwischen den Gleisen, im rauschenden Regen, im heulenden
Sturm, von Blitzen umzuckt, blieben die Särge länger als eine Stunde liegen.

In dem engen Warteraum des kleinen Bahnhofs standen die
Trauergäste. Die Erzherzogin Maria Theresia beruhigte liebevoll
die Kinder des Thronfolgerpaars, die bei jedem Donnerschlag er-
schraken und schlaftrunken die Ereignisse dieser Nacht wie einen
schrecklichen Traum erlebten. Mitleidig blickte der junge Karl
Franz Joseph, der künftige Kaiser, die Waisenkinder an, mit denen
er nicht zu sprechen wusste. Dann stellte er sich an das einzige Fenster des düster-nüchternen Raums und erinnert sich, dass da draußen auf dem stockfinsteren Platz vor dem Bahnhof die Veteranen
standen. Er ging auf den Baron Rumerskirch zu und sagte: »Die
Veteranen sind doch wahrscheinlich größtenteils alte Manndln, die
kann man doch nicht stundenlang in dem Sauwetter stehn lassen.
Die Leute könnten doch ganz gut in dem Bahnrestaurant da drinnen untergebracht werden.« Rumerskirch ging vor die Bahnhofs-
tür und rief den Veteranen zu, sie mögen eintreten. Die Veteranen
und Feuerwehrmänner traten ein und gingen verschüchtert an den
Trauergästen vorbei in das Bahnrestaurant, das nur einen kleinen
Teil der Herandrängenden fassen konnte; die Übrigen, die nicht
länger in dem Wolkenbruch warten wollten, gingen nach Hause.
Die Veteranen und Feuerwehrmänner unterhielten sich erst leise,
zaghaft, eingeschüchtert von der Nähe der hohen und höchsten
Herrschaften. Dann aber stellte sich heraus, dass der Bahnhofswirt sich auf den Massenbesuch gut vorbereitet hatte und Bier und

Würste bereithielt. Die Veteranen und Feuerwehrmänner begannen zu essen und zu trinken, von Minute zu Minute hob sich ihre Stimmung. Nach einer halben Stunde hatte der Einspruch des Barons Rumerskirch, der sie zur Ruhe mahnte, nur noch geringen Erfolg. Maria Theresia übergab die Waisenkinder der Obhut einer Erzieherin und verließ den Warteraum, um nachzusehen, wo die Särge geblieben seien. Der Stationschef geleitete die Erzherzogin vor die Tür, gegenüber lagen die Särge. »Man sieht leider nichts«, sagte er, »aber sie stehn genau vis-à-vis auf einem Nebengeleise. Es kann nichts passieren, es kommt jetzt nur noch ein Zug, der fährt gleich auf dem ersten Geleise ein.« Maria Theresia dankte und verabschiedete ihn. Sie blieb vor der Tür stehen, nur unvollkommen vor dem Wolkenbruch geschützt, der ihr den sturmgepeitschten Regen ins Gesicht schlug. Ein Blitz erhellte die tragische Landschaft, und Maria Theresia erblickte die beiden Särge. Sie lagen in einer großen Regenlache, die zu einem Bach anzuschwellen drohte. Das also ist sein Ende, dachte Maria Theresia, das also sind ihre letzten gemeinsamen Stunden auf dieser Erde. Nein, länger dürfen die Särge nicht da draußen liegen, man muss sie in den Bahnhof tragen. Sie suchte die Angestellten der Leichenbestattungsanstalt, die sich unter die trinkenden Veteranen gemischt hatten. Sie rief ihnen zu: »Bitte, lassen Sie doch die Särge nicht länger in dem Sturmregen draußen liegen, das ist doch unmöglich!« und folgte ihnen vor die Tür. Die Angestellten packten die beiden Särge an und trugen sie in den Warteraum des Bahnhofs. [...]

Die Särge wurden vom Kot befreit und getrocknet. Der Baron Rumerskirch vereinbarte mit dem im regentriefenden Ornat wartenden Stadtpfarrer von Pöchlarn, dass Einsegnung nicht in dem Gewitterregen vor dem Bahnhof, sondern in dem Warteraum vorgenommen werden sollte, Die Angestellten der Leichenbestattungsanstalt schleppten die Kränze, Kreuze und Kandelaber herbei, zwölf Offiziere umstanden als Ehrenwache die beiden Särge, ringsum standen dichtgedrängt die Verwandten der Toten und viele Aristokraten, die gegen Montenuovo demonstrierten. Da der Raum eng war, wurde kein Vertreter der Veteranen- und Feuerwehrvereine eingelassen. Der Priester nahm die Einsegnung vor, während in dem nur durch eine Tür getrennten Bahnrestaurant weitergetrunken wurde. Der eindringende Bierdunst und Tabaksqualm vermengte sich mit dem Weihrauch. Nach der Einsegnung wartete man noch eine halbe Stunde, bis der Regen etwas sanfter wurde. Dann zog der Trauerzug durch die schlafenden Gassen des Städtchens Pöchlarn hinunter zur Donau, wo die Fähre wartete.

Ludwig Winder, Der Thronfolger (1937)

Todestag und Geburtstag

Paris. 23 Mai 1895.
Um ½ 1 in der Bahnhofsrestauration in Köln Telegramm von Mama, dass Papa gestern gestorben ist. Gerade an dieser Stelle war ich im Januar zum letzten Mal mit ihm zusammen gewesen. In den Dom; in solchen Augenblicken weiss man, wozu Gotteshäuser dasind. In Paris Clement Auffmordt am Bahnhof. Um Ein einhalb Uhr ist Er gestern schmerzlos gestorben. Zuhause Ihn gesehen; vollkommen wie schlafend; man hat garnicht das Gefühl der Trennung. Es liegt an einer verkehrten Erziehung, dass wir geneigt sind, vor Leichen ein Grauen zu empfinden. Heute mein Geburtstag.

Harry Graf Kessler, Das Tagebuch 1880–1937

Gotthelf!

Ein gesunder, kräftiger Knabe wurde gestern im Wartesaal des Bahnhofs Verden geboren. Die Mutter des Kindes ist Frau Anna Lüdtke aus Stolberg. Frau Lüdtke wurde am 20. September auf Veranlassung der NSV aus ihrer Wohnung in Stolberg evakuiert. Trotzdem sie täglich ihre Niederkunft erwartete, wurde sie über eine Woche lang von Ort zu Ort geschickt, ohne dass sie Unterkunft fand. Schliesslich musste die Frau im Wartesaal dritter Klasse des Bahnhofs Verden ihr Kind zur Welt bringen. Der Knabe erhielt den Namen Gotthelf. *Aus: Nachrichten für die Truppe (1944)*

Erscheinung im Wartesaal

Das Leben des Anthroposophen *Rudolf Steiner* war von Anfang an umgeben vom Eisenbahnwesen, denn sein Vater war Angehöriger der österreichischen Südbahn, und er selbst wuchs auf einem Bahnhof auf. Als sieben- oder achtjähriger Knabe hatte er dort ein Erlebnis, das sein weiteres Leben prägen sollte: der Kontakt mit der jenseitigen Welt. In einem Vortrag berichtete er (in der »Er-Form«!) darüber, dass die Anthroposophie gewissermaßen in einem Wartesaal geboren wurde.

Der Knabe war in einer gewissen Beziehung für seine Angehörigen ein unbequemer Knabe, schon deshalb, weil er einen gewissen Freiheitssinn im Leibe hatte, und wenn er bemerkte, dass etwas von ihm gefordert wurde, womit er nicht ganz übereinstimmen konnte, dann wollte er sich dieser Forderung gern entziehen. Er entzog sich zum Beispiel der Forderung, Leute zu grüßen oder mit ihnen zu sprechen, die zu den Vorgesetzten seines Vaters gehörten und die auch als Sommerfrischler an dem betreffenden Orte waren. Er verkroch sich dann und wollte nichts wissen von einer Untertänigkeit, die ja natürlich ist und gegen die nichts eingewendet werden soll. Nur als Eigentümlichkeit soll hervorgehoben werden, dass er nichts davon wissen wollte und sich dann oft in den kleinen Wartesaal zurückzog. [...]

Da saß er eines Tages in jenem Wartesaale ganz allein auf einer Bank. In der einen Ecke war der Ofen, an einer vom Ofen abgelegenen Wand war eine Tür; in der Ecke, von welcher aus man zur Tür und zum Ofen schauen konnte, saß der Knabe. Der war dazumal noch sehr, sehr jung. Und als er so dasaß, tat sich die Tür auf; er musste es natürlich finden, dass eine Persönlichkeit, eine Frauenpersönlichkeit, zur Türe hereintrat, die er früher nie gesehen hatte, die aber einem Familiengliede außerordentlich ähnlich sah. Die Frauenpersönlichkeit trat zur Türe herein, ging bis in die Mitte der Stube, machte Gebärden und sprach auch Worte, die etwa in der folgenden Weise wiedergegeben werden können: »Versuche jetzt und später, so viel du kannst«, so etwa sprach sie zu dem Knaben, »für mich zu tun!« Dann war sie noch eine Weile anwesend unter Gebärden, die nicht mehr aus der Seele verschwinden können, wenn man sie gesehen hat, ging zum Ofen hin und verschwand in den Ofen hinein. Der Eindruck war ein sehr großer, der auf den Knaben durch dieses Ereignis gemacht worden war. Der Knabe hatte niemanden in der Familie, zu dem er von so etwas hätte sprechen können, und zwar aus dem Grunde, weil er schon dazumal die herbsten Worte über seinen dummen Aberglauben hätte hören müssen, wenn er von diesem Ereignis Mitteilung gemacht hätte.

Es stellte sich nach diesem Ereignis nun folgendes ein. Der Vater, der sonst ein ganz heiterer Mann war, wurde nach jenem Tage recht traurig, und der Knabe konnte sehen, dass der Vater etwas nicht sagen wollte, was er wusste. Nachdem nun einige Tage vergangen waren und ein anderes Familienglied in der entsprechenden Weise vorbereitet worden war, stellte sich doch heraus, was geschehen war. An einem Orte, der für die Denkweise der Leute, um die es sich da handelt, recht weit von jenem Bahnhofe entfernt war, hatte sich in derselben Stunde, in welcher im Wartesaale dem kleinen Knaben die Gestalt erschienen war, ein sehr nahestehendes Familienglied selbst den Tod gegeben. Dieses Familienglied hatte der Knabe nie gesehen; er hatte auch nie sonderlich viel von ihm gehört, weil er eigentlich in einer gewissen Beziehung – das muss auch hervorgehoben werden – für die Erzählungen der Umgebung etwas unzugänglich war; sie gingen bei dem einen Ohr hinein, bei dem anderen wieder hinaus, und er hatte eigentlich nicht viel von den Dingen gehört, die gesprochen worden sind. So wusste er auch nicht viel von jener Persönlichkeit, die sich da selbst gemordet hatte. Das Ereignis machte einen großen Eindruck, denn es ist jeder Zweifel darüber ausgeschlossen, dass es sich gehandelt hat um einen Besuch des Geistes der selbstgemordeten Persönlichkeit, die an den Knaben herangetreten war, um ihm aufzuerlegen, etwas für sie in der nächsten Zeit nach dem Tode zu tun. Außerdem traten ja die Zusammenhänge dieses geistigen Ereignisses mit dem physischen Plan, wie soeben erzählt worden ist, in den folgenden Tagen gleich stark zutage.

Nun, wer so etwas in seiner frühen Kindheit erlebt und es nach seiner Seelenanlage zu verstehen suchen muss, der weiß von einem

solchen Ereignisse an – wenn er es eben mit Bewusstsein erlebt –,
wie man in den geistigen Welten lebt.

Rudolf Steiner, Autobiographischer Vortrag (1913)

Gefährliche Wette

Der Wett-Versuch, mit einem Stuhl in der Mitropa-Gaststätte des Hauptbahnhofes Leipzig unbemerkt den Abgang
zu machen, war höchst gefährlich – er konnte als Entwen-
dung von DDR-Staatseigentum ausgelegt werden, wie sich
der Journalist *Hubert Spahn* erinnerte.

Nach einer abendlichen Sitzung der GST in Sachen Fliegerei
ging ich mit einem anderen Flugsportler einen heben. Als unser Restaurant gegen Mitternacht schloß, hatten wir noch Durst.
Da fiel uns die Mitropa-Gaststätte im Hauptbahnhof ein, dort wurde rund um die Uhr bedient. Wir hatten schon lange Platz genommen, doch keiner der Kellner kam, sie standen alle in einer Ecke
und diskutierten eifrig. Ich meinte: »Die würden nicht mal merken, wenn ich mit einem Stuhl den Saal verließe ...« »Du traust
dich nicht«, provozierte mein Flugkamerad. Wir wetteten, bloß so.
Wenn ich mit einem Stuhl den Bahnhofsvorplatz erreichte, hätte
ich gewonnen. Ich lief mit dem Möbel schon durch die Osthalle,
da legte sich eine Hand auf meine Schulter und eine Stimme sagte: »Mein Herr, Sie sind verhaftet!« Geistesgegenwärtig lief mein
Gefährte weiter, als gehöre er nicht zu mir. Zunächst brachte man
mich zum Schichtleiter der Mitropa. Der erklärte, das sei Diebstahl
von Volkseigentum, was mindestens zwei Jahre Zuchthaus einbrin-
ge. So streng waren damals die Bräuche. Dann führte man mich
zur Bahnhofswache der Transportpolizei. Untergebracht in einem
Raum ohne Inventar, aber mit zwei unverschlossenen Türen, harr-
te ich der Dinge, die da kommen sollten. Es passierte stundenlang
nichts, außer daß immer häufiger Polizisten wie zufällig zu einer
meiner beiden Türen hereinkamen und zur anderen wieder hinaus-
gingen. Einige schmunzelten dabei. Sie alle wollten offenbar den
komischen Vogel sehn, der einen Mitropastuhl klaut. Gegen sechs
wurde mir mulmig, hatte ich doch acht Uhr ein Seminar zu halten.
Ich bat, den Diensthabenden der Wache sprechen zu dürfen. Das

wurde gewährt. Der Oberleutnant glaubte mir, daß es sich um eine Wette gehandelt hatte, und ließ mich gehen. Nur ein Ordnungsgeld mußte ich entrichten, für das ich viele Biere hätte trinken können. *Hubert Spahn, Von Lourdes ins Rote Kloster. (1996)*

Kampf um die Plätze

Kampf um Stühle resp. Plätze erlebt man heute beim Bahnreisen nicht mehr in Wartesälen, sondern allenfalls im Zug selbst. Dort können volle Abteile aber denselben Unmut auslösen. Und noch immer gibt nur das entsprechende Ticket die Berechtigung zum Sitzen. Ordnung muss schließlich sein.

Eine ergötzliche Scene spielte sich an einem der letzten Abende auf dem Bahnhofe zu Spandau ab. Das Wartezimmer zweiter Klasse war von einem Berliner Verein, der mit seinen Damen einen Ausflug gemacht hatte und den letzten Zug zur Rückkehr benutzen wollte, angefüllt und sämmtliche Stühle mit den ermüdeten Touristen besetzt, als zwei anscheinend dem Kaufmannsstande angehörende Herren, welche indessen nicht zu der Partie gehörten, den Saal betraten und nachdem ihre Bemühungen, noch einen Sitz zu erhalten, sich als vergeblich erwiesen, ihrem Unmuth darüber in lauter und unangemessener Weise Luft machten. Ihre Expektorationen fanden bei den Anwesenden nur ein höhnendes Lächeln, worüber die beiden »Standespersonen« derartig ergrimmt wurden, daß sie sich beschwerdeführend an den Inspektor wendeten und von diesem verlangten, daß er konstatiren lasse, ob die Insassen des Wartesaals durch gelöste Billette zweiter Klasse zum Aufenthalt daselbst berechtigt seien. Diesem Ersuchen mußte Folge gegeben werden und war das Resultat der Untersuchung, daß der ganze Verein nur mit Fahrbilletten dritter Klasse versehen und deshalb auch aus den Wartesaal dritter Klasse angewiesen war. Man mußte der Aufforderung des Inspektors, den Umzug in den weniger comfortabel eingerichteten Saal zu bewerkstelligen, Folge geben; doch gar viele wüthende Blicke und leise gemurmelten Verwünschungen regnete es auf die Störenfriede, welche nun ihrerseits hohnlächelnd sich aus den eroberten Sitzen breit machten. Einer der hinausgemaßregelten Herren hatte indessen die Wahrnehmung gemacht, dass bei der Billettkontrolle die Urheber derselben übergangen seien, und stellte an den Inspektor die Bitte, daß das Versäumte nachzuholen. Das geschah; aber man denke sich den Spott und die Heiterkeit der Anwesenden, als die beiden arroganten Herren unter tödtlicher Verlegenheit und Worte der Entschuldigung stammelnd ebenfalls Billette dritter Klasse zum Vorschein brachten.

Im Wartesalon zweiter Klasse (1892)

Das Bier

Das gibt es nicht nur in Bayern: Auch in den Mitropa-Gaststätten der DDR stellte der Kellner unaufgefordert jedem männlichen Reisenden erst einmal ein Bier auf den Tisch. So auch in der Gaststätte unmittelbar am Querbahnsteig des Leipziger Hauptbahnhofes.

Wortlos und unaufgefordert – ich saß noch nicht lange am Tisch, und es berührte mich seltsam – stellte der Kellner, im schnellen Vorbeigehen, ein großes Glas Bier vor mich hin. Ich war beinahe zu erschöpft, einen Gedanken daran zu verschwenden. Ich hatte noch den schweren schmetternden Schlag im Ohr, der aus dem tiefblauen Himmel gekommen war, nach welchem die Luft wie ein gläserner Splitterregen auf mich niederzufallen schien und der mich entnervt in das Restaurant auf der Westseite gejagt hatte. Nun stand vor mir eins jener hochbordigen, nassen und glatten Halblitergläser, die auf sehr schmalem Boden fußen, einem Boden, der nur etwa der Hälfte ihres oberen Durchmessers entspricht. Mit aller gebotenen Vorsicht faßte ich zu, doch kaum berührten meine Fingerspitzen das kühle Glas, da hatte ich es schon umgeworfen.

Nicht daß ich an diesem Tag besonders nervös gewesen wäre: ich wollte nach Berlin, um meinem Kind einen der monatlich vereinbarten Besuche zu machen, hatte aber aus unerfindlichen Gründen den letzten der häufiger verkehrenden Mittagszüge versäumt; nun wurde ich vergeblich erwartet, ich hatte eine Reihe vergnüglicher Vorhaben durcheinandergebracht, in weniger als drei Stunden würde aller Groll meiner Untreue gegenüber wieder aufgebrochen sein, ich würde am Abend, viel zu spät kommend, die entsprechenden

Vorwürfe mit Erklärungen, die miserabel fahrende Straßenbahnen und Busse zu bedenken gaben, kaum entkräften können, und ein Teil meines kurzen Besuchs war verdorben. Zudem wäre ich es, der als Verderber galt, als ein Vater, der seiner kleinen Tochter selbst so spärliche Freuden verdarb.

Es war einer der bislang heißesten Tage dieses Sommers, beinahe bewußtlos von der Hatz aus einem der verstockten Verkehrsmittel ins andere, hatte ich den Zug ohne mich abfahren sehen und mit noch dumpfen Schuldgefühlen einen Fahrplan nach der nächsten Verbindung abgesucht, resigniert schließlich festgestellt, daß ich nun über drei Stunden Zeit hatte, und mich in dem großen Bahnhofsrestaurant niedergelassen.

Zweifellos war es eine Lappalie, kaum erwähnenswert, gehäuftes Vorkommen von Lappalien muß solchen keinen besonderen Rang verleihen, ebensowenig brauchte die vorhersehbare Mißlaune meiner früheren Frau aufgebauscht zu werden. Der kochende Dunst im Innern des Restaurants, der dem Stimmenlärm einiger hundert Menschen seltsame Schwankungen zu verleihen schien, das Hämmern meiner Pulse, das meine Sinne ganz in Anspruch nahm und mich mit Intervallen von Schweißausbrüchen in Atem hielt, war vielleicht nichts, das mich inmitten dieser Menschenansammlung in hervorstechender Weise beeinträchtigte; womöglich war jeder der Anwesenden von den Temperaturen, den Gerüchen, vom allgemeinen Dämmer der Stagnation in einem so riesigen Wartesaal seines wahren Gefühlsreichtums beraubt, als aber das umgestürzte Bier den Tisch überschwemmte, kam mir zum ersten Mal der Verdacht, dieser Freitag stünde für mich unter einem bestimmten Vorzeichen.

Auf dem Stuhl rechts neben mir saß ein blütenrosa gekleidetes Mädchen, nur wenig älter, schätzte ich, als meine eigene Tochter, und löffelte buntes Fruchteis; die Woge von Bier schoß auf das Kind zu, brach sich schäumend am Fuß des Eisbechers, schwoll mit perfidem Schwung an dem Plastikoval empor und überflutete dessen Inhalt, umfangreiche Spritzer landeten auf dem Kleid des schreckerstarrten Kindes, ein beträchtlicher Rest der Welle erreichte noch seine Mutter, die entsetzt eine Handtasche gegen mich schwenkte und gleich darauf in kalte, sprachlose Empörung verfiel. Ich war erbleicht und von Schweißströmen überflossen. Ich murmelte eine Entschuldigung, wußte aber nicht, ob sie zu hören war; entschlossen, für alle Unkosten aufzukommen, fingerte ich nach meiner Geldbörse – wußte jedoch in aller Empfindlichkeit, daß ich auch dabei scheitern mußte, denn kurz zuvor hatte ich den größten Teil meines Geldes für die Fahrkarte ausgegeben – die Mutter aber, mich mit höchster Verachtung strafend, zog das Mädchen an der Hand mit sich fort.

Als der Kellner mit angewiderter Miene das Tischtuch wegnahm, hatte ich den Eindruck, jeder in dem Saal sei auf mich aufmerksam geworden. – Wenig danach erschien der Kellner erneut mit einem vollen Tablett, wandte sich halb zu mir herab und nahm eins der Biergläser mit der freien Hand, um es gegen das leere, vor mir auf der blanken Tischplatte, auszutauschen. Um ihm behilflich zu sein, faßte ich nach dem leeren Glas ... es fiel mir um, es federte, von seinen bauchigen Rundungen angetrieben und in zunehmende Schwingung versetzt, in immer höheren Sätzen diagonal über den glatten Tisch, ich warf mich ihm hinterher und fing es, ehe es nach dem letzten geräuschvollen Aufschlag unter den Rand der Platte verschwand, durch einen Zufall ab, der fast noch unglaublicher war als das gesamte tückische Geschehnis. Als ich das offenbar unzerbrechliche Gefäß aufstellte sah ich den Kellner nach Worten ringen. Brüllend, daß jeder es hören konnte, fragte er mich, ob ich besoffen sei; und ebenso grob stellte er fest, daß ich von ihm nicht mehr bedient werde. – Ich zahlte mit geschlossenen Augen das Bier, das ich ihm schuldig war, und verließ meinen Platz. *Wolfgang Hilbig, Fester Grund (1984)*

Kekse

Es ist wohl britischer Gelassenheit und Höflichkeit zuzuschreiben, dass der folgende Vorfall nicht auch mit Gebrüll endete. Ein Glück, denn so bekommt sie eine einzigartige Schlusspointe.

Folgendes ist einem echten Menschen tatsächlich passiert, und dieser Mensch bin ich. Ich musste mit dem Zug verreisen. Es war im April 1976 in Cambridge in England. Ich war etwas zu früh auf dem Bahnhof, weil ich mich in der Abfahrtszeit geirrt hatte. Also kaufte ich mir eine Zeitung, um das Kreuzworträtsel zu lösen, eine Tasse Kaffee und eine Packung Kekse.

Ich setzte mich an einen Tisch. Stellen Sie sich die Szene bitte genau vor. Es ist sehr wichtig, dass Sie sich ein deutliches Bild davon machen. Da ist der Tisch, die Zeitung, die Tasse Kaffee, die Packung Kekse. Mir gegenüber sitzt ein Mann, ein vollkommen normal aussehender Mann in einem Straßenanzug und mit einer Aktentasche. Er sah nicht so aus, als würde er etwas Verrücktes machen. Doch dann machte er dies: Er beugte sich plötzlich vor, griff sich die Packung Kekse, riss sie auf, nahm einen Keks heraus und aß ihn.

Das, muss ich gestehen, ist genau die Sorte Verhalten, mit der Briten ganz schlecht umgehen können. Nichts in unserer Herkunft, Ausbildung oder Erziehung lehrt uns, wie man mit jemandem umgeht, der einem am helllichten Tag gerade Kekse geklaut hat.

Sie wissen, was passieren würde, wenn das in South Central Los Angeles geschehen wäre. Ganz schnell wären Schüsse gefallen, Hubschrauber gelandet, CNN, na, Sie wissen schon ...

Aber schließlich tat ich das, was jeder heißblütige Engländer getan hätte: Ich ignorierte es. Ich starrte in die Zeitung, trank einen Schluck Kaffee, versuchte mich vergeblich an dem Kreuzworträtsel und dachte: *Was soll ich bloß tun?*

Schließlich dachte ich mir: *Geht nicht anders, ich muss einfach irgendetwas tun*, und bemühte mich sehr angestrengt, keine Notiz davon zu nehmen, dass das Päckchen rätselhafterweise schon geöffnet war. Ich nahm mir einen Keks.

Jetzt habe ich's ihm aber gezeigt, dachte ich. Doch nein, denn einen Augenblick später tat er es wieder. Er nahm sich sogar noch einen Keks.

Da ich schon beim ersten Mal nichts gesagt hatte, war es beim zweiten Mal irgendwie noch schwieriger, das Thema anzuschneiden. »Entschuldigen Sie, ich habe zufällig bemerkt...« Also wirklich, so geht das einfach nicht.

Aber so aßen wir die ganze Packung. Wenn ich sage, die ganze Packung, meine ich, es waren im Ganzen etwa nur acht Kekse, aber mir kam es wie eine Ewigkeit vor. Er nahm sich einen Keks, ich nahm mir einen, er nahm sich einen, ich nahm mir einen.

Als wir fertig waren, stand er endlich auf und ging weg. Na schön, wir warfen einander vielsagende Blicke zu, dann ging er weg, und ich atmete erleichtert auf und lehnte mich zurück.

Wenig später fuhr mein Zug ein, ich trank schnell meinen Kaffee aus, stand auf, nahm die Zeitung, und unter der Zeitung lagen meine Kekse. Besonders gut gefällt mir an dieser Geschichte die Vorstellung, dass seit einem Vierteljahrhundert irgendwo in England ein ganz normaler Mensch herumläuft, der genau dieselbe Geschichte erlebt hat. Nur fehlt ihm die Pointe.

Douglas Adams, Kekse (2003)

Veranda in der Bahnhofsgaststätte Blexen (1913)

ANHANG

Quellenverzeichnis

VORWORT

- Herbert E. Hacker, Essen und Flieger schauen, in: Wirtschaftswoche 50 (1995), S. 89.
- https://www.drehscheibe-online.de/foren/read.php?017,4765216,47652 16#msg-4765216 (abgerufen am 26. Juli 2018).

ERSTER GANG

- Günter Herburger: Zur Verbesserung des Feuilletons, in: Konkret 5/1975, S. 194.
- Franz Carl Weidmann: Memorabilien aus meiner Reistasche. Die k. k. priv. Erste Eisenbahn von Budweis nach Gmunden, in: Allgemeine Theaterzeitung und Originalblatt für Kunst, Literatur, Musik, Mode und geselliges Leben (1837).
- Der Bahnhof (II), aus: Robert Walser: Sämtliche Werke in Einzelausgaben. Herausgegeben von Jochen Greben. Band 20: Für die Katz. Prosa aus der Berner Zeit 1928–1933. Mit freundlicher Genehmigung der Robert Walser-Stiftung, Bern, © Suhrkamp Verlag Zürich 1978 und 1985.
- Robert Padelek: Nachtzug. Eine Novelle, Quantor Wien 2014.
- Der Wartesaal, aus: Die Brennessel 1938.
- Joseph Roth: Romantik des Reisens, in: Joseph Roth, Werke Bd. 2: Das journalistische Werk 1924–1928, Kiepenheuer & Witsch Köln 1990.
- Carl von Ossietzky: Für Daheimgebliebene, in: ders., Schriften 1922–1924, Jazzybee Verlag Altenmünster 2012.
- Peter Rosegger: Auf die Seekarspitze, in: Ges. Werke Bd. 40, Staackmann Leipzig 1913.

ZWEITER GANG

- Heimito von Doderer: Die Strudlhofstiege oder Melzer und die Tiefe der Jahre. München 1951, S. 74.
- Ellen Key: Culturveredelung, in: dies.: Essays, S. Fischer Verlag Frankfurt a. M. 1905, S. 44.

- Joseph von Westphalen: Nach Nürnberg oder Rettung im Restaurant, in: Cotta's kulinarischer Almanach 1996/97, Klett-Cotta Stuttgart 1996, 158–171.

- Heimito von Doderer: Die Strudlhofstiege oder Melzer und die Tiefe der Jahre. Beck München 1951.
- Richard Billinger: Ein Strauß Rosen, Eduard Wancura Verlag Wien Stuttgart 1954.
- W. G. Sebald, Austerlitz, Fischer Taschenbuchverlag, 2. Auflage 2003 © Hanser Literaturverlage.
- Robert von Schlagintweit: Die Pacifischen Eisenbahnen in Nordamerika, Perthes Gotha 1886.
- George Kennan: Sibirien! (Ü: E. Kirchner), Siegfried Cronbach Verlag Berlin 1890.
- Werner Nieblich: Stadt am Strom, Grenzland Verlag Wolfenbüttel 1966.
- Kurt Thümmler: Meine Zeit als Dampflokomotivführer, Engelsdorfer Verlag Leipzig 2014.
- Hugo Dittberner: Die gebratenen Tauben, in: ders., Die gebratenen Tauben, Erzählungen, Rowohlt Reinbek bei Hamburg 1981. © beim Autor
- Raymond Dittrich: Bahnhofsrestaurant, in: ders., Fußnoten – Fußangeln. Glossen, Gedanken, Aufsätze, BoD Norderstedt 2011, © beim Autor.

DRITTER GANG

- Matthias Claudius: Urians Reise um die Welt, in: Werke. 1. Band, Hamburg 4. Auflage 1829, S.113–116.
- Theodor Wolff: Brief von den Korinthern. In: ders., Spaziergänge, Berlin/Leipzig/Paris 1909, Kap. 13.
- Werner Bergengruen: Der letzte Rittmeister, Zürich 1952.
- Ernst Jünger: Afrikanische Spiele, in: ders. Sämtliche Werke 15, Stuttgart 1978, S. 75–245; 127–128.

- Von München nach Leipzig. Kemptner Zeitung, 1852.
- Richard Freiherr von Krafft-Ebing: Eine Studienreise durch Südeuropa 1869/70, Leykam Verlag Graz 2000.
- Anton Hummel: Bis Algier und Lourdes. Eine Reise durch Frankreich, Dorn Ravensburg 1899.
- Gustav Rasch: Vom spanischen Revolutionsschauplatze, A. Hartleben's Verlag Wien 1869.
- August Döring: Eine Frühlingsreise in Griechenland, Neuer Frankfurter Verlag Frankfurt a. M. 1903.
- Heinrich Renner: Durch Bosnien und Hercegovina kreuz und quer, Reimer Berlin 1896.
- Alfons Paquet: Li oder im neuen Osten, Rütten & Loening Frankfurt a. M. 1912.
- Ferdinand Weber: Reiserinnerungen an Russland, J. Naumann Leipzig 1873.
- Karl Emil Franzos: Aus Halb-Asien, Culturbilder aus Galizien, der Bukowina, Südrussland und Rumänien, Bd. I, Duncker & Humblot Leipzig 1876.

- Stefan Großmann: Schwedisches Schicksal, in: März. Eine Wochenschrift, Band 8 (1914).
- The Railway Traveller's Handy Book of Hints, Suggestions, and Advice, Lockwood & Co. London 1862 (Ü: Guido Fuchs).
- Offenbach in Amerika. Reisenotizen eines Musikers. Ins Deutsche übertragen, bearb. u. erl. von Reinhold Scharnke, Max Hesses Verlag Berlin 1957.
- Gustaf Bolinder: Die Indianer der tropischen Schneegebirge, Forschungen im nördlichsten Südamerika, Strecker und Schröder Stuttgart 1925 (Ü: Hildegard Bonde).
- Therese von Bayern: Meine Reise in den brasilianischen Tropen, Dietrich Reimer Berlin 1897.
- Paul Goldmann: Ein Sommer in China, Reisebilder, Bd. 2, Rütten & Loening, Frankfurt a. M. 1900.
- Otto E. Ehlers: An indischen Fürstenhöfen, Allgemeiner Verein für Deutsche Literatur Berlin 1895.
- Franziska Gräfin zu Reventlow: Tagebücher (1895–1910), Langen-Müller München – Wien 1971.

VIERTER GANG

- Michael Populorum: Eisenbahnwirtschaften in Österreich – Ein kleiner Überblick. [http://www.dokumentationszentrum-eisenbahnforschung. org/bahnhofsrestaurants.htm (23. 5. 2018)].
- Jörg Fauser: Der Schneemann, Hamburg 1990, S. 78.
- Unda Hörner: Blinder Passagier. In: Flüchtige Männer. Erzählungen, Frankfurt a. M. 2003, S. 84–96.
- Hans-Ulrich Treichel: Von Leib und Seele. Frankfurt a. M. 1998, S. 47.
- Ernst Penzoldt: Gestalten des Reiseverkehrs, in: ders., Die Kunst, das Leben zu lieben, Frankfurt a. M. 2002, S. 168–171; 168.
- Gottfried Keller: Martin Salander, in: ders., Sämtliche Werke und ausgewählte Briefe, Band 3, München 1958, S. 638.

- Ludwig Steub: Wanderungen im bayerischen Gebirge, Fleischmann Verlag München 1862.
- Rupprecht Mayer: Heinrichs Stern, in: ders., Aus der Welt des Dreisprungs, Edition Thaleia 2004.
- Hans-Rainer Hofmann: Lachoudisch – Händler- und Geheimsprache in der Bahnhofswirtschaft: http://www.woernitz-franken.de/juschp.htm (23. 7. 2018)
- Hermann Broch: Die Schuldlosen. Roman in elf Erzählungen, in: ders., Kommentierte Werkausgabe. Romane und Erzählungen. Sechs Bände in Kassette. Band 5. © Suhrkamp Verlag Frankfurt am Main 1966. Alle Rechte bei und vorbehalten durch Suhrkamp Verlag Berlin.
- Martin Walser: Seelenarbeit. Roman. © Suhrkamp Verlag Frankfurt am Main 1979. Alle Rechte bei und vorbehalten durch Suhrkamp Verlag Berlin.

- Klaus Kordon: Hundert Jahre und ein Sommer, Beltz Verlag Weinheim 1999.
- Josef Maria Frank: Volk im Fieber, Sieben-Stäbe-Verlag Berlin 1932.
- Sten Nadolny: Netzkarte © 1992 Piper Verlag GmbH, München.
- Joseph Roth: WARTESAAL IV. KLASSE. Die Passagiere, die nicht reisen, in: Neue Berliner Zeitung – 12-Uhr-Blatt, 26. 11. 1920 / Joseph Roth Werke, Bd. I, Kiepenheuer & Witsch, Köln 2009.
- Alfred Polgar: Auswahl. Prosa aus vier Jahrzehnten. Copyright © 1968 by Rowohlt Verlag GmbH, Reinbek bei Hamburg
- Ben Witter: Weihnachten 2. Klasse (1976), aus: ders., Schritte und Worte. Zeitgeschichte in Augenblicken © 1990 by Hoffmann und Campe Verlag, Hamburg.

FÜNFTER GANG

- Eric Helgar: Liebe und Eisenbahn, Telefunken 1934.
- Roswitha Quadflieg: Aber dann. Zürich–Hamburg 1994, S. 16.
- Johann Nestroy: Eisenbahnheiraten, in: Gesammelte Band 7, Stuttgart 1891.
- Katja Baigger:»Es lohnt sich, den Zug zu verpassen«, in: NZZ vom 22. 6. 2012.
- Petra Morsbach: Opernroman. Frankfurt a. M. 1998, 322–330.
- Heinrich Böll: Billard um halb zehn, Köln 2002, S. 156.
- Siegfried Lenz: Exerzierplatz. Gütersloh 1985, S. 376.
- Ferdynand Hoesick: Zwei Semester in Heidelberg (1886/87), in: Hermann Buddensieg, Vom unbekannten Eichendorff. Eichendorff sprach auch Polnisch, Ziegelhausen Heidelberg 1961.
- Doris Lerche: Lust, in: dies., Eine Nacht mit Valentin, Fischer Taschenbuch Verlag Frankfurt a. M. 1989 © bei der Autorin.
- Rosa Gerold: Augenblicksbilder aus dem Buche meiner Erinnerungen, Selbstverlag Wien 1904.
- Alfred Kantorowicz: Deutsches Tagebuch, Kindler München 1959.
- Eugen Roth, Wunderlicher Abend, in: ders., Sämtliche Werke, Siebenter Band: Anekdoten und Erinnerungen, Hanser Verlag, München und Wien 1977.
- Theodor Däubler: Im Kampf um die moderne Kunst, Erich Reiss Bertlin 1919.
- Ernst Blass, Der Bahnhof, in: Berliner Tageblatt 1929.
- Gertrud Fussenegger: Bahnknotenpunkt, in: dies., Kaiser, König, Kellerhals. Heitere Erzählungen, Fritz Molden Verlag Wien 1981. © Verwertungsgesellschaft Gertrud Fussenegger.
- René Regenass: Schattenreise, Schweizer Verlagshaus, Zürich 1986.

SECHSTER GANG

- Fritz Th. Overbeck: Eine Kindheit in Worpswede, Bremen 1975, S. 12.
- Ernst Barlach: Zit. nach Fritz Schumacher, Selbstgespräche, Erinnerungen und Betrachtungen, Hamburg 1949, S. 202 ff.
- Joseph Roth: Juden auf Wanderschaft, München 2006, S. 52.
- Bert Brecht, Flüchtlingsgespräche, Frankfurt 2000.
- Carl Zuckmayer, Als wär's ein Stück von mir, Werkausgabe in zehn Bänden (1920–1975), Frankfurt 1976, 75–93.
- Joseph Roth: Radetzkymarsch (1932), dtv München 19. Aufl. 2005.
- Herta Müller: Das Land am Nebentisch, in: Ernest Wichner, Das Land am Nebentisch, Reclam Leipzig 1993, © bei der Autorin.
- Walter Kempowski: Ein Kapitel für sich © 1978 Albert Knaus Verlag, München, in der Verlagsgruppe Random House GmbH.
- Gerhart Hauptmann: Das Abenteuer meiner Jugend, Propyläen Verlag Berlin 1965.
- Józef Wittlin: Mein Lemberg, in: Lemberg. Eine Reise nach Europa, hg. von Hermann Simon u. a., Ch. Links Verlag Berlin 2007.
- Michael Holzach: Deutschland umsonst. Zu Fuß und ohne Geld durch ein Wohlstandsland, © 1982 by Hoffmann und Campe Verlag, Hamburg.
- Dieter Zimmer, Für'n Groschen Brause, © 2018 by Dieter Zimmer, vertreten durch die AVA international GmbH, München www.ava-international.de – Die Erstausgabe Für'n Groschn Brause ist 1980 im Scherz Verlag erschienen.
- Matthias Zschokke: Der dicke Dichter, 2. Aufl. 1995, Bruckner & Thünker Köln Basel 1995. © Wallstein Verlag Göttingen

SIEBTER GANG

- Buddhadeva Bose: Das Mädchen meines Herzens, Ullstein Buchverlage GmbH Berlin 2010.
- René Regenass: Schattenreise, Zürich 1986, S. 59.
- Johann Willsberger: Malerisches Deutschland. Mit einem Text von Hans Scherer, München 1981, S. 38.
- Robert Walser: In der Bahnhofswirtschaft. In: ders.: Gesamtwerk Bd. 9, 1978, S. 133–134.
- Ödön von Horváth: Der ewige Spießer, Verlag Volk und Welt Berlin 1930.
- Jaroslav Hašek: Der brave Soldat Schwejk, Bertelsmann München 1961.
- Otto A. Böhmer: Holzwege. Ein Philosophenkabinett, Elster Verlag Zürich 1991.
- Jürgen Dahl: Mitteilungen eines Überlebenden, Langewiesche-Brandt Ebenhausen 1969.
- Ingrid Ebert: Hammer, Kreuz und Schreibmaschine. Aus dem Tagebuch einer gelernten DDR-Bürgerin, Oncken Neukirchen-Vluyn 2001.

- Johann Willsberger: Malerisches Deutschland. Mit einem Text von Hans Scherer, Droemer-Knaur München 1981.
- Hans Fallada: Heute bei uns zu Haus (1943), Aufbau Verlag Berlin 2013.
- Reihaneh Youzbashi Dizaji / Walter Kohl: HundertKöpfeFrau, Picus Verlag Wien 2014.

ACHTER GANG

- Alex Capus: Du. Zeitschrift der Kultur 4/1998, S. 94.
- Eduard Korrodi: Ausgewählte Feuilletons. Bern 1995, S. 32.
- Mathilde Beckmann: Mein Leben mit Max Beckmann. München-Zürich 2000, S. 16.
- Otto Zierer: Mein Abenteuer zu schreiben, Athos München 1979.
- Arnold Kübler: Babette, herzlichen Gruss. Vorwiegend wahre Berichte und Zeichnungen, Zürich 1967.
- Ossip Kalenter: Rilke im Bahnhofsbuffet, in: Ossip Kalenter zum hundertsten Geburtstag, Die Scheune 2000.
- Aus: Arno Schmidt: Goethe und Einer seiner Bewunderer. © Arno Schmidt 1956. © Stahlberg Verlag GmbH, Karlsruhe 1958. Alle Rechte vorbehalten S. Fischer Verlag GmbH, Frankfurt am Main.
- José F. A. Oliver: Heimatt und andere fossile Träume [1989] 2. Auflage 1993; © 2002 Verlag Hans Schiler, Berlin/Tübingen.
- Fred Endrikat: Drei Eier im Glas, in: Liederliches und Lyrisches, Buchwarte Verlag Berlin 1940.
- Günther Windschild / Helmut Schmid: Mit dem Finger vor dem Mund. Ballenstedter Tagebuch 1931–1944, Anhaltische Verlagsgesellschaft Dessau 1999.
- Rosa Luxemburg: Brief an Kostja Zetkin (15. Januar 1907). Gesammelte Briefe Bd. 2, Dietz Berlin 1982.
- Karl May: Brief an seinen Verleger Fehsenfeld, zit. nach: Dieter Sudhoff/ Hartmut Vollmer (Hgg.), Karl Mays »Weihnacht!« (Karl May Studien 9), Igel Verlag Hamburg 2007.
- Hugo Distler: Brief an seine Frau, zit. nach Winfried Lüdemann, Hugo Distler. Eine musikalische Biografie, Augsburg 2002, 279.
- Stefan Zweig: Im Herzen Europas (Die Welt von gestern), in: Sämtl. Werke Bd. 6, S. Fischer Verlag Frankfurt a. M. 1981.

NEUNTER GANG

- Keith Chesterton: The prehistoric railway station. In: Tremendous trifles, London o. J. S. 219–224.
- Franz Werfel: Der veruntreute Himmel. Neuausgabe, hg. von Karl-Maria Guth, Berlin 2017, S. 238.
- Peter Utz: Aus dem Warten heraus. An die Bahnhöfe der Schweizer Literatur grenzt das Meer. In: H. L. Arnold (Hg.) : Literatur in der Schweiz. Sonderheft Text und Kritik. München 1998, S. 111–120; 112.

- Italo Calvino; zit. nach: Stationen der Erinnerung. Kultur und Geschichte in Österreichs alten Bahnhöfen, Wien 2. Aufl. 1998, S. 84.
- Lion Feuchtwanger: Exil, in: ders., Ges. Werke Bd. 8, Amsterdam 1993, S. 734.
- Hermann Hesse: Sämtl. Werke 13, Betrachtungen und Berichte I (1899–1926), S. 455.
- Heinrich Böll: In guter Hut, aus: ders., Werke. Kölner Ausgabe. Band 3, 1947–1948. Herausgegeben von Frank Finlay und Jochen Schubert © 2003, Verlag Kiepenheuer & Witsch GmbH & Co. KG, Köln.
- Eduard von Hoffmeister: Durch Armenien. Eine Wanderung und Der Zug Xenophons bis zum Schwarzen Meere. Eine militär-geographische Studie. B. G. Teubner Leipzig und Berlin 1911.
- Wilhelm Heinrich Riehl: Am Quell der Genesung. In: Lebensrätsel. Fünf Novellen, Verlag der J. G. Cotta'schen Buchhandlung Stuttgart und Berlin 1988.
- Karl Friedrich Borée: Spielereien und Spiegelungen, E. Roether Darmstadt 1961.
- Franz Werfel: Barbara oder Die Frömmigkeit. Gesammelte Werke in Einzelbänden (Taschenbuchausgabe – Band 9463), Fischer Taschenbuch Verlag Frankfurt a. Main 1996.
- Max Eyth: Die Brücke über die Ennobucht, Philipp Reclam jun. Stuttgart 1988.
- J. Teneromo: Gespräche mit Tolstoi, Erich Reiß Verlag Berlin 1911.
- Anton Prestele: Unbeschwerliche Reise, BoD Norderstedt 2012.

ZEHNTER GANG

- Hans Scheibner: Currywurst und Ewigkeit. Bei Kurt in der Bahnhofskneipe. Hamburg 1992, S. 11.
- Christoph Meckel: Die Sachen der Liebe. Berlin 1980, S. 24.
- Werner Bergengruen: Badekur des Herzens. Ein Reiseverführer. Zürich 1956.
- Arnold Kübler: Babette, herzlichen Gruss. Vorwiegend wahre Berichte und Zeichnungen, Zürich 1967.
- Alexander Roda Roda: Die Gans von Podwolotschyska, aus: Roda Roda und die vierzig Schurken, Paul Zsolnay Verlag Wien 1932.
- Peter Rosegger: Heimgärtners Tagebuch. Ges. Werke Bd. 33, Staackmann Leipzig 1913.
- Franz Hohler: Die Nachricht vom Kellner, aus: ders., Drachenjagen, Verlag Luchterhand Neuwied 1996, © beim Autor.
- J. T.: Höflichkeit über Alles. Zuschrift an die Zeitschrift: Würzburger Stechäpfel. Ein humoristisch-satyrisches Originalblatt von 1865.
- E. Kossak: Bade-Bilder, Schlingmann Verlag Berlin 1858.
- Cosima Wagner: Die Tagebücher. Band 2: 1874–1876, hg. Von Karl-Maria Guth, Verlag der Contumax GmbH & Co. KG Berlin 2015.

- Trude Marzik: Geliebte Sommerfrische, Kremayer & Scheriau Wien 1994.
- Armin T. Wegner: Moni oder Die Welt von unten. Der Roman eines Kindes (Textauszug) © Wallstein Verlag Göttingen.
- Anna Schieber: Fräulein Marie, in: dies., ... und hätte der Liebe nicht. Weihnachtliche Geschichten, Eugen Salzer Heilbronn 1912.
- Olga Wohlbrück: Die Frau ohne Mann, Paul Franke Verlag Berlin 1932.
- Edith Heinemann: Der Weg zurück an meiner Seite. Erinnerungen 1924–1945. © Insel Verlag Frankfurt am Main und Leipzig 1995.
- Hermann Burger: Die künstliche Mutter, S. Fischer Frankfurt a. M. 1982.

ELFTER GANG

- Ernst Krenek: Im Atem der Zeit. Erinnerungen an die Moderne. Hamburg 1998, S. 46.
- Jean Egen: Die Linden von Lautenbach. Eine deutsch-französische Lebensgeschichte, Rowohlt, Reinbek bei Hamburg 2. Aufl. 2008, S. 222.
- Gerhard Trumler / Christoph Wagner: Stationen der Erinnerung. Kultur und Geschichte in Österreichs alten Bahnhöfen, Wien 2. Aufl. 1998, 68.
- Ernst Robert Curtius: Zit. nach Hans-Georg Gadamer, Philosophische Lehrjahre. Eine Rückschau. Frankfurt a. M. 2012, S. 26.
- Ernst Jünger: Polnischer Karpfen, in: Sämtliche Werke, Band 11, Klett-Cotta Stuttgart 1978, S. 251–253.
- Gabriele Wohmann: Ernste Absichten. München 1970, S. 395.

- Victor Auburtin: Pasewalk, in: ders., Sündenfälle, Rütten & Loening Berlin 1970.
- Alf Schneditz: Schweinsbraten mit Knödel und Sauerkraut, in: Blunzn, Graukas, Zwetschkenröster: Ein literarisches Menü. Hg. von Monika Obrist, Otto Müller Verlagsgesellschaft Salzburg 2001.
- Günter Grass: Der Butt (S. 526–528) © Steidl Verlag, Göttingen 1993/1997 (Erstausgabe: August 1977 bei Luchterhand).
- Hermann Eckardstein: Lebenserinnerungen und Politische Denkwürdigkeiten (1919), FB &c Ltd. London 2013.
- Konstantin Fedin: Ein ungewöhnlicher Sommer, Aufbau Verlag Berlin 1959.
- Braten à la Dienstgrad, in: Stadtfraubas. Ein freimüthig humoristisch-satyrisches Wochenblatt für Augsburg und Umgebung (1865).
- Joseph Roth: Die Geschichte von der 1002. Werke Bd. 1, Kiepenheuer & Witsch Köln 1956.
- Detlev Liliencron: Der Maecen, in: Ges. Werke Bd. 5, Verlag Schuster und Löffler Berlin und Leipzig 1918.
- Theophile von Bodisco: Versunkene Welten. Erinnerungen einer estländischen Dame, hg. von Henning von Wistinghausen, Anton H. Konrad Verlag Weißenhorn 1997.

• Rudolf Geck: Büdchen, in: ders., So war das, Elektrischer Verlag Berlin 2012.
• Jutta Schlott: Das Liebespaar vom Körnerplatz, Wiesenburg Verlag Schweinfurt 2006.
• Franz Marheineke: Abend in der Frühe, Risius Verlag Weener 2002.
• Jules Verne: Reise um die Erde in 80 Tagen (Schriften von Jules Verne Bd. VI), A. Hartleben's Verlag Wien u. a. 1875.

ZWÖLFTER GANG

• Arvo Valton: Der Mann mit dem grünen Rucksack. In: ders., Zugluft. Kurzprosa, Berlin 1983, S. 5–20.
• Die Überraschung, in: Illustrierter Familienkalender 1906.
• Bahnhofhallenvorfall, aus: Robert Walser: Sämtliche Werke in Einzelausgaben. Herausgegeben von Jochen Greben. Band 19: Es war einmal. Prosa aus der Berner Zeit 1927–1928. Mit freundlicher Genehmigung der Robert Walser-Stiftung, Bern © Suhrkamp Verlag Zürich 1978 und 1985.
• Herbert Rosendorfer: Letzte Mahlzeiten. Die Aufzeichnungen des königlich bayrischen Henkers Bartholomäus Ratzenhammer, Folio Verlag, Wien . Bozen 2010.
• Aus: Erheiterungen. Blätter für Unterhaltung und Belehrung (1851).
• Ludwig Winder: Der Thronfolger. Ein Franz-Ferdinand-Roman, Paul Zsolnay Verlag Wien 1937.
• Harry Graf Kessler: Das Tagebuch. Zweiter Band 1892–1897, Klett-Cotta Stuttgart 2004.
• Wartesaal als Geburtsstätte, in: Nachrichten für die Truppe (1944).
• Rudolf Steiner: Autobiographischer Vortrag über die Kindheits- und Jugendjahre bis zur Weimarer Zeit, Berlin 1913, in: Beiträge zur Rudolf Steiner Gesamtausgabe 83/84 (1984).
• Hubert Spahn: Von Lourdes ins Rote Kloster. Erinnerungen eines Jungen aus dem Hechtviertel, Verlag am Park, Berlin 1997.
• Im Wartesalon zweiter Klasse, in: Indiana Tribüne (Indianapolis – 20. August 1882).
• Wolfgang Hilbig: Fester Grund. Aus: ders., Werke. Erzählungen und Kurzprosa. © S. Fischer Verlag GmbH, Frankfurt am Main 2009.
• Douglas Adams: Kekse, aus: Lachs im Zweifel. Zum letzten Mal per Anhalter durch die Galaxis, Heyne München 2003.

Leider ist es uns nicht bei allen Texten gelungen, die Rechtsinhaber ausfindig zu machen. Für Hinweise sind Verlag und Herausgeber dankbar.

Bildverzeichnis

- *S. 12* Bahnhof-Buffet Wörgl – Postkarte von 1912.
- *S. 15* Die Pferdeeisenbahn auf der Strecke Linz – Budweis. Historische Graphik [Xylographische Anstalt Eduard Hallberger] und Hiller.
- *S. 24* Im Wartesaal. Zeichnung aus der Zeitschrift Brennessel (1938).
- *S. 26* Wartesaal der 1. und 2. Klasse im Frankfurter Hauptbahnhof um 1890 (Stadtarchiv Frankfurt).
- *S. 34* Blick ins Innere des Zentralbahnhofs Antwerpen: Salle des Pas Perdus und Treppenaufgang (1910).
- *S. 46* Karl Rabus, Bahnhofwartesaal (aus: Simplicissimus 1928, S. 551)
- *S. 56* Johann Nepomuk Schonberg, Russische Freiwillige am Bahnhof Paschkanyi, Moldawien (Ausschnitt – 1876)
- *S. 60* Richard Doyle, A Railway Station. Showing the travellers refreshing themselves (1849)
- *S. 66* Speisekarte Gaststätten Zentralbahnhof Berlin Friedrichstraße, Wirtschaftsbetrieb im Wartesaal 3. Klasse vom 10. Dezember 1938. Nachlass Auguste Populorum, Archiv Dr. Michael Populorum/DEEF.
- *S. 69* Wilhelm Busch, Die Mittagstafel in der Rosenheimer Bahnhofsrestauration (aus: Fliegende Blätter. Münchner Bilderbogen 1859 – 1864)
- *S. 85* Bilder von der Deutsch-Russischen Grenze: Wartesaal IV. Klasse in einem Grenzbahnhof (Ausschnitt – 1887/88)
- *S. 90* Albert Herter, Le départ des poilus, août 1914 (1926 – Ausschnitt), Paris, Gare de L'Est, Abfahrtshalle, Foto: Garritan.
- *S. 110* Werner Zehme, Im Wartesaal (Auswandererbahnhof Ruhleben). Illustration aus »Die Gartenlaube«, 1895.
- *S. 128* Édouard Manet, The railway restaurant (ca. 1879)
- *S. 135* Illustration zu A. Kalitte, Unter dem Bette, in: Fliegende Blätter Ne. 1667 (1912)
- *S. 148* Vincent van Gogh, L' Arlésienne: Madame Ginoux (1888/89) – Marie Ginoux führte mit ihrem Mann Joseph-Michel das »Café de la Gare« an der Place Lamartine in Arles.
- *S. 162* Gruß aus dem Bahnhofsrestaurant: Postkarte um 1900.
- *S. 164* Zeichnung aus der Zeitschrift Brennessel (1938), S. 506.
- *S. 174* Wartesaal III. Klasse, Personenbahnhof Badischer Bahnhof Basel, aus dem Buch: »Der Badische Bahnhof in Basel« von Frobenius AG Verlagsanstalt, Basel. – Web-publishing by Wolfgang Halbherr.
- *S. 179* Restaurant im Münchener Hauptbahnhof © Guido Fuchs.
- *S. 180* Im Wartesaal I. und II. Klasse. Holzstich nach einem Gemälde von J. Leisten (Ausschnitt)

- *S. 189*   Kiosk auf dem Bahnhofsvorplatz in Hermsdorf (Thüringen). Der Kiosk wurde bewirtschaftet von Pächter Kurt Posse und Frau Emma. – http://www.hermsdorf-regional.de
- *S. 197*   Bahnhofsgaststätte I. und II. Klasse Basel, Badischer Bahnhof, – Aus dem Buch »Der Badische Bahnhof in Basel« vom Frobenius A.G. Verlagsanstalt, Basel. – Web-Publishing by Wolfgang Halbherr.
- *S. 202*   Kaffeekännchen aus dem Bahnhofsrestaurant Hannover – 2. Hälfte 20. Jh. © Carsten Philipp, www.tafelblicke.de
- *S. 221*   Bahnhofsgaststätte Alfeld, aus der Sammlung Archiv Alt-Alfeld – www.alt-alfeld.de
- *S. 224*   Antoine Gustave Droz, Un Buffet de Chemin de Fer (Bahnhofsbuffet), 1864.
- *S. 227*   Unfall mit Oostende-Wien-Express im Frankfurter Hauptbahnhof am 6. Dezember 1901.
- *S. 244*   Veranda in der Bahnhofsgaststätte Blexen (1913), Sammlung Oliver Westerhoff – www.laenderbahn.info

Register

Bahnhofsgaststätten in

Namen

GUIDO FUCHS (HG.)

Tadzios
Brüder

DER »SCHÖNE KNABE«
IN DER LITERATUR

Verlag Monika Fuchs

Tadzio, der polnische Junge aus Thomas Manns Novelle »Der Tod in Venedig«, hat in der Literatur viele Brüder: In zahlreichen Romanen, Erzählungen, Gedichten, Reisebeschreibungen und Tagebüchern begegnet der »schöne Knabe«, dessen Wahrnehmung nicht nur zum Stehenbleiben, An- und Nachschauen reizt, sondern bis zur Betroffenheit, ja zum Erschrecken führen kann und darüber sinnieren lässt, was Schönheit ist und aus welchen Quellen sie gespeist wird.

Eine literarische Spurensuche mit Texten von Hans Carossa, Marie von Ebner-Eschenbach, Theodor Fontane, Johann Wolfgang von Goethe, Hermann Hesse, Ricarda Huch, Agnes Miegel, Sten Nadolny, Ernst Penzoldt, Rainer Maria Rilke, Anna Seghers, Theodor Storm, Robert Walser, Jakob Wassermann und vielen anderen.

»Die Tür zu einem Aspekt literarischer Spezies wird hier weit aufgetan und ohne den geringsten Anflug voyeuristischen Vorgehens in den Fokus gerückt. Guido Fuchs ist es gelungen, auf Texte gestoßen zu sein und diese „ausgegraben" zu haben, um die Galerie der „Tadzios" – für viele überraschend – stark auszuweiten.«
Prof. Dr. Hans Gärtner auf www.tabularasa.de

»Das Buch ist ein ›Florilegium‹, eine Blütenlese im wahrsten Sinne des Wortes, mit teilweise bezaubernden literarischen Miniaturen. Aus ihnen gewinnt man immer wieder neue Aspekte dessen, was die Schönheit eines – jeden – Menschen ausmacht, und warum deren Inszenierung, wie sie heute permanent geschieht, sie auch kaputt machen kann.« *Babs1964 auf www.amazon.de*

Guido Fuchs (Hg.): Tadzios Brüder. Der »schöne Knabe« in der Literatur, Verlag Monika Fuchs, ISBN 978-3-940078-42-1 – www.tadzios-brueder.de